省域终身教育现代化研究

——以湖南为例

蒋书同 著

中国教育出版传媒集团
高等教育出版社·北京

图书在版编目（CIP）数据

省域终身教育现代化研究：以湖南为例 / 蒋书同著
. -- 北京：高等教育出版社，2024.4
ISBN 978-7-04-061272-1

Ⅰ.①省… Ⅱ.①蒋… Ⅲ.①终身教育－教育现代化
－研究－湖南 Ⅳ.①G729.2

中国国家版本馆CIP数据核字(2023)第184349号

SHENGYU ZHONGSHEN JIAOYU XIANDAIHUA YANJIU——YI HUNAN WEI LI

策划编辑 肖子东
责任编辑 肖子东
封面设计 李小璐
责任绘图 易斯翔
版式设计 李彩丽
责任校对 刘娟娟
责任印制 赵义民

出版发行 高等教育出版社
社　　址 北京市西城区德外大街4号
邮政编码 100120
印　　刷 北京中科印刷有限公司
开　　本 787 mm × 1092 mm 1/16
印　　张 19
字　　数 220 千字
购书热线 010-58581118
咨询电话 400-810-0598
网　　址 http://www.hep.edu.cn
http://www.hep.com.cn
网上订购 http://www.hepmall.com.cn
http://www.hepmall.com
http://www.hepmall.cn
版　　次 2024年4月第1版
印　　次 2024年4月第1次印刷
定　　价 38.00元

物料号 61272-00

作者简介

蒋书同，湖南新宁人，毕业于湖南师范大学文学院历史系，现为湖南省教育科学研究院教育史志研究所所长、副研究员。多年来，一直从事地方教育史志和职业教育宏观政策研究，在《半月读内部版》《人大复印报刊资料》《中国职业技术教育》《湖南社会科学》《当代教育论坛》《教育史研究》等发表专业论文30余篇；主持湖南省社科基金教育学专项课题、教育科学规划课题等6项，参与省部级以上课题10余项；著作、主编教材及参编中高职专业教学标准15本；获国家级教学成果一等奖2项、二等奖2项，获省级教学成果特等奖1项、一等奖1项、二等奖1项。

目 录

绪 论 1

一、"终身教育"发展演变的历程 2

二、终身教育概念的内涵与外延 6

三、湖南终身学习体系现代化研究背景 10

第一章 终身教育思潮的产生及意义 15

第一节 终身教育思潮的产生 15

一、终身教育思潮产生的时代背景 16

二、终身教育成为世界教育发展的总趋势 18

第二节 终身教育的基本特征 22

一、终身教育的本质特征 22

二、终身教育体系的区别特征 25

三、终身教育理论的先天缺陷 28

第三节 终身教育理论的积极意义 30

一、终身教育理论蕴含的进步因素 30

二、终身教育理论的历史意义 33

三、终身教育理论的现实意义 35

第二章 国外终身教育发展勾勒 39

第一节 国外终身教育发展的基本情况 40

一、理论研究 40

二、实践探索 42

三、制度保证 48
第二节 国外终身教育发展的典型案例 53
一、美国：多方位、立体化发展终身教育 53
二、欧盟：打造标准，因地制宜推进终身教育 58
三、日本：多措并举，致力构建地方终身教育体系 65
第三节 国外终身教育发展的成功经验 68
一、健全的法规政策 69
二、专门的经费投入 70
三、完善的管理体系 71
四、广泛的社会参与 73
五、灵活的休假制度 74
六、多元的实施载体 76
七、丰富的共享资源 78
八、务实的学习内容 79
九、优良的师资队伍 81
十、多样化的存在方式 83

第三章 湖南终身教育发展历程 85
第一节 中华人民共和国成立前湖南社会教育的兴起与发展 86
一、古代湖南地区社会教育的兴起 86
二、近代湖南社会教育的初步发展 89
三、现代湖南社会教育的崛起 91
第二节 中华人民共和国成立后湖南成人教育的勃兴与昌盛 97
一、中华人民共和国成立和社会主义基本制度确立时期的湖南成人教育（1949—1956） 97
二、社会主义建设的艰辛探索和曲折发展时期的湖南成人教育（1956—1978） 105

三、改革开放与中国特色社会主义制度创立时期的湖南成人教育（1978—2000） 107
第三节 21世纪初湖南社区教育的探索与实践 116
一、湖南社区教育的发展历程 117
二、湖南社区教育的有效做法 124
三、湖南社区教育的优秀案例 129

第四章 湖南终身教育发展模式 153
第一节 颇具湖南特色的职工教育“九九九六”模式 154
一、湖南职工教育的基本情况 154
二、湖南职工教育的“九九九六”模式 155
三、湖南职工教育的突出成效 161
第二节 基于终身教育的农村教育“农科教”结合实践 163
一、湖南农村教育的发展脉络 163
二、三教统筹、农科教结合的典型案例 165
三、三教统筹、农科教结合的发展瓶颈 173
第三节 享誉全国的终身教育发展“湖南经验” 174
一、桃江经验 175
二、东安经验 177
三、汨罗“素质教育” 179
四、职业教育“湖南标准” 182
五、乡村教师队伍建设“湖南经验” 186

第五章 湖南终身学习体系构建 191
第一节 湖南终身学习体系现代化的现实基础 192
一、湖南终身教育发展的成绩与做法 192
二、湖南终身教育发展的困难和不足 199

第二节　湖南终身学习体系现代化的总体要求　202
一、指导思想　202
二、基本理念　202
三、主要原则　204
四、战略目标　205
第三节　湖南终身学习体系现代化的重点任务　209
一、加强基础能力建设　209
二、整合社会教育资源　211
三、完善终身学习服务平台　213
四、建立全民终身学习制度环境　216
五、提高服务重点人群的能力　217
第四节　湖南终身学习体系现代化的治理策略　220
一、建立政府管理、社会参与、多方协作的现代治理模式　220
二、健全政府投入、学习者分担、多渠道筹措的经费投入体制　222
三、建设专兼结合、志愿者为主、素质优良的教学服务团队　223
四、构建时间保证、学分累计、督导考核的评价监管机制　224
五、培育凝聚共识、学习者为本、全民参与的终身学习文化　226

第六章　当前终身教育“三教”改革　231
第一节　终身教育师资队伍建设　232
一、终身教育教师角色定位　232
二、终身教育教师队伍面临的主要问题　235
三、终身教育师资队伍建设的应对策略　236

第二节　终身教育课程资源开发 240
一、课程资源开发的基本原则 241
二、课程资源开发的主要思路 244
三、课程资源开发的实践反思 247
第三节　终身教育教学方法创新 249
一、成人学习者的特点 250
二、成人学习动机的开发 253
三、国外教学方法分类举隅 255

第七章　现代终身教育发展展望 259
第一节　现代终身教育的发展 260
一、当前世界的深刻变化 260
二、现代终身教育的发展趋势 263
三、现代终身教育的主要特征 266
第二节　现代终身教育的远景描述 270
一、终身教育成为国家重大发展战略 270
二、建成了全民学习、终身学习的学习型社会 273

附录：面向中国教育现代化2035的省域终身学习体系现代化相关问题研究 277

绪论

党的十九大报告强调，“办好继续教育，加快建设学习型社会，大力提高国民素质”[1]。构建终身学习体系，实现学习型社会，是新时代我国提出的重大战略决策。终身学习是在终身教育基础上发展演化而来的，终身教育或者说终身学习，是社会每个成员为适应经济社会发展和实现个体自身发展的需要，是贯穿于人的一生的、持续不断的学习过程[2]，即我们常说的“活到老，学到老”，或者“学无止境”。它包含正规、非正规及正式、非正式的一切学习活动，具有终身性、全民性、广泛性等特点。进入新时代，追溯勾勒国外终身教育发展概况，全面了解

[1] 习近平.决胜全面建成小康社会 夺取新时代中国特色社会主义伟大胜利——在中国共产党第十九次全国代表大会上的报告[R].

[2] 庞云凤.从蒲松龄的科举心路看蒲松龄的终身学习[J].中国成人教育，2010（12）：101-102.

湖南终身教育的发展历程与实践探索，客观分析湖南终身学习体系建设的必要性和现实基础，深入探讨其目标愿景与重点任务，明确建设的策略，切实推进湖南终身教育现代化，既是加快教育现代化的应有之义，也是满足社会居民多样化学习需求，保障每个人平等接受所需教育机会，进而实现人的全面发展的必要条件；既是湖南建设人力资源强省，促进人的素质结构、区域经济结构调整，促进经济发展方式转变，促进富民强省的基础工程，更是促进全社会形成积极向上的学习氛围，推动全民健康生活方式普及，满足人民精神文化生活新期待，昂首迈向富饶文明、和谐美丽幸福新湖南的迫切要求。

一、“终身教育”发展演变的历程

终身教育（lifelong education）这一术语最早由英国人于1919年植入现代教育体系，迄今为止已有百余年历史，其概念尚没有形成统一的权威性定论。陈桂生认为：从广义上讲，“终身教育”是指人们在一生各阶段当中所受各种教育的总和，也是人所受不同类型教育的统一综合[1]。它包括教育体系内外的各个阶段和各种方式的学习，既有学校的学历教育和非学历教育，又有社会的培训教育与非培训教育，还有自主的网上学习及其他类型的学习；既有正规教育，如学校全日制教育、职前岗后提高培训，也有非正规教育，如家庭教育、社区教育、工作过程中的经验积累和接受师长们的言传身教。终身教育主张每一个人在人生的各个阶段、各个领域，能以最迅速、最准确、最便捷的方式获得所需的知识、技能。因此，全世界很多国家将终身教育作为国家教育改革的

[1] 陈桂生．“终生教育”辨析[J].江苏教育研究，2008（1）：3-6.

战略导向和指导方针。

1. 从“日常话语”到“明晰概念”。自古以来，中国社会就有对小孩“及早管教”和人生在世“活到老，学到老”的说法。在其他国家和地区，也早就出现了蕴含终身教育意境的话语。17世纪，西方近代教育理论的奠基者——捷克著名教育家扬·阿姆斯·夸美纽斯认为，所有人“受教育是可能的，也是必要的”，主张“把一切知识教给一切人”。1632年，他出版的《母育学校》一书，在人类史上首次制订了6岁以下儿童详细的教育大纲，总结并列举了5条理由证明应“及早管教”，且提出了一个人从生到死各个阶段的学习构想。虽然这些古老的教育思想与当今世界广泛流行的“终身教育”还不完全是同一回事，但已烙下深深的“终身教育理论”印迹。随着社会的日益进步，终身教育理论和实践都在不断地发展，现代的“终身教育”则是一个反映时代潮流的全新的教育概念。

1919年，英国复兴部成年人教育委员会指出，对成年人不仅应普遍提供教育机会，而且应终身提供教育机会。这是对终身教育和成人教育之间紧密联系的最早表述，可视为现代终身教育的发轫。1929年，英国教育家耶克斯利出版专著《终身教育》，是世界上第一部冠名为“终身教育”的著作，首次从宗教和世俗相结合的角度对终身教育进行了完整论述[1]。20世纪60年代，时任联合国教科文组织成人教育局局长的法国活动家保罗·朗格朗（Paul Lengrand）认为，教育应是人在一生中连续不断地学习的过程，进而大力宣扬终身教育。1965年，联合国教科文组织国际成人教育促进委员会讨论时，朗格朗关于终身教育

[1] 何思颖，何光全.终身教育百年：从终身教育到终身学习[J].现代远程教育研究，2019（1）：66–77，86.

的提案得到许多与会代表的赞同。1970年，朗格朗发表《终身教育引论》，全面阐述了终身教育的概念、原则、内容、方法、意义和发展战略等，从而奠定了终身教育发展的理论基础。

2. 从“终身教育”到“终身学习”。据史料记载，1968年，联合国教科文组织把1970年确定为“国际教育年”，其要求的成员国在成人扫盲、妇女受教育机会均等、一体化终身教育等12个领域计划开展的49项任务或工程，没有一项不与终身教育有关。事实也证明，“国际教育年”后，“终身教育”成为联合国教科文组织成员国共同关注的话题，在世界范围内广为人知并获得广泛认同。这也证明了终身教育理论与实践的结合，为其日后成为世界性的教育思潮创造了条件。

20世纪80年代，终身教育这一术语在国际上得到广泛传播。20世纪90年代，无论是终身教育理论研究还是终身教育实践探索，都得到了进一步深化和拓展。在一系列国际会议和国际有识之士的极力倡导与推动下，促进经济合作与发展实施“终身教育”日益成为国际教育舆论的焦点。其中较突出的事件有：1993年，根据联合国教科文组织1991年大会决议建立的“国际21世纪教育委员会”，旨在思考21世纪的教育与学习，其1996年提交的报告——《教育——财富蕴藏其中》，对“终身教育”作了进一步考察，提出了新的建议。1994年，欧洲终身学习促进会等国际组织在意大利召开的首届终身学习会议提出，“如果没有终身学习的意识与能力，将难以在21世纪生存”。1995年，在丹麦哥本哈根各国首脑会议上通过的以社会发展为主题的《哥本哈根社会发展问题宣言》，进一步推动了与会各国从国家层面做出重视终身学习的承诺。同年，欧洲联盟成员国把建构学习化社会列入共同追求的目标。欧盟把1996年定为“欧洲的终身学习年”，发布了《教与学：迈向学习社会》白皮书。自此，在国际上，终身学习逐渐取代终身教育。终身学习理念强调从教育向学习的转变，关注的重心从强调教育向强调学习的主体——学习者的需求转变，即强调人是学习的核心，学习是为了人的全面发展。

3. 从“国际组织建议”到“终身教育立法”。在国际组织和有识之士的积极推动下，终身教育也从社会组织的共识进入各国法律文本，有些国家将终身教育条款列入法律文本，或制定终身教育专门法规，或在国家教育政策文本中列入终身教育相关内容。1976年，美国重新修订的《高等教育法》增加了“终身学习”条款。1990年，日本制定了《关于振兴终身学习实施政策及完善推进体制法》（简称《终身学习振兴法》）。1993年我国发布的《中国教育改革与发展纲要》、1995年通过的《中华人民共和国教育法》，均有发展终身教育的相关条款。1998年，韩国制定的《终身学习法》经国会审议后，改称《终身教育法》，1999年8月31日正式实施。事实上，各国终身教育发展很不平衡，这一时期有些国家的法律、政策文本中并没有“终身教育”条款，如1992年的《俄罗斯联邦教育法》、2002年2月11日发布的《2010年前俄罗斯教育现代化构想》，均未提“终身教育”。据了解，迄今为止，为终身教育（或学习）专门立法的国家也并不普遍。当然，也不能单看教育立法文件，要看“终身教育”概念界定、实践效果和发展承诺，立了“终身教育”法的国家，其公民受教育的机会并不一定就比未立法国家公民的多，反之亦然。

总之，随着社会的进步，“终身教育”（或“终身学习”）实践在不断向前发展，其概念内涵也一直在变化中，当前已基本趋同为“终身学习”。按照《学会生存——教育世界的今天和明天》一书中的说法，终身教育发展的轨迹是：从起初应用于成人教育的一个新专业术语，逐渐地推广到职业教育中，随后进一步扩展到整个教育活动的方方面面，即智力的、情绪的、美感的、社会的和政治的修养。现在，人们所认为的终身教育抑或终身学习，已经贯穿了整个的教育过程。

二、终身教育概念的内涵与外延

终身教育、终身学习和学习型社会是三个侧重点不同、既有联系又有区别、密不可分的概念。终身教育、终身学习是一种学习形态和实践活动，是建设学习型社会的基础；学习型社会是一种社会形态和生态文化系统，由政治、经济、思想、文化及科技等多个子系统构成，是终身教育、终身学习影响并促进社会发展的结果，也是科技高新化、信息网络化、经济全球化的产物，其社会形态的核心内容即为全民学习、终身学习。

1. 终身教育的界定。人的一生无时无刻不在接受教育，教育是人一生永恒的主题。当前，“终身教育”已从过去成人教育的一个专用术语，发展成为涵盖一个人从生到死的学习全过程的概念[1]。其中包括婴儿教育、幼儿教育、基础教育、高等教育、职业教育，以及家庭教育、社区教育、社会教育、老年教育和各个教育阶段后的继续教育、网上自学等，不一而足。不同的人，不同的人生阶段，甚或同一阶段的不同时期，所受的教育和学习的内容是不一样的，是不断发展变化的，终身教育这个概念也在不断外延和深化。这就是说终身教育的目的，已不再局限于掌握或了解现有的思维方式、理论知识及新技术、新技能、新工艺，而在于促进人们学会学习，善于学习，促进学习型社会的形成。终

[1] 屠峰.从终身教育向终身学习转化看终身教育体系构建[J].成人教育，2012（11）：18-20.

身教育主要包括“学会认知、学会做事、学会生活、学会生存”四个方面，是对“学会生存”必须“学会学习”的进一步界定。

2. 终身教育的内涵。“终身教育”是指人一生中所受各级各类教育、培养和培训的总和，它开始于人的生命之初，终止于人的生命之末，包括人发展的各个阶段及各个方面的一切教育和连续不断的学习活动，其最终目的是“维持和改善个人生存生活的质量”，是从学习现成的知识到“学会学习”的变革，是一个相伴一生的过程。如前所述，终身教育的内涵是不断发展变化的，其总的趋势是不断调整改革传统制度化的学校教育，促进发展非制度化的社会教育，以拓展终身教育外延，从而使越来越多的人获得越来越多的教育机会。这一点，从各国有关终身教育的法律法规、政策制度的规定中不难看出。

我国的“终身教育”，先前主要是指成人教育。1993年，中共中央、国务院发布的《中国教育改革和发展纲要》第一次提到终身教育，指出：“成人教育是传统学校教育向终身教育发展的一种新型教育制度，对不断提高全民族素质、促进经济和社会发展具有重要作用。”1995年，终身教育被写入《中华人民共和国教育法》，其中规定：“国家适应社会主义市场经济和社会进步的需要，推进教育改革，促进各级各类学校协调发展，建立和完善终身教育体系。”“国家实行成人教育制度，国家鼓励发展多种形式的成人教育，使公民接受适当的政治、经济、文化、科学、技术、业余教育和终身教育。”此时的成人教育，是作为一种转向终身教育发展的新型教育制度出现的。2001年，终身教育第一次被列入国家经济社会发展“五年计划”，《关于国民经济和社会发展第十个五年计划纲要的报告》指出，“发展成人教育和多种形式的继续教育，逐步形成终身教育体系”。2007年，继党的十六大报告提出“构建终身教育体系”和“形成比较完善的现代国民教育体系”的教育发展目标后，时任总书记的胡锦涛在党的十七大报告中再次提出：“现代国民教育体系更加完善，终身教育体系基本形成，全民受教育程度和创新人才培养水平明显提高。”2010年，国务院颁布《国家中长期教育改革和发展规划纲要（2010—2020年）》，明确提出我国要“构建体系完备的终身教育体系”。2015年修改的《中华人民共和国教育法》规定：“完善现代国民教育体系，健全终身教育体系，提高教育现代化水平。”同时，部分条款把“成人教育”修改为“继续教育”[1]。这说明，终身教育我国在逐步从具体的教育政策上升为国家发展战略，从单一的成人教育发展完整的教育体系，其内涵和外延得到不断地拓展与扩充，现而今的社区教育、老年教育、职业培训、农村教育等均囊括其中。

3. 终身教育的价值。从认识论上说，价值是指客体能够满足主体需要的效益关系，是表示客体的属性和功能与主体需要间的一种效用、效益或效应关系。教育价值是教育对人和社会的意义或作用，是教育主体对教育活动及其结果是否满足自己需要的评价和自己的教育需要、理想的对象化。基于此，“终身教育”的价值，取决于教育主体——人们所受到的各种教育同个人的自身成长、内在需要、工作需求、社会发展的关系。从这个视角看，终身教育的价值大致有：既与自身成长、内在需要有关，又与工作需求有关；只与工作需求有关，而与个人自身成长、内在需要不相干；只与自身成长、内在需要相关，而与个人工作需求无干；与自己适应社会发展相关，与自己内在需要、工作需求无关等情况。如果有人所受的终身教育，既不与个人成长、内在需要相关，又不与个人

[1] 吴遵民.改革开放40年中国终身教育的历史回顾与展望[J].复旦教育论坛，2018（6）：12-19.

的工作、社会发展相干，仅仅为了尽法律规定的受教育的义务，或受迫于当前“学历社会”的压力，或为单位完成必需的继续教育指标，就失去了其原本应有的教育价值。因此，对于终身教育的价值，我们只能因个体具体情况而定，不能一概而论，其终极价值，是以“非制度化”的学习方式，学习灵活多样的内容，为个人成长成熟和应对急剧变化发展的社会生活做准备。

4. 终身教育的特性。终身教育是有别于传统“制度化教育”的一种教育形态，当然在某种意义上也包含传统的“制度化教育”。“制度化教育”一般是指一个人在专门的时段，学习已有现成的特定知识，为人生奠基而进行的各类学校教育，如从幼儿园、小学、中学到大学、研究生教育等，是“学历社会”的支柱。而终身教育跳出“制度化”圈子，它不限时段、不限地点、不限环境、不限方式、不限手段、不限内容，目的是不断促进学习对象“学会学习”，提高学习对象的求知欲望与学习能力，以满足有志于学习、有志于发展、有志于提升自己人生价值的学习对象的内在需求，为日新月异的现实生活做准备。

终身教育不仅比传统学校教育更具开放性、灵活性、自主性，还具有终身性、全民性、广泛性、多样性、整合性、实用性等鲜明特性。它突破了时空限制，不仅能够做到时时可学、处处能学、人人可学，学习的内容与方式方法也可完全由自己决定。

5. 终身教育的年龄段差异。有关资料显示，若按年龄段划分，“终身教育”可分为婴儿、幼少年、青壮年、中年、老年共5个时期，每个时期特色各异。

婴儿时期：有意识不自主，完全在自然状态下本能地进行学习，主要是家庭环境熏陶和父母及家庭成员的言传身教，学习生存的最初能力。

幼少年时期：继续受家庭教育影响，开始接触社区教育和不规范的社会教育，同时接受系统的“制度化”学校教育，从幼儿园启蒙开始不断学习，增长知识和增强生活基本技能。

青壮年时期：基本完成传统的一次性正规学校教育，开始走出校园、步入社会工作岗位，人生逐步趋向成熟。同时，为了满足择业、就业、转岗、职业生涯发展的需要，学习与工作交替进行，经常接受岗前、岗中、岗后的正规、非正规教育培训，接受继续教育、互学、自学等，不断更新知识和技能。此时，家庭教育退居幕后，社区社会教育走上前台。

中年时期：人生已经成熟，事业基本稳定，业务学习也渐趋饱和。然而，或为了工作既定目标任务，或为了实现人生最大理想，或仅仅为了自己舒心快乐，单位、家庭、学校、社区、社会等一切场所都是学习领域，茶余饭后、节假休息日都是自己充电之时，很多人会抓住机会自觉或不自觉地接受各类正规、非正规教育。

老年时期：退休后，有大量空余时间，如果身体尚可，为了提高晚年生活质量、生活品位、个性需求，大多老年人会充分利用家社校、社团组织、线上线下等学习平台，选择适合自己的灵活多用的方式方法，学习接受新知识、新技能、新工艺，不断充实和完善自己，丰富自己老年生活，以老有所乐、老有所为的心态为社会发挥余热。

三、湖南终身学习体系现代化研究背景

20世纪60年代中期开始，终身学习得到有关国际机构的大力提倡、宣传、推广和普及。1994年，联合国教科文组织在意大利首都罗马隆重举行了“首届世界终身学习会议”，终身学习在世界范围内逐渐形成共识。发展终身教育、鼓励终身学习和加快建设学习型社会逐步成为世界教育发展的大趋势。2013年以来，联合国教科文组织先后在中国北京市、墨西哥墨西哥城、爱尔兰科克市举办了三届全球学习型城市大会，依次发表了建设学习型城市《北京宣言》《墨西哥城声明》和《科克行动倡议》，鼓励将终身教育、终身学习视为增进个体能力与福祉、解决未来挑战的不可或缺、不可代替的重要手段，将终身学习体系、学习型社会建设提升为社会可持续发展的重要基石，并为此加大政府投入与推动，支持和激发各类教育资源、社会资源、民间力量的聚集、整合与融通，为全体居民提供实现多样化、终身化的学习机会服务，确保所有学习者获得终身学习机会以促进全面、健康、可持续发展，确保建立包容、公平、公正和有质量的终身教育制度，为可持续的生活方式、促进经济社会可持续发展作出贡献。这已经成为全球全民学习、终身学习和终身教育革命性变革的愿景。

1. 人们对自我价值实现要求的不断高涨需要终身学习。20世纪以前，由于经济社会发展落后、科学技术进步缓慢，入学时间前后相隔50年的两批学生所学的知识差别几乎微乎其微。即便到了20世纪50年代，儿子使用父亲当年教材的情况依然并不鲜见。随着知识更新，教材更新换代的速度也越来越快。到了21世纪，只需短短5年时间，教材中的一些知识就已经显得陈旧不堪、不合时宜，学生们从学校毕业时，先前所学的部分知识就可能已经落后于时代。随着经济社会的快速发展和科学技术的日益进步，人们逐渐从体力劳动与衣食住行的基本需求中解脱出来，从单纯的物质追求逐步转变为同时追求物质生活与精神生活的完美。特别是工业现代化的加快发展，现代化办公设备、现代化生产设备进入日常生活，人们逐渐摆脱繁重体力劳动与繁杂家务劳动的拖累，开始拥有更充裕的自由支配时间。同时，外部条件的改善、物质生活的丰富，使人们开始注重精神生活质量的提升，期望通过自身努力来达到自我发展、自我完善，实现自我价值。而要实现高层次、高品质的精神追求，仅靠一次性的学校教育是无法完成的，只有依靠终身教育、终身学习的持续加持才有可能最终达成。

2. 人工智能等新技术的迅猛发展与极速更新迭代需要终身学习。2018年3月，英国政府发布的《2017年人工智能产业发展报告》估计，到2030年，人工智能对全球经济的贡献将高达15.7万亿美元。这一数字大于目前中国和印度经济体量之和。当前，空间技术、能源技术、大数据、互联网+以及以机器学习和神经网络带动的人工智能技术在机器人、控制系统和仿真系统中的广泛应用，极大地提高了生产效率，降低了生产成本，满足了企业的增长需求。以人工智能为代表的新技术的快速和突破性发展，使众多企业家与企业经营者、管理者和技术团队希望能够运用人工智能技术来完成企业进化与跨越，也使广大普通民众希望通过人工智能技术来改善生活、提高生活质量。但人工智能极速的更新迭代，导致在实际操作中面临各种各样的问题，面临众多与机遇同时而生的挑战。这些困难在中国企业与普通民众中更是普遍存在。在人工智能进入日常生活实际应用的这个关口，高端技术以及自身认知的不足，使普通民众迫切需要通过不断学习来弥补，终身教育、全民学习、终身学习已成为一种生活必需品，而非奢侈品。只有这样，企业和普通民众才能学会做人工智能的主人。

3. 湖南经济社会发展需要构建良好的终身学习体系。当前，虽然世界风云变幻莫测，但湖南经济社会发展面临着总体有利的宏观形势。世界经济有望继续复苏，我国经济发展进入新时代，湖南具备了高质量发展的基础和潜力，未来的湖南将更加深度融入世界；未来的科技进步将更加迅猛，未来的湖南经济将向中高端迈进；未来的社会将发生广泛而深刻的变革，未来的湖南要壮大主流文化以凝聚社会共识[1]。社会的发展，产业的升级，本质是人的发展和升级。因此，湖南实施“一核三极四带多点”战略，必须坚持以人为本、优化布局、生态文明、传承文化，加快城乡一体化发展，提高新型城镇化发展水平和质量；湖南加快推进农业现代化，必须坚持以人为本，实施建设三个“百千万”工程，加大新型职业农民和新型农业经营主体培育，加快形成组织形态优化、技术装备先进、数量质量效益并重、一二三产业融合、生态环境可持续的农业现代化发展格局；湖南提升现代产业体系，必须坚持以人为本、质量兴省，促进“湖南制造”向“湖南智造”跨越，着力打造中国智能制造示范引领区，弘扬企业家和工匠精神，全面提升质量发展水平；湖南建设科技创新基地，也必须坚持以人为本，推进高精尖人才培养引进工程，加快培养引进科技领军人才、专业技术人才、高技能人才和青年创新创业人才，加强知识产权保护，提高公民科学素质，激发全社会创新创造活力[2]。这样，构建良好的终身学习体系，推动全民学习、终身学习，不断壮大高素质人才队伍和提高劳动者整体素质，既是建设富饶、美丽、幸福新湖南的重要内容，也是建设人力资源强省，促进经济发展转方式、调结构、促升级，加快实现富民强省新跨越和阔步走进富饶美丽幸福新湖南的基础工程。

4. 湖南制度化教育发展为构建终身学习体系奠定了良好基础。据有关数据统计，改革开放40年，湖南教育共为社会输送大中专以上人才

[1] 许达哲.政府工作报告——在湖南省第十三届人民代表大会第一次会议上[N].湖南日报，2018-02-11.

[2] 杜家毫.不忘初心　继续前进　为建设富饶美丽幸福新湖南而努力奋斗——在中共湖南省第十一次代表大会上的报告[R].

941.30万人。早在2017年，全省共有各级各类学校2.7万余所，在校学生1 317.81万人，在职教职工90.19 万人，教育总规模居全国第7位，实现了从人口大省到教育大省的历史性跨越。各级各类教育稳步发展：义务教育跨越了全面普及和基本均衡两大关口，“有学上”的任务已经完成，“上好学”的愿景正在成为现实；高中阶段教育步入全面普及、协调发展的新阶段；高等教育从“精英教育”迈入“大众教育”，全省普通高校数从1978年的22所增加到2017年的109所，在校学生数从3万余人增加到127.32万余人；职业教育“星火燎原”，在校生达122.64万人；民办教育从无到有、从弱到强，全省共有各级各类民办学校近1.3万所（不含文化培训机构）。据《2020年湖南省教育事业发展简明统计分析》显示，湖南共有各级各类学校2.8万余所，在校学生1 432.78万人；各级教育普及水平不断提高，国民受教育机会进一步扩大，全省学前三年毛入园率、小学适龄儿童净入学率、初中阶段毛入学率、高中阶段毛入学率、九年义务教育巩固率分别达到85.92%、100%、107.74%、93.29%、98%，均高于全国平均水平；每十万人口在校生数也明显增加，其中学前教育、义务教育、高中阶段教育、高等教育在校生分别为3 345人、11 364人、2 828人、3 134人，分别比2019年增加46人、101人、86人、281人；劳动人口平均受教育年限达到11.22年。所有这些，均为湖南终身学习体系的构建奠定了良好的基础。

第一章 终身教育思潮的产生及意义

20世纪60年代，在有关国际组织和世界有识之士的大力提倡与推动下，一种新的教育思潮——终身教育（终身学习）思潮逐步在国际上流行开来，其主张的教育理念、教育原则及方式方法等被世界上不同社会制度、不同发展程度的国家和地区广泛接受，终身教育理论也引起了世界各国不同教育学派的普遍关注，成为一个世界性的重要研究课题。

第一节 终身教育思潮的产生

任何一种社会思潮的产生都是一定社会政治经济、科学技术、思想文化发展的产物，古今中外概莫能外。终身教育这一术语是在20世纪初叶世界大变局的时代背景下英国最早将其植入现代教育体系的，后随着社会的不断发展变化，逐步演变成为一种盛行世界的教育思潮。

一、终身教育思潮产生的时代背景

1. 人们急剧变化的工作和生活环境是终身教育思潮产生的社会条件。终身教育与人类共生，古已有之。东方有“活到老，学到老”的说法，西方有“一生教育使自己完善”的教条，这种古老的朴素的终身教育现象有别于当今广泛流传的终身教育理念。现代终身教育理念诞生于20世纪初，勃兴于20世纪中叶，其间两次世界大战结束，面对世界格局、全球治理、社会经济、思想文化、科学技术、生态文明、知识工艺等急剧变革带来的复杂挑战，不仅表现在生产岗位、消费流通等经济领域，同时也影响到人们的日常社会生活与普通家庭生活，迫使人们必须更新思想观念，学习新的知识技艺，强化技术技能升级，以武装和充实自己，获得全新的职业和家庭生活适应能力。而这种变化的长期性、连续性与不可预知性，促使人们必须不间断地、持续地接受教育、培训和学习，以不断地获得新知识和更新新技能，时时刻刻处处保持其有应对工作和生活中新情况、新问题的应变能力。这正是终身教育所提倡和主张的宗旨理念，符合当时时代发展、社会变革与个人生活的需要，因而终身教育理念一经提出，就得到了社会各界和广大民众的广泛认可，进而逐步流行开来，成为一种世界思潮。这也反映了社会变革对教育发展的强烈要求。

2. 人们对现实生活和自我实现的更高要求是终身教育思潮产生的心理基础。第一、二次世界大战后，伴随全球政治经济社会的变革，世界范围内各种社会思潮泛起。到20世纪50年代，随着科学技术的快速发展，为尽快医治常年战争带来的创伤，世界各国均非常重视经济建设，整体社会经济条件不断好转，人们生活得到改善，逐渐从一穷二白的衣食住行的窘境中解脱出来。特别是后来随着社会经济的发展、信息技术的进步和人工智能的升级，社会生产生活走向自动化、智能化、多样化，普通民众从繁重的体力劳动和琐碎的家务劳动中解放出来，有了更多的自由支配闲暇时间与自主空间，可以尝试追求更多更好精神层面的享受，以此来进一步充实和完善自己，从而迫使人们自觉通过不断个人主动学习来实现思想、知识、技能和技术的自我完善与发展，满足更高层次、更高水准、更高品质的精神生活和物质追求。这是终身教育思潮产生的社会心理基础。

3. 人们对改革传统制度化学校教育体系的迫切要求期望产生全新的教育理念。诞生于西方发达国家的近现代学校教育制度，以传授人类已有知识为宗旨，在促进学生身心健康发展，教会学生独立工作和生活的能力，担负为国家和社会培养与塑造年轻一代的责任方面，发挥了其他任何社会活动均不可替代的独到作用。然而，自20世纪60年代开始，在科学知识和技术进步、信息量急剧增加、社会变革加剧的现实倒逼下，制度化学校教育的矛盾和弊病不断显露出来。如：传统学校教育与具体现实严重脱节，与日常生活相去甚远，考试定向竞争激烈，重学历轻能力，优质资源分配不均，世世代代变化甚少等，凡此种种，人们对传统的教育观念逐渐产生怀疑与动摇，对制度化学校教育开始进行深刻反思和批判，普遍渴望能从根本上对旧有的教育制度、教育内容、教育方式方法进行颠覆改革，希望谋求新的思路，实现家庭教育、学校教育和社会社区教育有机融合，以帮助每个人通过多种形式的自我教育、自我学习真正实现自身的发展，而不被现代社会所淘汰。这样，开放的、适应社会发展需要和服务人的终身发展的新终身教育理念一出现，就很快受到了人们的积极追捧，成为了人们的衷心期望，于是终身教育理念应运而生。

二、终身教育成为世界教育发展的总趋势

近现代以来，世界各国尤其是西方发达国家，大多重视终身教育，很多国家试图把终身教育纳入规范化、制度化轨道，作为政府教育改革的总目标，以终身教育的理念和原则来规划、设计、改革整个国民教育体系，顶层设计并逐步构建从幼儿教育到老年教育纵贯一生，从普通教育到职业教育横向融通，从家庭教育、学校教育到社区社会教育三位一体的全面的终身教育大系统。

1. 广泛制定成人教育法律法规，促进形成终身教育体系。在实施终身教育初期，1976年，联合国教育、科学与文化组织（简称联合国教科文组织）在东非肯尼亚首都内罗毕召开会议，会议通过《发展成人教育建议书》，除前言外，共10个章节67条，内容包括成人教育的定义、目的意义、方针政策、组织机构、行政管理、财务经费、研究评价、学生条件、工作人员状况和地位，以及教学方法和国际合作等，主要观点有：成人教育是终身教育的一部分，是指有组织的教育过程整体；成人教育的总目的在于增进人们才干，使其积极参与社会发展；成人教育的内容须适合社会需要和希望，扩大到人生的各个方面，涉及各个领域的技能和知识；强调成年期继续学习的必要性，主张国家的发展计划中应有成人教育条款，明确成人教育目标。在终身教育思想影响和联合国教科文组织推动下，为引导人们重视和规范终身教育，西方很多国家通过行政立法，从法律上确立终身教育的地位，明确成人教育是终身学习体制的基础，是推动终身教育进程的先导力量，进而把终身教育理论作为国家

当时和今后教育改革与发展的基本指导思想。如，上述文件通过后仅2年，就有22个国家政府向联合国教科文组织递交了采纳《建议书》的特别报告。早在1971年，法国制定并颁布了《终身职业教育法》，后经补充和完善有关终身教育条款，于1984年重新审议通过新的《职业继续教育法》。1976年，美国在联邦教育局专门设立了终身教育局，组织制定并颁发了《终身学习法》。20世纪80年代初，韩国颁布的社会教育法，提出了社会教育制度化、规范化，规定了终身教育有关内容，制定并实施了相应的终身教育配套政策。1990年，日本颁布实施了《终身学习振兴法》。在其他西方国家，如德国、挪威、瑞典、加拿大、澳大利亚等，也较早通过并颁布了具体的成人教育法律法规，制定了详细的配套实施政策，诸如规定入学条件灵活多样、实行经济援助成人教育、开设成人教育学分累计课程等，以保障成人教育发展与推动实施终身教育。

2. 尝试破除封闭僵化的学校模式，积极推行开放教育。在推进实施终身教育的过程中，世界各国普遍尝试打破常规，实行开放办学，以改变传统学校封闭僵化的状态，形成开放弹性的教育结构。20世纪60年代以后，在第三次工业革命导致产业结构不断变化和终身教育“人人、时时、处处”可学理念的影响下，国际上开放教育正式兴起并获得长足发展，由学校教育体系向终身教育体系过渡成为世界教育改革发展的潮流。英国创办开放大学，在大学设立成人教育部，提供形式多样的成人教育。1969年，第一所面向所有有学习意愿的人开放入学的英国开放大学正式创立。该大学以实现获得教育公平为理念，秉承“人的开放”“地点的开放”“方法的开放”和“思想的开放”的价值观，坚持以学习者为中心，采取宽进模式，不设入学门槛，实行开放式教学，以期为广大学习者创造平等的学习机会。这是世界高等教育史上的重要创举，这一教育模式产生了广泛而深远的影响，成为世界各国开放大学仿效的模型和借鉴的范式[1]。美国大力发展开放的社会学院，很多大学成立了大学开放部，对成人教育做到了几乎没有什么限制，广泛开展对“非传统型学生”的教育活动。1976年，美国秉持“培养在职成人，能使他们达成职业目标所需的知识和技能，提高所在组织的生产力，并使其具备领导和服务于社区的能力”的办学理念，创办职业大学——美国凤凰城大学，面向成人开展远程教育。1983年，日本秉持“为一切愿意接受高等教育的人提供学习机会”的办学理念，创办日本放送大学。这是一所不设任何入学门槛，实行免试入学，利用广播和电视等手段开展远程教育的大学，以“实现高等教育的社会化，满足成人世界不同年龄、不同学习目标的学习需求，建设完善、高效、灵活、便捷的高等教育体系”为发展的终极目标，面向成人开展学历和非学历教育，以提高国民素质[2]。1995年，日本社会名流组织召开“终身学习审议会”，主张把成人大学纳入大学计划，要求所有高等教育机构必须向社会敞开大门，一些高级中学面向社区开放，发挥学校的文化中心作用。这一时期，欧洲许多国家，也通过在大学设立成人教育中心、举办各种类型的公开讲座、开展函授等形式，面向社会开门办学，积极为各类人员提供继续教育或回归教育的机会。截至目前，世界各国先后创立了100多所开放大学，突破时空界限，服务大众学习，为学习者创造了平等的受教育机会，有力推动了终身教育的发展。

3. 充分利用各种有效资源，致力拓展社会教育渠道。为有效实施终

[1] 韩世梅，刘敏，周晖.英、美、日三国典型开放大学教育教学模式的实践探索与启示 [J].北京宣武红旗业余大学学报，2021（4）：5-12.

[2] 殷双绪.日本放送大学的发展对我国开放大学建设的启示 [J]. 广西广播电视大学学报，2018（1）：5-9.

身教育，加快终身教育普及化、大众化进程，许多国家采取有力措施，整合社会公共资源，广辟大众教育渠道，将博物馆、图书馆、档案馆、文史馆、研究院、电影院等文化组织机构，社区托老所、敬老院、公益服务中心（站）、业主委员会、法律援助中心、志愿者协会、妇女儿童保护协会、老年文艺表演队、摄影协会、书画协会、文体协会、健身武术队等社区社团组织，以及商店、工厂、公司、学校、医院等企业事业单位与各级各类专业学会、协会、研究会、商会、促进会、联合会等全部纳入终身教育制度体系，充分利用社会一切可以利用的各种具有教育价值效用、能够承担教育任务内容的已有资源和设备设施，使全民学习、终身学习与社会社区活动融为一体，同步推进，实现双赢。在这方面，日本政府的表现尤为突出。20世纪80年代，日本终身教育发展迅速。1987年，日本临时教育审议会明确提出了逐步向终身教育体系过渡的建议；1988年，日本文部省新设终身学习局，作为自上而下有组织有计划地推进终身教育发展的专门机构。日本政府除把大学作为促进终身教育发展的场所，通过采取设置夜间学部、开办函授教育、设立广播大学、允许社会成员入学、设立专攻科和特别科、接受委托研究员、招收旁听生和研究生、设立教育开放中心、举办公开讲座、设施对外开放等多种灵活化、开放化措施，使其向社会开放，积极为社会成员学习深造创造机会，充分发挥大学助力全民学习[1]的作用，注重发挥社会教育团体人力物力，健全完善大众学习信息网络，积极建设家庭、社会、学校教育三位一体的终身教育体系，同时将社区活动中心、档案馆、博物馆、图书馆、文化会馆等各种科学文化设施设备都纳入终身教育的范

[1] 陈俊英.日本大学促进终身教育发展的措施[J].外国教育研究，1990（4）：62-64，45.

畴，为建设终身学习社会发挥了重要作用。

第二节 终身教育的基本特征

特征，是一事物异于或不同于其他事物、可供识别的特殊征象或标志，是一个客体或一组客体特有性质的抽象描述。任一客体或一组客体都具有众多特性，反映客体根本特性的属本质特征，反映客体区别于其他事物特性的属区别特征。终身教育作为一种社会活动现象，既有其与生俱来的本质特征，又有随着社会的发展而逐步形成的区别特征，二者既有联系，又有侧重，共同融汇于终身教育本体，呈现出不同的特点。

一、终身教育的本质特征

人是“教育的动物”。终身教育作为一种人类特有的社会现象，伴随人类社会的始终，古已有之，将来恒在。终身教育作为一种教育活动，有其自身的内在的本质特征，这是不以主客观条件的变化而转移的。主要体现在：

1. 终身教育学制的终身性。学制，是一个国家根据其教育方针、政策，对各级各类学校的任务、学习年限、入学条件等所作的规定，这里专指各级各类学校的学习年限。传统的制度化的学校教育大多都有学习者学习年限的规定，如我国现行的学制一般定为：学前教育3年、小学6年、初中和高中各3年、专科3年、本科4年、硕士和博士各3年。非制度化的终身教育突破了常规的学习年限限制，其学制长达一生，即从人一出生开始，活到老、学到老，是人生中连续不断的活动过程，也即贯穿生命的始终，时时可以学习，是人一生中整个教育过程或整个学习过程的统一，是所受到的各种教育培训的总和。

2. 终身教育功能的双重性。广义的教育功能，是指教育活动引起的各种变化，带来的各种结果和影响，既包括教育系统内部各方面的影响，也包括对外部其他系统的影响，既有直接功能，又有间接延伸功能。终身教育作为教育的一种类型亦如是。一方面，终身教育作为一种教育理念，其本质能生产精神产品，培养人崇善向好，发展人的潜能，形成各种知识技能，整体提高人的综合素质，为人的个性发展和内在需求服务，这是直接功能。另一方面，终身教育通过培养社会适用的各类人才，提高了社会劳动者的整体素质，而劳动者具有良好的个性修养，有利于构建和谐稳定的社会环境，使人们过上安全幸福的生活；劳动者利用所学知识和技能直接有效地服务于社会政治经济建设，从而产生经济效益和社会效益，推动社会向前发展，这是间接延伸功能。

3. 终身教育时空的广泛性。时空，是力学、物理学、天文学和哲学的基本概念，简单地说，就是时间与空间的简略集合名词（即时间+空间）。终身教育突破了传统制度化教育的时空限制，呈现出广泛性的特点，即适合一切时间与空间。时间上，从教育角度而言，一般习惯将人的一生分为学习、工作、退休三个时段，学习时段专指参加工作以前，从幼儿园、小学、初中、高中到大学的学校教育时期，其余工作、退休两个时段排除在学习时间之外，而终身教育时间涵盖工作前、工作中、退休后所有时段的一切时间，即只要一个人觉得有时间，就都可以用在学习上。空间上，传统的教育多指在包括学校在内的具体的、固定的、特定的学习地点进行教书育人活动，而终身教育则可以在一切场合、一切地点，从家庭到社会，从校内到校外，从工厂到农村，从城市到乡镇，无处不在，到处可行。

4. **终身教育领域的多元性**。领域的多元性主要体现在终身教育的办学主体、教育目标、教学内容、发展动力、教学手段、学习方式、经费投入、资源使用等诸方面。如终身教育的办学主体就有政府、行业、企业事业单位，个人、团体、社会组织、协会学会研究会，以及独资与联合办学等；教育目标有满足个人兴趣爱好、完成学历证书教育、获取职业资格证书、适应岗位任职能力等；发展动力有个人需要、法律要求、政府号召、行政激励、经济发展、资格制约等；教育学习方式有自学、面授、函授、线上、线下、集中、分散、夜校、全日制、半日制、业余学习等；经费投入则包括个人投资，国家、团体、企事业单位投入，股份制、独资、合资、捐赠、贷款等。

5. **终身教育内容的实用性**。教育内容的实用性，是由学习者是否需要决定的，往往学习者渴望得到的，对其来说就是实用的。终身教育从大概念来讲是属于个体补偿性教育，有别于制度化的正规学校教育，学校教育往往是为了某一目的或要求，培养某一层次、某一类型的社会需要的适用性人才，其教育内容大多有统一规定，围绕培养目标而设置，而终身教育主要基于个人实际情况，从自身需要出发，一般是个人缺什么学什么补什么，自己主动选取，其内容没有一致标准，更没有强制性规定，只要个人愿意，不管是服务社会经济发展的，还是满足个人内心需求的，都可以拿来作为学习的内容，没必要学习那些对自己无用的东西，可以做到因地制宜、因材施教、因人施教。从这个意义上说，终身教育提供的，都是有用的知识和技能。

6. **终身教育对象的全民性**。传统的制度化学校教育的对象，一般都有一定的范围，要具备基本的条件，达到规定的资格，如幼儿园、中小学、高等教育、函授自考等的入学条件、基本资格各不相同，有地域、籍贯、年龄、分数、特长、身体等的多重限制，只有各项要求都达标的，才能允许进入某一类学校，接受规定的教育，其教育对象具有趋同性，即往往是各方面主客观条件大体相当的某一类人，才能同学。而终身教育则不一样，它虽既有家庭教育、学校教育，又有社会教育、社区教育，还有各种形式的技术技能培训，既包括正规教育，也包括非正规教育，还有各种线上线下的个人自学，但其教育对象涵盖所有人群，是完全意义上的自然人，没有身份限制，无论男女老少、高矮胖瘦、富贵贫穷，只要想学，则人人可学，体现了全民性。

二、终身教育体系的区别特征

1. 终身教育体系体现的是纵向全人生与横向全社会的有机统一。纵向贯通，横向联动，是终身教育体系的一大特征。贯通的是每个人的一生，联动的是整个人类社会，体现的是教育的全人生化和全社会化，纵横衔接，共同铸就一个大教育系统。教育的全人生化，简单地说，就是拓展了个人受教育的时间和空间，受教育伴随一个人从胎教到老年教育的全过程，成为不间断连续进行和终身享受的成长过程。在这个过程中，教育的目的是培养和发展一个人的体力、脑力、智力、心理、经验、知识、技能、情感、伦理等方面的全部潜能，它打破了传统学校教育集中于人生某一阶段的封闭格局，既包括职前的启蒙教育、学前教育、基础教育、高等教育、职业教育，也包括职后的技术技能培训、知识观念更新、学历能力提升乃至退休后的老年休闲教育，每一阶段每一类型的教育内容彼此联系、相互贯通、互为补充、交互影响，共同满足人在一生中各个阶段成长的切实需要，以确保人的可持续健康发展。而教育的全社会化，是指教育作为一项全社会关注的共同事业，与社会的发展关系十分密切，社会每个成员必须承担各自该承担的教育责任，发挥各自应有的教育功能。在这里，教育已普遍立足家庭、走进学校、步入社会，贴近每个人的日常生活，成为公众的生活必需，是公众的一种普遍行为。全社会化的终身教育体系主要由以长辈言传身教为主的家庭教育系统、以获取学历专业能力为主的学校教育系统、以适应职业（执业）资格为主的行业（企业）教育系统和以服务文化、生活为主的社会教育系统等四个系统构成，这四个系统虽在内容、形式、层次、结构等方面存在差异、各不相同，但彼此之间相互取长补短、相得益彰，共同维护与发挥终身教育的社会功能。

2. 终身教育体系强调的是终身教育和终身学习的相辅相成。终身教育、终身学习是一个人谋求自我实现的不二途径，二者相互依存、彼此配合、互为补充、缺一不可，这也是终身教育体系的最大特色。从本质上来说，终身教育贯穿人的一生，目的是借助教育者的行为和作用，通过知识和技术技能的宣讲、传授，为学习者提高生存生活水平提供帮助，它着眼于学习者学习的终身化，重点是教会学习者学会生存、学会生活、学会学习。终身学习是构建学习型社会的核心理念，也是学习者不断成长成才的必然要求，强调学习者的自主学习行为，倡导学习者通过不断地自我学习，激发自身的各种潜能，以获得终身所需的全部知识、技能、价值、观念、思维、技巧等，并在任何时间、任何地点、任何情况、任何环境下有信心自如地应用它们。在终身学习过程中，学习者已从被动的受教育对象一跃而成为自我教育自我发展的主体，学习完全成为自我的一种需要，学习也从为了完成某一任务的简单功利行为转向为贯穿整个人生追求自我完善的强烈内驱行动，突出了学习者学习的自由性、自主性、能动性、主观性、自动性、创造性和积极性，完全是一种自发行为，表现出主体性。可以说，终身教育与终身学习作为终身教育体系的两个方面，共同作用于个人和社会的自我完善与发展，提倡终身学习是对终身教育本质的认可，没有终身学习，终身教育无法达到目的，而没有终身教育，终身学习也将成为无源之水、无本之木。从这个意义上讲，在整个终身教育体系中，终身学习与终身教育相辅相成、并行不悖。

3. 终身教育体系追求的是素质教育与创新教育的同生共荣。从一般意义上来讲，素质教育与创新教育无论在教育理念、教育目标还是在具体内容与方式方法上都相去甚远，似乎中间有条鸿沟，彼此难以逾越，但一旦有了知识经济和学习型社会的加持，二者间的鸿沟会越来越小，目标更是趋向一致，即建立起以素质教育为基础的创新教育体系，构建适应知识经济时代的以创新精神、创新能力为核心的创新人才培养机制，培养具有主体性和创新精神、学会认知、学会学习、学会做人、学会做事、学会共同生活、学会促进社会进步与自身发展完善的时代新人。在本质上，素质教育坚持以人为本，主张实施完整人的教育，注重培养学习者的全面素质和主体精神，奠定学习者宽厚的文化知识基础，发展学习者自我导向的学习能力，形成学习者学习的自然习惯。创新教育是以培养人的创新意识、创新精神和创新能力为基本价值取向的教育，它改革的不仅是教育方法与教育内容，而是重新定位教育功能，是带有全局性、结构性、颠覆性的教育革新和教育发展的价值追求。在知识经济时代，素质教育是创新教育发展的基础与源泉，创新教育是素质教育的灵魂和核心，是实施素质教育的有效载体。一方面，素质教育强调培养完整的人，赋予学习者发展权利，尊重学习者首创精神，能唤醒学习者主体意识、发掘学习者创造潜能、整合学习者智能结构和强化学习者的问题意识，其主旨就是要培养学生的创新精神和创新能力，如果没有素质教育奠基，创新教育就是一句空话。另一方面，创新教育是全面实施素质教育的有效途径与方法，它注重培养学习者的创新品质，塑造学习者创造性人格，引导学习者创造性地思考，创造性地获取知识与技能，创造性地分析和解决问题，进而创造性地生活，发展性地适应环境，真正使教育过程由过去单纯继承性的学习过程转变为创造性解决实际问题的学习过程。基于此，在以人工智能、知识经济和学习型社会为特征的新时代，素质教育与创新教育的同生共荣是终身教育体系追求的价值目标。

三、终身教育理论的先天缺陷

金无足赤，白璧微瑕。一个理论的产生发展，受时代和主客观条件的影响与制约，或多或少会带有一些先天不足，给理论的进一步践行带来困惑。终身教育理论也不例外。

一是概念定义过于宽泛，严重脱离各国国情。到目前为止，在世界范围内，终身教育尚未形成权威的被广大民众普遍认可并广泛接受的统一的科学定义。在已有的终身教育概念中，描述大多过于宽泛：有的从时间上着眼，指出终身教育是贯穿人的一生、“从摇篮到坟墓”时时可以学习的教育；有的从空间上入手，说明终身教育是无处不在、无论何地处处均可以学习的教育；有的以对象来概括，强调终身教育是无论国家民族种族、社会全民人人都可以学习的教育；有的仅从目的上概括，终身教育就是成就人生学会做人、学会做事、学会生存、学会学习的教育……凡此种种，不一而足。这些概念往往注重一点，不及其余，看似放之四海而皆准，其实定性并不精准科学，加之理论性强，抽象有余，形象不足，没有结合各国的政治、经济、思想、文化、教育、科技和社会发展阶段等实际国情，规定具体的针对性强、行之有效的实质内容，使得各国在理解上难免出现偏差，违背其本来的教育精神，从而影响终身教育的实践与推广。

二是蓝图描绘过于美好，预期目标难以达到。蓝图，在自然科学中，指的是勾画研究对象的基本形态，大致情景等；而在人文科学中，往往是对人生的理想、规划、计划。描绘某一事务、某一工程或项目等的发展蓝图，为的都是锚定目标、凝聚力量、催人奋进。在理论上，终身教育描绘的“全面建成全民化、终身化、覆盖广泛、资源丰富、形式多样、处处能学、时时可学的学习型社会”的美好蓝图虽已被全世界广泛接受，在有些国家也产生了较大影响，取得了一定的成效，有效推动了学习型社会建设的进程，但由于整个体系还不完善，没有设计并出台配套的推行终身教育、终身学习的相关法律法规、实施政策与治理策略，更缺少具体的实施细则与保障机制，在实际操作上有点无所适从，甚至出现操作失范，导致了狂热追求经济效益的企业和投资者受益，加剧了社会竞争，拉大了社会各阶层的差距，造成文化上出现非同质化、追求技术至上，社会矛盾日渐增多，进而无法实现终身教育“人人、时时、处处”的奋斗目标。

三是作用宣传过于夸大，发展受生产力水平制约。经济基础决定上层建筑，上层建筑反作用于经济基础，这一矛盾运动贯穿社会发展过程的始终。经济基础与上层建筑的矛盾受生产力和生产关系矛盾的制约，生产力和生产关系矛盾的解决又依赖于经济基础与上层建筑矛盾的解决。终身教育作为一种社会活动，属于上层建筑范畴，不仅受政治经济制度的制约，也受社会生产力发展水平的制约。事实上，终身教育发展只有与一定社会生产力发展水平相适应时，才能顺利推进，才能发挥其对社会生产力发展的促进作用，反之，无论终身教育发展水平超前或滞后，都会受到社会生产力发展水平的制约与羁绊。毋庸置疑的是，在终身教育产生和发展过程中，在某一时期或某一阶段肯定适应或促进了当时社会生产力发展的要求，但过去一味夸大终身教育在社会中的地位和作用，过分强调其对社会生产力发展的促进作用，而少有考虑社会生产力发展水平的制约作用，这是脱离实际和不科学的，结果事与愿违。因为大家知道，终身教育主张建立“人人可学、时时可学、处处能学”的学习型社会，这本身就需要高度发达的社会生产力水平做后盾，如果社会生产力发展水平不高甚至滞后，要想建立“人人、时时、处处”可学的学习型社会，无异于空中楼阁。

第三节　终身教育理论的积极意义

终身教育作为一种社会现象与教育理念，古已有之。但其成为一种风靡世界的教育思潮和教育理想，则是20世纪以来的事情。终身教育思想在世界各国传播开来后，在国际上引起很大反响，许多国家把终身教育思想作为本国教育改革发展的指导思想与奋斗目标，无论是对各国教育的顶层战略规划设计，还是具体的教育理论创新与改革发展实践，都产生了广泛而深远的影响，具有深刻的历史意义和现实意义。

一、终身教育理论蕴含的进步因素

一种思想能在较短的时间内在全世界深入人心、产生共鸣、形成共识，必定有其特别之处，其思想的先进性自不待言。20世纪60年代后，随着经济社会的发展和科学技术的进步，终身教育理论以其强大的生命力，很快在世界范围内掀起了一场教育大革命。

1. **鼓吹大教育观，解放了人们思想。**大教育观是相对于小教育观而言的，是一种与大生产、大科学相适应的现代教育观。小教育观也即传统教育观，主要是指制度化的学校教育，包括学前教育、中小学教育、大学教育、职业教育等，它是与小生产、小科学相适应的。终身教育理论本身属于大教育观范畴，它是一个开放的、多样的、综合的大系统：时间上，倡导人终生要学习，从摇篮到坟墓一辈子，教育渗透于人发展的各个阶段，生命不息，学习不止；空间上，主张教育不仅仅限于学校等封闭区域，社会也是教育场所，类型除包括从幼儿园到大学的学历和专业教育外，还有继续教育、部队教育、农民教育、职工教育、妇女教育、老人教育、残疾人教育等；方式上，除传统的班级授课外，还有函授、自考、自学、进修、广播、电视、讲习、研讨、线上、线下等多种形式；内容上，既有满足生产需要的各种专业知识，也有服务生活各个领域的专门知识，几乎无所不包。这种大教育观的确立，改变了人们的教育观念，解放了人们的思想，有利于改革传统教育的弊端，加速教育的现代化进程。

2. **鼓励终身学习，支撑了学习型社会。**古语云："非学无以广才，非学无以明识，非学无以立德""学然后知不足"。学习是一个人唯一持久的竞争力。学习可以立身兴业、塑造人格、锻炼意志、增强自信、赢得机会和防止庸俗化。终身学习是一种积极的人生态度，它是指社会成员为适应社会发展和实现自身发展的需要，贯穿于一生的、持续不断的学习过程。终身学习现象伴随人类而生，但终身学习概念自1976年联合国教科文组织在《关于成人教育发展的报告》中提出以来，直到1994年联合国教科文组织在罗马举办“首届世界终身学习会议”后，才在世界范围内形成共识。终身教育是与终身学习紧密联系、相互包容、相互依存、共同发展的，它对学习的要求比以往任何时候都更强烈、更持久、更全面，鼓励社会成员毕生自愿并主动地不断学习，把终身学习作为一种“生存方式”、一种兴趣习惯与精神追求，不仅接受新的知识和技能，也不断塑造学习态度与自信品质，进而学会求知、学会创造、学会做人、学会做事、学会生存、学会发展，这些都为学习型社会的构建创造了条件，奠定了基础。

3. 推崇人人平等，促进了教育公平。终身教育强调人人教育机会均等，体现在其追求的“人人、时时、处处”可学的教育目标上。所谓人人可学，即只要你是社会上的人，不论男女、老少、贫穷、富贵，只要愿意，就可以学习。所谓时时可学，即在人的一生中，不管是婴幼儿、青少年还是中老年，也不管是职前、职中还是职后，时时刻刻，只要想学，就可以学。所谓处处能学，就是无论你在国内国外、天南地北，还是在某一场所、某一环境中，只要你有兴趣，都可以学习。因为，在终身教育期盼的学习型社会里，信息技术和人工智能非常发达、无所不能，教育资源异常丰富、无所不包，教育方式方法灵活多样、方便快捷，实现了应有尽有、各取所需，社会人受教育的权利得到了终身保障，每个人在任何时间、任何地点、任何环境下都能接受所需教育，实现成长成才和自我发展完善，真正实现了一视同仁，教育机会均等公平、资源共建共享。

二、终身教育理论的历史意义

终身教育理论的产生，从根本上冲破了传统教育的思维框架，改变了传统教育的要义，确立了学习者的主体地位，催生了终身学习和学习型社会，实现了教育功能的最大化，是教育发展史上的一个光辉的里程碑。

1. **突破了传统教育理念的束缚**。终身教育理论是时代发展的产物，是对传统教育理念的一场深刻革命，是现代教育发展的新趋势、新高度。较之传统教育而言，无论是在教育理念、模式、目标上，还是在教育内容、方法与教学观方面，终身教育都有全方位的突破，是对教育本质的重新认识，是一种全新的价值体系和意识形态。传统教育具有保守性、封闭性和滞后性，而终身教育是革命的、开放的超前的，着重于教育发展的未来与趋势。在培养目标上，传统教育强调知识的传授与掌握，终身教育重视发展学习者的个性和能力；在教学内容上，传统教育强调统一性，终身教育重视多样性；在教育方法上，传统教育强调"灌输"，终身教育重视现代技术；在教学观上，传统教育强调教师的权威性，终身教育重视学习者的主体性[1]。凡此种种，终身教育改变了传统教育的要义，推动了教育与社会发展和个人成长完善的关系，使教育成为人与社会形成统一性和连续性的结合。

2. **树立了学习者的主体性地位**。传统教育过分强调教师的作用，推崇师道尊严，教师处于支配地位，享有绝对权威，无视学习者的主体地位，遏制学习者的个性与创造性，学习者没有独立人格，完全处于被支配地位，被动地接受学习，很难发挥自身的主观能动性，这样培养出来的人才，缺乏创新意识、创新精神与创新能力。终身教育充分尊重学习

[1] 李瑛. 论现代教育对传统教育的继承发展 [J]. 黑龙江省政法管理干部学院学报，2005（4）：122–123.

者的主体地位，重视学习者的独立个性，培养学习者的独立人格，发展学习者的独特个性，讲求师生平等，教师从教学的支配者、控制者转变为组织者、指导者，教育评价也从鼓励竞争、优胜劣汰转变为重视适应性、过程性和实现内外价值的统一，强调评价标准的多元性、客观性和科学性。因此，终身教育尊重人的生命、需求、精神世界和个性与差异，是一种培养全人的教育，它把人的认知、动机、兴趣、情感、理想、信念、世界观等个性心理与人的体魄、知识、能力、技术发展等整合于一体，贯穿于人的一生，进而使每个人充分发挥自身主体的潜能，真正实现自我发展、自我完善。

3. 催生了崭新的"学习型社会"。学习型社会与终身教育形似一对孪生兄弟，几乎同时引起了世界各国的注意与重视。1968年，美国学者罗伯特·哈钦斯首次提出学习型社会的概念。随后不久，联合国教科文组织出版的《学会生存——教育世界的今天和明天》一书，专门强调了终身教育和学习型社会这两个概念。学习型社会，作为现代社会未来发展形态的理论描述和追求目标，是时代发展和社会进步的产物，其核心内涵是全民学习、终身学习，基本特征是善于不断学习，形成全民学习、终身学习、积极向上的社会风气，它要求学习行为的社会化和普遍化、持续性和长久性，终身教育作为一种理念和原则，一种理想化的教育状态，它以终身学习为目的，与终身学习本质一致、相辅相成、各有侧重、交互作用、互相支撑，有机统一在学习型社会中，终身学习为学习型社会提供不竭的内在发展动力，而终身教育为学习型社会提供长效的外在支撑体系，二者共同致力于促进学习型社会的创立与发展。

4. 实现了教育功能的最大化。功能，是指一事物或方法对于其他事物的作用。所谓教育功能，是指人类教育活动和教育系统对个体发展与社会发展所产生的各种影响或作用。从作用的对象、方向与呈现形式等视角看，教育功能分为个体功能和社会功能、正向功能和负向功能、显性功能和隐性功能等不同类型，但概而言之，不外乎社会功能和个体功能两大类，其中社会功能包括延续发展文化、提高民族素质、促进经济发展、加速政治民主化、推动社会可持续发展等方面，个体功能主要有促进个体社会化、个性化和个体谋生与享用功能。传统教育大多侧重社会功能，忽视个体功能，不注重学习者的全面发展与个性潜能的充分实现；强调选拔作用，功利化明显，往往实行一考定终身，唯分数马首是瞻，导致既流失大量人才。终身教育突破了传统教育的时空限制，释放了教育的天性，回归教育的本质，使教育与工作、生活、自身发展甚至闲暇时光紧密相连，进一步贴近生活、贴近工作、贴近需求，成为丰富多彩的教育“百花园”，在改造生活、创造未来、塑造完善人类自身等方面，发挥更大更好更有效的作用。

三、终身教育理论的现实意义

终身教育是一种全覆盖、多层次、全方位、立体化、全过程意义上的教育，它主张整合利用一切教育资源，满足一切学习者对于一切正规教育、非正规教育和非正式教育的需求。这种思想和理念，对社会的进步发展、对个体的自身完善、对教育功能的充分发挥具有极大的积极作用。

1. 树立教育新理念，加速了转变传统教育思想观念的进程。一般情况下，传统教育设计的一个人一生中所接受的教育，无论时间、地点，还是内容、方式，都是有限制的、僵化的：时间上，大多是指参加工作之前所接受的教育，参加工作后，教育也就结束了；空间上，主要是指各级各类有围墙的学校教育，其余的都不属正规教育，充其量算业余教育；内容上，是国家或上级统一规定的、单一的、固定的、滞后的，万人同学一本书，一管几年十几年甚至几十年，很难更改；方式上，基本是老师讲、学生听，黑板写、学生抄，填鸭式、满堂灌，千篇一律，缺少创新。终身教育打破了僵化思维，树立了新的理念，倡导全民学习、终身学习，扩大了学习对象，延长了学习时间，拓宽了学习空间，拓展了学习内容，创新了学习方式……使教育成为一个贯穿社会每个人一生的、普遍的、统一的、连贯的、和谐关联的整体，即人的一生每个时段无论置身何处都可以通过多种方式方法学习各种知识和技能，以满足自我发展和需要，促进社会和谐与进步。这样，终身教育理论的形成与传播，促进了传统教育思想和观念的转变，加速了教育的现代化进程。

2. 倡导教育人性化，为所有有学习需求的人提供了机会。教育人性化作为现代教育的一种理念、一种需求，强调教育各种元素、教育教学过程必须符合而不是违背人类本性。自20世纪70年代初，联合国教科文组织提出“学会生存”，到20世纪80年代末，国际社会提出“学会关心”，体现了教育人性化的走向，也预示着教育关怀人的发展趋势。终身教育坚持以人为本，强调终身学习，重视人的主体性，为的就是尊重个性、开发潜能、启迪智慧、完善人格，根据受教育者的学习、工作、生活习惯与兴趣爱好，最大限度地开发受教育者的智力、智慧和潜能，尊重受教育者的思维、思想与思考过程，使教育充满舒适性和人情味，让受教育者感受到独立的人格与人情、人性的温馨，体验到责任与担当的动力，享受到获得与成功的喜悦，从而既满足学习诉求，又满足心理需求，真正成为深刻体认人性且具有真善美之人性的人。尤其是面对社会弱势群体，终身教育因其倡导人人可学，针对的是社会每一个人，给每一个人提供学习机会，这样，社会弱势群体及所有有学习需求的人，就可以通过接受自己所需的教育，改善或改变生存生活状态，赢得人性的尊严。

3. 拓展教育覆盖面，为每个人的成长成才创造了条件。传统教育由于受到主客观条件的限制，要么生产力发展水平低下、教育财力有限，要么政策制度障碍、教育没有足够重视，要么内容刻板滞后、教育资源缺乏，要么信息技术落后、手段方法单一，等等，使得受教育者往往只是社会中的一部分人，甚至是一小部分社会精英分子，而社会广大群体被排除在受教育的圈子之外。终身教育是现代教育的发展趋势，基于社会生产力高度发达、科学信息技术与人工智能发展迅速、各种教育资源异常丰富、教育教学手段方法灵活多样……这一切是为扩大教育的覆盖面，建设“人人、时时、处处”可学的学习型社会创造了条件，奠定了坚实的基础。特别是优质教育资源的应有尽有、满足供应，教学手段和方法的层出不穷、高效便捷，有效拓宽了每个人的学习和发展空间，使得社会大众可以通过不同的途径和各种形式享受终身教育与终身学习，做到连续不断地自我改造、自我发展与自我完善，真正实现全面发展，活出人生精彩。

第二章 国外终身教育发展勾勒

现代终身教育思潮起源于英国，至今已逾百年。世界各国特别是西方发达国家在推进和发展终身教育的过程中，无论是理论研究还是实践探索，都积累了丰富的经验。了解熟悉国外终身教育的发展历程与事业概况，研究学习发达国家终身教育发展的先进理念与理论成果，参考借鉴他们已有的较为成熟的终身教育发展的实践经验与典型个案，对于当前我国开展终身教育、提倡全民学习、构建终身教育体系、打造学习型社会，必将产生广泛而深远的影响。

第一节 国外终身教育发展的基本情况

回溯终身教育的百年发展历程，何思颖和何光全在《终身教育百年：从终身教育到终身学习》一文中指出，“百年历程经历了从古老观念的复兴到现代概念的厘定再到思想和理论体系化的过程”。大致分为5个阶段：一是20世纪20—40年代，终身教育这一术语开始植入现代教育体系，现代终身教育诞生；二是20世纪50—70年代，世界成人教育快速发展，促进了终身教育的复兴；三是20世纪80年代，终身教育思潮在世界范围内广泛传播，众多学者尝试构建现代终身教育体系；四是20世纪90年代，终身学习逐渐取代终身教育，现代终身教育不断深化与拓展；五是21世纪以来，全球终身教育呈现出理论多元化与实践国际化[1]。鉴于世界现代终身教育发展的时间横跨两个世纪，地域遍及全球各国，要全面描绘其发展概貌绝非易事，也无必要，仅就西方主要发达国家终身教育发展的理论研究、实践探索和制度保障简要概述。

一、理论研究

这里的理论研究，专指学界专家学者的学术研究，不包括官方政界的法律政策制定。1919年，英国教育家耶克斯利在参与的英国“1919年报告”中首次提出“终身教育”这一术语。时隔10年，1929年，耶克斯利出版专著《终身教育》，是世界上第一部以“终身教育”命名的著作。同期，欧美国家一些学者也对终身教育与成人教育的联系或重要意义进行了探索，如美国教育家林德曼认为教育的过程是终身的。

[1] 何思颖，何光全.终身教育百年：从终身教育到终身学习[J].现代远程教育研究，2019（1）：66–77，86.

1953年，德国教育家波格勒在蒙斯特创建成人教育学研究所，这是世界上第一个研究成人教育的机构。20世纪60年代以来，国际终身教育理论研究如火如荼，进入到一个全新的发展时期。1968年，美国教育家罗伯特·赫钦斯第一次提出“学习社会”的概念，后被吸纳入《学会生存》一书。1970年，法国教育家朗格朗在《终身教育导论》一书中，全面阐述了终身教育的概念、意义、原则、内容、方法及发展战略等，终身教育理论正式提出。1972年，联合国教科文组织出版《学会生存》一书，对终身教育作了全面论述和阐释，为促进终身教育的发展奠定了重要基础，由此终身教育思想在世界范围内基本确立并逐步走向深化[1]。此后，为数众多的民间组织积极参与终身教育理论研究，为本国终身教育的发展提供了智力支持与理论支撑。一些研究者开始尝试对终身教育进行跨学科综合研究，如戴维和阿瑟·克罗普利合著的《终身教育基础》，就从人类学、社会学、哲学、心理学和经济学等角度，系统地探讨了终身教育的功能、目标、内容和过程等问题，拓展了终身教育研究的新视野，是国际上最有影响力的终身教育论著之一。这一时期，朗格朗的《终身教育为何重要》（1966）、《成人教育与终身教育》（1969）、《终身教育的问题》（1970）、《终身教育的前景》（1979）、《终身教育：概念的发展》（1989）等，埃托雷·捷尔比的《终身教育——被压制与解放的辩证法》（1983）等，阿瑟·克罗普利的《终身教育：心理学的分析》（1977）、《对终身教育的盘点》（1979）等，都引起了国际终身教育学界的关注。20世纪80年代末，《国际成人终身教育手册》诞生，这是全球第一部终身教育大型专业教育理论工具书，

[1] 何思颖，何光全.终身教育百年：从终身教育到终身学习[J].现代远程教育研究，2019（1）：66–77，86.

也是集全世界成人教育的理论、实践和管理工作的最新进展于一体的文献宝库。1990年，美国学者彼得·圣吉出版《第五项修炼：学习型组织的艺术和实务》，这是一本开拓性地倡导学习型组织管理思想的巨作，被誉为“21世纪的管理圣经”，彼得·圣吉也被称为“学习型组织”的理论之父。1999年，彼得·贾维斯的《二十世纪的成人教育思想家》一书，收录了20世纪英语世界13位成人和继续教育专家及其19篇论文，书中通过考察这些成果，梳理了成人教育知识的发展，探讨了成人教育的知识论和方法论问题，是对20世纪世界成人教育研究的一个比较全面的总结[1]。进入21世纪，如前所述，全球终身教育理论研究呈现出前所未有的多元化格局，代表人物有彼得·贾维斯、约翰·菲尔德、哈里森等，代表作有彼得·贾维斯的《终身学习与学习社会》《走向全面的人类学习理论》《全球化、终身学习和学习社会》《民主、终身学习和学习型社会》以及综合性的著作《罗特里奇终身学习百科全书》《终身学习国际手册》等。

二、实践探索

在深化理论研究的同时，西方发达国家都在进行各种形式的实践探索，试图找到适合本国国情的最佳模式，取得了实实在在的成效，形成了各国的特色。兹举例如下：

英国的产业大学。1996年，产业大学一词首先出现在英国民间研究机构公共政策研究所的报告书中，第二年被政府工作报告采纳，产生了较大影响。1998年，英国政府在绿皮书《学习的时代——一个新的不

[1] 何思颖，何光全.终身教育百年：从终身教育到终身学习 [J].现代远程教育研究，2019（1）：66–77，86.

列颠的复兴计划》中提出创建“产业大学”的构想，接着英国教育与就业部出台《英国的产业大学——使人人都参与终身学习》，全面具体地规划了如何设立产业大学，使产业大学由理论成为了现实，并逐步在全国推广。产业大学是一个介于学习者与学习产品之间的中介机构，是一个完全开放的学习者远程学习与教育的组织，主要通过现代化的信息与通信手段向社会提供高质量的学习产品及教育服务；提供产品和服务的既可以是公立的大学院校或图书馆等公共设施，也可以是私营的其他各类培训机构；产品和服务的内容既包括基本的职业能力培养，也包括专业的技能训练，种类包罗万象、一应俱全，且向全社会开放，人们能终身享有；主要目的是面向成人和从业者群体，通过有针对性的知识等内容学习与各种职业技能、专业技能训练，提高劳动者的综合素质和就业能力，提升企业的整体竞争力[1]。

美国的社区学院。社区学院是美国独创的教育模式，也是美国终身教育的主要实施载体，相当于我国的大专，系美国高等教育体系的重要组成部分，在美国已有一百多年的历史，对促进美国高等教育大众化发挥了重要作用。1917年，美国伊利诺伊州的乔利埃特（Joliet）高中正式改名为乔利埃特初级学院，这是美国最早的公立初级学院，旨在为高中生提供廉价、方便和全面的大学教育。1920年，美国社区学院协会成立。2002年，美国《社区学院的故事》一书给社区学院下的定义是：一所以颁发副学士学位为最高学位的地区性被认可的高等教育院校。有关资料显示，到2008年，美国共有社区学院1 195所，其中公立院校987所，注册学生共1 150万人，几乎占美国高等教育规模的半

[1] 张艳芳，雷世平.英国产业大学与我国产业学院的比较及启示[J].职业教育研究，2020（1）：85–90.

壁江山[1]。美国社区学院立足于社区，以职业技术教育为教育重点，“为工作而教育”，一般由大学的预备教育、职业生涯教育、成人教育和专业技术的继续教育、行为道德和学业等补偿教育以及社区社会教育等组成，专业种类丰富，开学时间灵活，学费低廉，教学质量高，目的是为社区各种年龄、各种职业甚至没有职业或退休的居民提供综合性的大专教育和针对社区的各类教育、文化服务，包括企业职工培训、远程教育实施、科学普及活动开展以及提供专业指导或论证咨询、举办各类讲习会与短训班等，以满足社区居民的各种学习需要，使社区变得更健全和更富有生命力。

日本的公民馆。公民馆是日本的一种公共文化设施，也是日本实施社区教育的主要机构，是日本社区重要的组成部分。1929年，菅原龟五郎在调查报告中首次提出“公民馆”这个名称；1941年，岩手县水泽市公民馆创立，是最初使用“公民馆”这个名称的设施。而现在通俗讲的日本“公民馆”，则正式出现在第二次世界大战后。1946年，日本文部省次馆发表“关于公民馆的设置运营”的通牒，标志着日本公民馆正式诞生。此后，日本全国各地开始广泛设立公民馆。据文部省社会教育调查报告书统计，到1998年，日本全国有公民馆18 545个，远远超过作为义务教育机构的中学总数，与小学数量的比例为10∶7.6，每万人就有一所以上的公民馆[2]。日本公民馆作为一种自治性的文化机构，立足社区、扎根社区、服务社区，以社区居民为主体，以组织开展各种文化和教育学术活动为载体，把学校教育、家庭教育、社会教育综合在

[1] 中国职业技术教育学会考察团.社区学院教育的魅力——来自美国、加拿大的考察报告[J].职业技术教育，2009（15）：70–74.
[2] 马丽华.简述日本公民馆的诞生[J].日本问题研究，2003（1）：54–56.

一起，除设有各种学习场所如教室、图书资料室、学习室、展览室、实习室、交流角、剧场、画廊等，还有各种运动场所如体育中心、运动场、室内外跑道、游泳池、武道场等，及办事机构如房产、税收、土地、婚姻、生育、保险等，更有不定期举办的各类学习班、培训班、专业讲座和文化娱乐及信息交流活动，以满足不同层次、不同年龄、不同职业的当地居民生产生活实际需要，活跃公民的文化生活，提高公民的公共道德、品行修养，促进公民的身心健康，进而达到振兴社会文化、增进社会福利的目的。公民馆作为日本社会教育的重要阵地，为推进日本居民终身学习发挥了巨大作用。

德国的民众高等学校。民众高等学校（folk high school）是德国公立成人教育体系的核心和主体，是最受重视的成人教育、终身教育机构，历史悠久，规模宏大。1844年，世界上第一所民众高等学校在丹麦建立，丹麦成为民众高等学校的发源地。1905年，德国开始设立民众高等学校。到1932年，德国民众高等学校还不到200所。二战后，随着世界成人教育的普及与发展，德国民众高等学校也获得了较大发展。有关资料表明，20世纪60年代，德国有民众高等学校900余所，1991年达1 080所，2001年降为987所；在教学规模上，1965年，有学员169万余人，1975年增加到376万余人，1985年高达482万余人，20世纪90年代基本维持在每年450万人左右；在课程数量上，1965年，开设的课程只有77 837个，1975年也只有195 546个，1984年则达到了334 993个，20世纪90年代每年举办各种学习班、讲座和报告会达30多万次，课时超过950万，2001年举办的讲座和课程更是达到了

64.7万多个[1]。德国民众高等学校作为一种地方继续教育机构，设点遍布全国各地，以社会成人为主要对象，面向社会开放招生，入学不设任何条件，且照顾不同学习者的年龄、性别、社会出身、学习情况、职业经历、个人能力等主客观条件，办学体现成人学习对象繁杂性特点，课程丰富多样、无所不包，学习内容安排体现广泛性和群众性，课时根据学习者自身需要弹性设置，教学方式方法灵活多样，以达到帮助学习者学会学习、接受信息和处理信息、形成判断能力和处理生活的能力，进而发展创造能力与创造技巧的目的。因此，德国民众高等学校作为一种传播文化科学知识的机构，为德国民众继续教育、终身学习提供了广泛的机会，产生了深远的影响。

瑞典的“学习圈”。“学习圈”，又称“学习小组”或“读书会”，是瑞典最普遍的大众成人教育的典型形式，因由成人自发组织、且小组成员面对面围成一个“圈”共同交流和讨论而得名，迄今已有一百多年的历史。1902年，瑞典中学教师奥斯卡·奥尔森在瑞典兰德创立第一个学习圈，其定义为“数个朋友聚集在一起，围成一圈，共同讨论问题或者大家都感兴趣的科目”。1905年，瑞典政府开始支持学习圈活动，主要是拨款购买教科书。1912年，瑞典政府决定通过帮助筹资购买所用的书籍来支持学习圈的活动，当年成立的“工人教育协会”，即是一个为响应政府号召而设的专门学习协会，其最普通的活动形式就是学习圈。1947年后，瑞典政府加大对学习圈经费支持力度，学习圈获得迅速发展，越来越多的学习协会也纷纷成立。20世纪90年代开始，瑞典国家成人教育委员会开始负责分发政府津贴，并对学习圈的活动进行跟

[1] 黄日强，黄宣文.德国的民众高等学校[J].职教论坛，2007（17）：57–59.

踪调查和评估。到2002年，据瑞典国家学习协会的年度报告统计，全国共有10个国家学习协会、316 843个学习圈，参与人数达2 597 518人。考虑到大多数人每年不只参加一个学习圈，估计每年真正参加学习圈的人大约在150万~200万之间，18到75岁的瑞典人75%的都曾参加过学习圈，10%的瑞典人每年都参加学习圈[1,2]。学习圈是瑞典成人教育和社区学习的一种最主要、最常见的活动形式，由于它运行组织机构严密，管理规范；强调平等，采取自愿参与和注重民主；重视与实际结合，学习内容话题多样、方式灵活；成本低效益高，经费来源多元化，每年拥有最大规模的成人学习者，不仅为瑞典成人教育的发展做出了卓著贡献，也有力地促进了瑞典经济的发展和社会进程[3]。

澳大利亚的技术与继续教育学院。技术与继续教育学院是澳大利亚一种独特的职业教育培训体系，也是澳大利亚高等职业教育的重要组成部分，相当于我国的高等职业教育（大专）层次，隶属于澳大利亚政府的各州教育部，是建立在终身教育框架体系基础上的具有鲜明特色的职业教育与培训制度，也是全球成功的特色鲜明的教育体系之一。澳大利亚职业教育历史悠久，至今已存在100多年，但在澳大利亚本土兴起的由政府建立的技术与继续教育学院，则是第二次世界大战以后的事，尤其是20世纪70年代以来发展迅速。1973年，澳大利亚职业部专门设立技术与继续教育委员会。1974年，澳大利亚技术与继续教育委员会发表著名的《坎甘报告》，建议联邦政府向各州政府提供资金发展技术与继续教育。此后，联邦政府开始投资用于教学楼、图书馆、师资队伍建

[1] 徐湘荷，谭春芳.瑞典的学习圈[J].成人教育，2007（5）：95–96.
[2] 郭嘉.瑞典学习圈研究[J].继续教育，2007（10）：58–60.
[3] 李淑丽.瑞典学习圈研究[J].河北大学成人教育学院学报，2009（2）：50–52.

设以及开发教学大纲与专业课程，技术与继续教育学院逐步挑起职业教育的重任。20世纪70年代末，联邦政府加大投入力度，用于改善设施设备，扩大专业覆盖范围，提高教育教学质量，以增强技术与继续教育学院适应社会需要的能力。这些措施的实行，促进学生注册入学规模不断扩大，学生来源越来越广，学生结构也发生较大变化。20世纪80年代，为推动职业教育和培训的发展，澳大利亚各州开始国家范围内的合作，技术与继续教育学院成为职业教育与培训的主要提供者，取得辉煌的成就，其数量已远远超过大学和高等教育学院，在高等教育系统中居于主体地位。20世纪90年代后，澳大利亚技术与继续教育学院进入稳定发展阶段，主要向"培训市场"发展和向"技能综合"推进[1]。澳大利亚技术与继续教育学院以国家职业教育行政部门和行业企业协会所提供的培训大纲与人才需要为依据，以市场需求为导向，以培养学生的职业能力为目标，广泛开展教育与培训，培养了大批适应社会各种职业岗位需要的各级各类实用型人才，对澳大利亚经济发展起到了极好的推动作用。

三、制度保证

世界各国为加快实施和发展成人教育、终身教育，很多国家和地区都进行了终身教育立法研究和立法实践。从时间上看，大多数国家的多数政策、法规、制度均出现在第二次世界大战以后，此前的为数并不多。1919年《德意志国宪法》(也称《魏玛宪法》)规定："国民教育事业，包括民众高等学校在内，应当由国家、州和各地区负责。""联邦、

[1] 安文旭，谢宗熹.澳大利亚技术与继续教育学院的课程特点及对我国高职教育的启示[J].世纪桥，2011(1)：141-142.

各邦及乡镇地区的民众教育，包括民众高等学校应该被促进而发展”[1]。20世纪60年代后，为鼓励民众参与继续教育、终身学习，西德出台了一系列特色鲜明的终身教育政策。如，1966年的《晋升进修教育促进法》，激励在职人员终身学习；1971年的《联邦教育训练促进法》，规定了对个人实施继续教育的方法，开始实行“带薪教育休假制度”，每年给予每个劳动者10天左右的教育假期；1990年德联邦议会研究委员会的《未来教育政策：教育2000》总结报告，以继续教育与终身学习、终身教育为主题；1997年德国联邦教育与研究部的《终身学习，职业继续教育的情况与展望》报告，提出终身学习无论对个人、组织或社会都十分必要。2008年，为积极推进终身教育，德国推出鼓励终身学习的国家资助计划。

美国高度重视终身教育立法，为保障公民受教育权利与成人教育、终身教育的迅速发展创造了条件。1966年的《成人教育法》，对成人教育的概念、目的、师资、管理、经费、实施等进行了具体规定，正式确立了终身学习在美国的地位，这是目前世界范围内公认的第一部较为完备的关于终身教育的成文立法。1976年的《终身学习法》（亦称《蒙代尔法》），除对终身教育给出了极为宽泛的定义外，规定了终身学习的范围与终身学习的活动内容。1994年的《2000年目标：美国教育法》（又称《美国2000年教育目标法》），对从儿童到成人的所有教育都提出了相应的要求，重点强调“为成人教育提供更多学习机会，达到改进成人的技能，拓展其潜力的最终目的”，成为美国20世纪90年代后期教育改革与发展的法律依据。1997年的国情咨文，

[1] 黄日强，黄宣文.德国的民众高等学校[J].职教论坛，2007（17）：57-59.

就《2000年目标：美国教育法》的进一步实施提出“十大原则”，其中第九条指出“21世纪的教育必须扩展为终身教育，终身教育之路导向美好未来，美国人不论年龄有多大，都必须有机会学习新的技能”。2001年的《不让一个孩子掉队》法案，政府鼓励各种办学方式，进一步促进终身教育的发展。《2009年美国恢复和再投资法》，在资金方面充分保障了终身教育在美国的发展[1]。

英国在二战后颁布了近20个教育法和涉及教育的其他议会修正案。1973年的《拉塞尔报告书——成人教育振兴计划》，强调了终身教育的重要性。《1994年教育法》对从初等教育到继续教育相衔接的公立教育体系进行了明确。在创办产业大学之前，英国政府制定了一系列与终身教育和终身学习相关的政策法规，如1998年的《学习的时代》绿皮书，强调了建立面向所有人的终身学习体系的迫切性；1999年的《学会成功》白皮书，提出了建立一个全国和地方的计划、组织和投资体制，设立全国学习技能委员会；2000年的《学习与技能法》，旨在积极推进终身学习。英国政府通过出台政策法规、实施财政支持、建立国家职业资格证书体系等为产业大学的创办营造了学习型社会的氛围[2]。

日本在终身教育理念引入之前，学校教育以外的各种教育活动统称为社会教育，其主要活动场所有公民馆、图书馆、博物馆。1949年，日本《社会教育法》就社会教育的实施范围进行了严格界定，就社会教育的中心设施公民馆的性质、目的、任务、运营方针、设施规模等做出了专门规定。“公民馆由市、镇、村设置，设置的目的是为社区居民组

[1] 李翠翠.美国终身教育立法对我国的启示[J].成人教育，2013（9）：127-128.

[2] 张艳芳，雷世平.英国产业大学与我国产业学院的比较及启示[J].职业教育研究，2020（1）：85-90.

织开展各种结合其实际生活的教育及文化方面的活动，从而提高居民的教养、增强健康、陶冶情操、振兴文化生活、增进社会福利。”20世纪60年代，日本开始引入终身教育理念，着力构建完善的终身教育政策与法律框架。1971年，日本社会教育审议会发表《关于为适应急速变化的社会构造的社会教育的模式》咨询报告，中央审议会发表《关于今后学校教育的综合扩充整备的基本政策》，报告指出“终身教育的观点不仅仅停留在人的一生的学习，还要求将家庭教育、学校教育和社会教育三者有机地结合起来”，政策要求从终身教育观点出发，全面调整教育体制。1981年，日本中央教育审议会发布《关于终身教育的报告》，强调“终身教育的基本理念是要重新制定教育制度，以确保每个国民为拥有充实的人生开展学习”，标志着日本的终身教育和终身学习的政策框架基本建立，对日本终身教育的发展影响极大。1984年，日本成立“临时教育审议会”，接下来的4年里发布了4份审议报告，提出教育的改革方案，使得终身教育与经济发展、社会治理紧密联系起来，也为终身教育的推进提供了政策保障。1987年，日本政府公布“教育改革推进大纲”，处于八项重大改革措施首位的即是“关于终身学习体制的整备”。1988年，日本文部省社会教育局改称终身学习局，是日本终身学习的最高领导机构，负责学校教育、家庭教育、社会教育、学校开放、体育文化事业等各项振兴终身教育的综合性政策制定与实施；同年，日本发表《我国的文教政策——终身学习的新发展》文教白皮书，明确提出实现终身学习社会是日本面向21世纪教育改革的基本目标。1990年，日本颁布《终身学习振兴法案》，将终身学习列为日本政府的一项基本国策，从整体上规定了终身教育发展的政策体系，细化了地方政府的具体职责，为终身教育的发展提供了有效的保障，也使日本成为继美国后世界第二个为推动终身教育发展立法的国家。1992年，日本再度发表《我国的文教政策》教育白皮书，重点分析了建立“终身学习体系”的意义与措施。

此外，在终身教育理念影响和带动下，法国于1971年出台了《终身教育范围内职业继续教育组织法》（简称《终身职业教育法》），1984年出台了《职业继续教育法》，对前一法案进行了补充与完善。挪威于1976年通过成人教育法，将成人教育视为完善终身学习体制的基础。韩国于1980年颁布了《第五共和新宪法》，规定政府必须提倡终身教育；经不断研究与实践，于1999年颁布实施了《终身教育法》，成为继美国和日本后第三个为终身教育立法的国家；2000年开始施行《终身教育法律实施条例》，进一步完善了韩国国家法律体系。印度于1986年在国家教育政策中指出，终身教育是教育过程的重要目标，接着制订了《印度终身学习及其推广纲要》。加拿大于1992年提出《学习得好，生活得好》倡议，鼓励形成新学习文化；于2001年出台了《关于终身学习的全国性政策》。欧盟成员国于2000年签署了“终身学习备忘录”；于2006年批准了“2007—2013年终身学习整体行动计划”议案，每年发布年度终身学习指南。巴西于2009年承办的第六届国际成人教育大会上通过了“贝伦行动纲领框架”，肯定了终身学习在应对全球教育问题和挑战中所发挥的重要作用。以上种种，均为各国成人教育与终身教育、终身学习的推进和发展创造了有利条件，提供了法律和制度保障，获得了国家力量的保证。

第二节　国外终身教育发展的典型案例

20世纪中期以来，随着战后经济的恢复和科学技术的发展，在联合国教科文组织等国际机构及国际有识之士的大力提倡、鼓励、推广和普及下，终身教育作为一种新兴的教育思潮在世界范围内得到广泛的传播，受到普遍的重视。全球绝大部分国家都在大力推进终身教育，以此作为助推社会持续发展的不竭动力，终身教育已成为各国制定教育方针、政策或构建国民教育体系的指导思想和重要原则。各国在实施终身教育的过程中，往往结合本国经济文化水平及教育发展实际，大胆探索，勇于实践，涌现出许多适合国情、形式各异、在国际上有较大影响的成功案例，其中尤以美国、欧盟、日本的做法最为典型。

一、美国：多方位、立体化发展终身教育

美国是经济上的超级大国，也是教育上的超级大国，不但有世界上一流的高等教育，发展终身教育也不遗余力，政府部门高度重视，社会各界广泛支持，广大民众积极参与，多方位、立体化推动终身教育走在世界教育改革与发展的前列。

1. 政府层面，高度重视。美国政府对发展终身教育的重视，从其对终身教育的定位和政府的作为中就不难看出。在顶层设计上，对于终身教育的意义、作用和重要性，美国政府有深刻而清醒的认识，不仅把发展终身教育视为大力促进社会政治、经济、思想、文化发展，提高全体国民素质，有效解决日益严重的社会问题的重要途径，更是把提升终身教育整体水平作为持续增强综合国力，提高国际竞争力，永葆世界第一强国地位最重要的战略手段。正因为如此，美国政府自上而下均高度重

视采取全新的发展策略，致力推进终身教育。如：1994年，克林顿政府提出《美国2000年教育目标法》，获得国会通过，规定了美国各级政府都要承担终身教育的责任；1997年，克林顿总统又就《美国2000年教育目标法》的具体实施，在国情咨文中提出了“三大目标”和“十大原则”。2001年，美国总统布什提出《不让一个孩子掉队》（NCLB）法案；2008年，联邦政府重新定义了NCLB法案的责任，奥巴马总统亲自修改了其中部分条款，采取了一个更加积极和赋权的态度；2009年，奥巴马总统签署生效《2009年美国恢复和再投资法》，在资金方面充分保障了终身教育在美国的发展，也表明了联邦政府为完成终身教育目标的决心。

2. 法律法规，全面保障。如前所述，美国是目前世界范围内公认的第一个为终身教育制定较为完备的成文法规的国家，标志着美国也较早地把终身教育从理论引向实践，进而以法律的形式确立终身教育在美国的地位。美国的终身教育立法呈现出鲜明的特点：一是立法起步早，发展迅速。自20纪60年代起，美国以国家立法形式制定出台了诸如《全面就业培训法案》（1973）、《终身学习法》（1976）、《工作训练伙伴法案》（1982）、《美国2000年教育目标法》《2009年美国恢复和再投资法》等10多种针对成人教育、终身教育和培训的法案，对终身教育的地位和实施做出了严格的法律规定，从各个侧面明确了实施和发展终身教育的合法地位。二是立法内容丰富，全面保障。最初的《终身学习法》，就极为宽泛地界定了终身教育的定义，使终身教育覆盖面非常广泛。后来的立法涉及终身教育办学机构的多元化、重视教师和家长的作用、保障教育经费等方方面面，全方位确保了终身教育的顺利发展。三是立法价值取向公平，做到了民主科学。“美国终身教育立法不仅重视终身教育对国家发展的贡献，更注重个人的价值，重视公民终身学习机会的均等，真正从法律上确保终身教育的实施和公平”[1]。同时，立法体现了科学性和民主化，科学性说明法律内容符合美国的国情与客观实际，民主化强调兼顾不同阶层民众主体利益，鼓励民众积极参与，最大程度地凝聚合力，从而极大地推动终身教育的发展。

3. 机构平台，形式多样。这里是指美国的终身教育实施与管理机构平台，旨在有效实施终身教育。一直以来，美国各种管理成人教育及继续教育领域的机构平台或专业团体发展迅速，形式多样，既有官方组织，也有非官方组织，非官方组织又有半官方或民间的团体和中介组织，依其作用的发挥，又可大致分为社会团体和行业组织两大类，社会团体还可分为资助团体和政治团体等；既有各州地方性的组织，也有联邦全国性的组织，还有涉外国际性的组织，不一而足。就管辖范围而言，美国国际性的成人教育组织主要有国际继续教育和训练协会（IACET），该协会是致力于高质量继续教育和培训的非营利性组织，使命是通过研究、教育和制定标准，推动和提高继续教育与培训的质量，其标准和指导方针已成为世界范围内上千个教育项目的核心；全国性的成人教育组织最重要的是美国成人和继续教育协会（AAACE），该协会是从事各种成人教育的教育者参加的专业组织，主要任务是扩展成人学习机会，联合成人教育者，鼓励研究的开展和信息的传播，推动专业标准的制定，提倡政策和社会的主动变革；各州地方性的成人教育组织典型的有威斯康星成人及继续教育协会、密歇根成人及继续教育协会等。这些专业性的终身教育管理机构平台遍布于全美各地，相互协作，

[1] 李翠翠.美国终身教育立法对我国的启示[J].成人教育，2013（9）：127-128.

共同致力于营造良好的终身教育及成人继续教育氛围，有计划、有组织地开展终身教育研究、实施和推广工作，有力地促进了美国终身教育的发展[1]。

4. 高等院校，鼎力相助。美国早在制定《终身学习法》时就明确规定，终身教育涵盖广泛，不仅包括学校教育，更突出校外拓展，主张办学机构的多元化。美国的公立学校充分依托其公共教育资源履行社会职能，积极参与构建终身教育体系。一方面，遵照成人教育继续教育学习的规律与特点，广泛开设各种夜校、假日培训班、周末学习班等，积极提供更方便、更全面的教育服务；另一方面，协同部门、行业、企业和学会、协会、成人教育社团组织等开展联合办学或各种产学合作项目，形成资源共享。其中，美国的高等院校一直在构建终身教育体系中扮演着举足轻重的角色，许多大学纷纷采取有效措施扩大向成人继续教育开放，不仅日益扩大函授教育、非学分短期课程等传统成人教育项目规模，而且持续推出非全日制的学位课程、校外学分课程、非学分课程等新形式，一批命名为“终身教育大学”或“终身学习大学”的高校也不断涌现，大量招收成人甚至老年学生。有关资料显示，美国大学注重面向社会兴办成人教育与继续教育，目前的3 000多所大学中，举办有各类成人教育和继续教育项目的大约占3/4，44%的成人学员由普通高校培养，仅工科院校就有200余所为企业提供继续教育，即便是高端的研究型大学，也把兴办继续教育提高到与本科和研究生教育同等重要的地位。

5. 社会机构，积极参与。除教育机构特别是高等院校想方设法支持发展成人教育与终身教育外，美国社会各界的相关机构和团体也积

[1] 纪军.当代美国终身教育的发展论略[J].外国教育研究，2003（11）：47-50，60.

极参与主办继续教育，推动全民学习、终身学习。从政府职能部门、事业单位、研究机构、工商企业、行业学会协会到大众媒介、闲暇机构、社会团体、社区机构、服务性俱乐部、志愿性民间团体，甚至军队、医院、教会、红十字会、基督教青年会、教堂、监狱、劳教机构等均举办成人和继续教育项目，参与到实践和推广终身教育的活动中来。实践证明，美国非学校机构（即社会机构）提供的终身学习机会远远多于教育机构即各类学校提供的各种学习和培训。从比例上看，一般企业培训在继续教育系统中所占比例约为50%，学校占24%，学会协会占20%，私人及其他机构占6%。社会机构提供的成人教育、继续教育、终身学习机会，大多来自企业开放技术培训、农业先进技术讲座、民间企业工人夜校、社区社会团体办学、都市娱乐组织训练、教会宗教团体教育、政府机构新技术应用宣传、图书馆终身教育资源库建设以及劳工组织的职前职后适应性培训等。正是在社会机构的市场化运作下，充分挖掘了社会教育资源办学的潜力，为广大民众接受终身教育创造了有利的条件。

6. 互联网+，资源共享。优质资源共享，是尽快推广终身教育的有效途径。第二次世界大战以后，科学技术特别是信息技术的突飞猛进，为美国终身教育、终身学习向纵深发展提供了技术支撑与重要手段。构建终身教育体系和学习型社会需要海量的包罗万象的学习资源，只有这样才能满足各个层次广大民众的实际需要，各取所需，以促进个人和经济社会同步发展。而随着网络时代、信息时代的到来，互联网的普及，特别是互联网+教育、大数据、人工智能的发展，突破了传统制度化学校教育的理念，使学习超越了时空的限制，变得无处不在、无所不能、无时不可，学习者完全可以根据自己的时间、处境、兴趣、爱好、意愿、需求等自由地安排和选择学习的内容，完全不受性别年龄、民族种族、身份地位、受教育程度、工学矛盾、时间不足、资金不足、流动性大等客观条件的限制，特别是受传统观念束缚的广大女性，也可以随心所欲地从自己闭锁的世界里走出来，根据自身发展需要，接触共享优质的学习资源。正是利用发达的信息技术，美国的终身教育网上成人学校、网上终身教育优质资源共享、网上教学、网上学习、网上研讨等等蓬勃发展，日益显现出强大的生命力。同时，网上提供的大量优质共享案例、资料和数据，也为各级各类学校课程的完善和教学手段的创新、各种社会机构团体的公益性活动的组织与开展，提供了强大的动力和丰富的资源，从而有效地促进了终身教育、终身学习实施体系的完善与发展。

二、欧盟：打造标准，因地制宜推进终身教育

基于民众对终身学习的迫切需求和社会经济一体化发展的需要，为建设教育体系的欧洲维度，推进教育与培训标准的透明化，实现人员和劳务的自由流动，2004—2008年，欧盟委员会研究并实施了“欧洲资格框架”（简称EQF）。这是欧洲层面的统一职业资格框架，其主要内容以“学习结果”为衡量基准，按照知识、技能和能力三个维度，从低到高把欧洲职业培训系统的职业资格等级水平分为8个等级（具体详见表1），其中第6级、7级、8级分别相当于学士学位、硕士学位和博士学位，以此作为各国制定国家资格框架的通用标准与参照体系[1]。在这个“成功的参照系”带领与推动下，欧盟各成员国纷纷开发适合本国国

[1] 寇琳娜，高耀明.欧洲资格框架与职业教育国际化[J].外国中小学教育，2012（7）：30-37.

情的国家资格框架（简称NQF），因地制宜地有效打通与融合各级各类教育，促进学习者在不同教育系统之间的升学和流动，从而增加国民终身学习的机会，有利于推动终身学习的发展。下面以德国、英国、丹麦的国家职业资格框架为例分而述之。

表1 欧洲职业资格框架等级描述

要素	知识	技能	能力
等级1	拥有基本的和一般性的知识	具有执行简单任务的基本技能	能在有组织的环境中，在他人的直接监督下工作和学习
等级2	拥有对所学或所工作领域的基本事实性知识	具有使用相关信息来执行任务，使用简单的规则和工具解决日常性问题所需的基本认知性和操作性技能	有一定自主性，能够在监督下工作和学习
等级3	拥有对所学或所工作领域的事实、原则、过程和基本概念的知识	具有选择和应用基本方法、工具、材料和信息来完成任务和解决问题所需的一系列认知性和操作性的技能	*能担负起完成工作任务或者学习任务的责任 *在解决问题的过程中，能使自身行为适应环境
等级4	拥有对所学或所工作领域广泛的事实性知识和理论性知识	具有在某一工作或者学习领域内解决某一具体问题所需的一系列认知性和操作性技能	*能在易变的但是可预测的工作学习环境中，在准则的指导下进行自我管理 *能担负起评估和改进他人工作和学习的职责，并能够监督他人的日常工作
等级5	拥有对所学或所工作领域全面的、专业的理论性知识和事实性知识，同时清楚这些知识的界限	具有使用创新办法解决抽象问题所需的全面的认知性和操作性技能	*能在有不可预知的变化发生的工作学习环境中，担负起管理和监督的责任 *能正确评估并改进自己和别人的表现

续表

要素	知识	技能	能力
等级6	拥有对所学或所工作领域的高级知识，同时对理论和原则有精确理解	具有在专业的工作或者学习领域内解决复杂的和不可预知问题所需要的高级技能、熟练技艺和创新意识	*能在不可预知的工作或学习环境中，管理复杂的技术性或专业性活动或工程，并能担当起决策的责任 *能担负管理个人和团体专业发展的责任
等级7	*拥有对所学或所工作领域的高度专业化的知识，其中某些知识是在该领域内进行原创性思考和研究所需的前沿性知识 *对本领域与不同领域交界处的知识有明确的认识	具有从事旨在探索新的知识和整合来自不同领域的知识而开展的研究或创新工作所需的专门的解决问题的技能	*能管理和改变复杂的、不可预知的工作学习环境，并能实施新的战略性方法 *能对专业知识和实践的发展有所贡献，也能评价团队的战略性表现
等级8	拥有在所学或所工作领域，以及在该领域与其他领域的交界处最高深的前沿性知识	具有解决研究和创新中重要问题，拓展和重新定义现存的知识或职业活动所需的最高深和专业化的技能和技术，并可以进行综合和评估	在工作学习以及研究领域的前沿，能表现出高度的权威性、创新性、自主性、学术性和良好的职业操守，并能持续不断地发展出新的观念和方法

德国的终身学习国家资格框架（简称DQR）。德国自2006年起开始启动国家资格框架开发工作，到2013年正式宣布实施终身学习国家资格框架，前后历经了7年多时间。德国终身学习国家资格框架体现终身学习理念，以学习成果为导向，重视学习者职业能力培养，注意嵌入德国元素，由维度、次级维度和要素三个层级四维目标（四个次级维度）构建了涵盖各级各类教育的八级结构，共纳入学位资格和职业性资格在内的22种资格类型，展现了职业资格类型的多样化与德国教育特

色。这里的能力，是德国资格框架的核心概念，是学习结果的统称，可理解为解决问题的综合行动能力，主要包括专业能力和个人能力两个维度下的知识、技能、社会能力、自主性等四个次级维度——“知识包括知识的深度和广度；技能包括工具性能力、系统性能力和判断能力；社会能力包括团队/领导能力、参与和沟通能力；自主性包括自主责任心和责任感、反思能力和学习能力”，每个次级维度一般包含等级标准所要求的最核心的知识点、技能点和能力点等若干关键要素，每个资格等级都从这四个次级维度详细描述该资格持有者应具备的专业能力和个人能力。而学位资格包括学士学位、硕士学位和博士学位三种，分别对应六级、七级和八级资格；职业资格是德国资格框架的主体部分，可分为非学位类职业资格和学位类职业资格两大类，包括从一级到七级的各级各类职业资格，其中学位类职业资格包括由应用科技大学和双元制大学（合作教育大学）授予的、属于职业资格框架中六级和七级资格的、以实践为导向的学士学位和硕士学位，非学位类职业资格是职业资格的主体，种类繁多，分布在不同资格等级，包括预备职业培训证书、全日制职业学校证书、双元制职业教育与培训证书、行业性职业资格、“师傅”资格等[1]。德国的DQR是推行其“工业4.0”国家战略的关键“强化剂”，在分配资格等级时遵循“最适合”原则（即如果大部分学习成果描述符合某个等级，资格就分配到该等级水平），具有鲜明的德国特色：一是顶层设计科学。“其既是一个综合性的包含各类资格的政策框架，也是一套共享的语言、共同的原则和工具”，从国家层面推动了学习型社会的进程。二是“双元制”元素突出。成果描述更加突出了对

[1] 李建忠. 德国国家资格框架的特色分析[J]. 职教论坛，2013（19）：87-91.

能力的理解，"将能力作为学习结果的总和，突出工具性能力、系统性能力、判断能力、团队/领导能力、参与沟通能力、自主责任心和责任感、反思能力和学习能力等方面的标准要求，注重培养学习者的综合行动能力，将宽泛的知识与技能和职业教育与培训中的'职业行动能力'联系起来，整合成'综合行动能力'，突显了其典型的双元制教育体系国家的特色"。三是多方协同参与。在职业资格框架构建和实施中，一方面充分依靠政府部门和专门机构的大力推动、统筹协调，另一方面广泛调动社会各利益相关方深度参与，积极推动多方责任主体和利益主体协作，以形成广泛的共识，联合攻关、协同推进。四是配套措施完善。围绕国家职业资格框架，不断建立完善学分转换、非正规和非正式学习结果认证、质量保障机制等支持举措，破除教育系统之间的壁垒，使各种不同层次不同类型的教育与培训之间注重学习结果，互相沟通、有效衔接、资格互认、学分互换，而不拘泥于学习时间、学习地点、学习方式与方法，从而提高了终身教育、终身学习培训活动的参与率，有利于推动终身学习的发展和学习型社会的建立[1]。

英国的资格和学分框架（简称QCF）。英国是世界上职业资格制度发展比较成熟的国家之一。早在20世纪80年代中期，英国政府就在全国范围内建立了以职业能力为基础的资格证书制度（NVQ）。2000年，建立并实施国家资格框架，旨在实现不同类型资格之间的衔接与融通。2008年，英格兰和北爱尔兰地区开始实施资格与学分框架（简称QCF），这是英国当时唯一的、全覆盖的资格框架，已覆盖除高等教育外其他所有的资格认证，后来逐渐取代了英国的NQF。英国的QCF是

[1] 赵亚平，王梅，安蓉.德国终身学习国家资格框架研究[J].职业技术教育，2015（31）：73-79.

基于学分作为学习成果统一计量单位的标准体系，由“资格—单元”两级结构构成，其中单元（又称学习单元或模块）是标准体系最基本的组成要素之一，由标题、等级、学分值、所属行业等要素构成，分为必修单元、选修单元、免修单元和其他（框架外）单元等四种类型，不同的单元根据其所在的等级以及相应的岗位，被赋予一定量的学分值，而按照一定的组合规则排列的单元可构成资格，单元的可选择性以及组合规则的灵活性决定了资格的多样性；资格由标题、等级、颁证组织及学分等要素组成，也是标准体系的核心要素之一，根据学习量的不同资格分为认证、证书和文凭等三种类型；学分是学习成果的量化计量单位，即一个学分相当于普通学习者用10小时学习时间所学到的单元规定的成果。QCF标准体系共分为9个等级，第1级是最基本的入门级，细分为1～3三个级别，入门级上面难度由低到高分为1～8个级别，每一级都从知识与理解、应用与行动、自主性与问责机制等三个维度进行描述。QCF标准体系是一个包容、灵活、简易而规范的架构，其包容性体现它认可一切学习者任何学习领域的成果；灵活性体现在它可以根据学习者和认定组织双方需求的变化迅速有效地更新单元及资格；简易性则体现在这个标准体系简单、易操作且规范，是一个所有使用者都能够容易理解和操作的资格系统。这个标准体系突出的易构性、包容性、灵活性、可操作性，以及保证标准体系高效、规范运行的组织机构、运行机制和评价与质量保障体系，得到英国国内各界和世界多个国家的高度认可，成为推动世界各国职业教育改革发展、构建终身教育体系的重要内容[1]。

丹麦的终身学习国家资格框架（简称DK NQF）。为顺应世界教育

[1] 卢玉梅，王延华，刘志鹏.英国资格与学分框架（QCF）标准体系探究[J].电化教育研究，2013（10）：71–75.

改革发展的潮流，推进国家终身学习战略的实施，2006年，丹麦开始研发终身学习国家资格框架。经过7年的精心设计与完善发展，2013年，DK NQF进入高级运作阶段。DK NQF以学习成果为导向，设有涵盖各级各类教育系统由低到高的1～8级结构和学位证书、职业资格证书、补充资格证书三种不同类型的资格，每个级别都有明确的等级标准，每个级别的顶级标准和学习成果均从知识、技能和能力三个维度进行了全面描述，并按照最佳匹配原则和完全匹配原则，把学位和证书分配到相应国家资格等级之中。这1～8级结构，不仅包括各级培训系统的各类资格，也包括各类教育系统的各级资格，即认可正规教育体系之外的非正规和非正式教育与培训，打破了学习时空限制，着重强化学习结果，为学习者构建了终身学习的“立交桥”。其中的三种不同类型的资格，包括通过高等教育获得的学位证书、职业教育与培训系统颁发的职业资格证书和通过成人教育与培训获得的补充资格证书，诸如学士学位和硕士学位、医疗助理与工业技师、高等预备考试单科课程证书及成人职业培训证书等，均按照有关的标准和上述两个原则分配到相应的等级结构，一般按完全匹配原则把高等教育学位分配在6～8级，按最佳匹配原则把职业资格证书和补充资格证书分配在1～5级。而完全匹配原则意即资格的学习成果与相应国家资格等级的要求在知识、技能和能力方面的标准必须完全一致，最佳匹配原则意指资格的学习成果和相应国家资格等级要求之间不必完全一致，只要符合该级别知识、技能和能力标准的一部分即可获得此级别资格。在开发和实施DK NQF的过程中，为协调各方面事宜，丹麦成立了“多层次”专门国家机构积极推动协调多方利益相关者进行协商合作，确保民众广泛参与，保证各方利益。同时，运用政策保障工具，比如建立学分转换体系、正式承认以前的非正规和非正式学习成果、建立完整的质量保障体系、加大宣传提高资格证书的权威性和社会认可度等，确保了国家资格框架的权威性、有效性和在全国的顺利推行，从而有利于职业教育的发展与现代教育体系的构建，有效促进了终身教育、终身学习的发展[1]。

三、日本：多措并举，致力构建地方终身教育体系

日本虽地处亚洲，但在重视和施行终身教育方面走在世界前列，是继美国后世界第二个为推动终身教育发展立法的国家，较早建立了相对完善的全国终身教育体系，尤其是地方终身教育体系得到了独特的发展和完善，取得了令人瞩目的成绩，产生了广泛的影响。

1. 政府部门通力合作。实施终身教育，提高国民素质，是法律赋予政府义不容辞的责任。日本实施终身教育，主要是一种政府行为。日本政府在推动和发展终身教育过程中，占据着主导地位，担负起主体责任，政府各行政部门之间以及各级教育主管部门之间，责任明确，各负其责，通力合作。一方面，各级教育主管部门之间上下联动。为促进终身学习的振兴，1988年，在原有社会教育局的基础上，日本文部省成立了终身学习局，作为具体领导部门，负责综合制定、调整终身学习的有关政策措施。1990年，在文部省内设立终身学习审议会，作为咨询机构，负责向文部大臣提出咨询建议。1991年，成立了以外务大臣为部长，由全体内阁成员参加的“政府、执政党创造有关活动地区推进（终身教育）总部”。同时，在都道府县一级地方政府，都建立了相应的负责地区性终身学习建设的专门行政机构与审议会，审议会负责向地方

[1] 赵亚平，王梅.丹麦终身学习国家资格框架探析[J].职业技术教育，2015（10）：69-74.

行政长官提出政策建议；市镇村（含特别区）一级，也建立健全了有关机构和团体的协作机制。此外，中央政府鼓励、支持和奖励地方都道府县设立由政府部门、教育部门、企业等各方代表组成的联络协调行政部门和其他有关机关、团体的工作机构——“终身学习推进会”，并设立与民间进行沟通联系的机构。这些机构的主要职责就是向上一级机构提供咨询、建议或报告，文部大臣和通产大臣在认可各都道府县的基本构想之前，要分别听取终身学习审议会和产业结构审议会的意见[1]。另一方面，政府各行政部门之间通力合作。为大力推进终身学习社会建设，日本除文部省外，其他省厅也都制定了相应的措施。如，劳动省对实施职业训练的业主和进行自我劳动能力开发的职工进行资助和支持，完善职业能力评价制度，增加公共职业训练设施，加强转业和再就业的培训；通产省设置了终身学习振兴室，负责所辖范围内的终身学习活动；厚生省鼓励高龄者参与社会活动；建设省要求生活区建有终身学习中心、健康运动设施、传统工艺作坊等有利于终身学习的设施等[2]。这些措施在振兴终身学习活动中，均发挥着重要作用。

2. 法规政策完备给力。如前所述，在有关终身教育立法方面，日本是世界各国非常早的，也是发展比较快的，已形成了相当完备的法律法规体系，为实现向终身学习社会过渡提供了强有力的法律保证。1981年，日本中央教育审议会提出题为《关于终身教育》的咨询报告，开始明确把终身教育作为整个教育体系的核心概念和基本原则。随后，文部省有关教育审议会先后发表《适应社会结构急剧变化的社会教育应有状态》《关于终身教育》《关于完备终身学习基础》《关于适应今后社会变

[1] 张洪霞. 浅谈终身教育在日本的发展[J]. 日本研究，2003（1）：90-93.
[2] 杨琇智. 日本终身教育探略[J]. 中国成人教育，1997（11）：40-41.

化的终身学习振兴方案》等多份咨询报告，提出了实施终身教育的目标和措施，统一了全国的行动。1990年，日本国会通过《关于健全振兴终身学习推进体制的法律》（简称《终身学习振兴法》），这是一部专门为终身教育制定的法律，共分12条，就立法目的、政府制定相关政策措施的责任、都道府县教育委员会的责任、振兴区域终身学习事业的基本构想和基准、设置终身学习审议会以及相应的财政措施等事项等，分别作出了相应的法律规定，以法律的形式规定了政府在实施终身学习中的各项责任，提出振兴地区终身学习的基本构想，使发展终身教育成为日本政府的一项基本国策。在该法的推动下，各地方政府不遗余力地推进终身教育体制的建立，共有 47 个都道府县制定了设立终身学习审议会的条例，基本形成了相应的法规体系，极大地推动了日本终身教育的发展[1]。2006年，日本内阁会议审议通过《教育基本法》修正案，新增了“终身学习的理念”这一条目，充分反映出构建终身学习社会已成为日本教育改革与发展的基本原则和方向。

3. 大学社区积极参与。在日本政府的积极倡导与推动下，地方居民终身学习的需求急剧增加。在这种情况下，地方各种高等教育机构，尤其是散布于各地区的地方性大学、短期大学、广播电视大学、学分制高等专门学校等，充分利用自身具有的人力、物力、财力资源，纷纷积极、主动地通过举办公开讲座、实行学校开放制度、设立供成人学习的课程、设置新型的学校、开设夜间部和昼夜开讲制、开展函授教育与继续教育等形式，向当地居民提供较高水平的学习机会。同时，各地社区居民委员会采取多种措施，加强社区社会教育。诸如，扩充公民馆、文

[1] 张洪霞.浅谈终身教育在日本的发展[J].日本研究，2003（1）：90–93.

化馆、公共图书馆、电影院、博物馆、体育馆、青少年教育设施、青年之家、妇女教育公馆等公共社会教育设施，有计划、有组织地开展教育活动；通过设立终身教育学习中心、公共文化会馆，整理文化遗产以及举办国民文化艺术节、终身学习文化节、舞台艺术表演、美术作品巡回展览等活动，振兴国民文化运动；组织学术研讨会、讨论会、演讲会、展示会等，介绍终身学习典型经验，营造宣传声势；健全公共体育设施，推广各种体育运动，推进终身体育事业；大力发展以社会函授教育为中心的民间教育事业，完善终身学习体系；与当地各大、中、小学校协调，将体育馆、运动场、图书馆、会议室、音乐教室、视听室等不直接影响教学的场所，作为终身教育的场地向社区居民开放，供广大民众使用等，以推动当地终身教育事业的发展[1]。

第三节　国外终身教育发展的成功经验

在实施终身教育，推进终身学习，构建学习型社会过程中，世界各国深刻认识到终身教育的发展直接影响到国民整体素质与国家综合实力的提升，非常重视根据国情，因地制宜，精准施策，纷纷构建终身教育与学习型社会建设的全面保障体系，致力促进全民学习，取得了巨大成就。这些国家发展终身教育的主要做法与成功经验，各具特色，各有千秋，值得借鉴。求同存异，择优汰劣，选取其国家立法、经费投入、管理机构、社会参与、休假制度、办学组织、共享资源、学习内容、师资

[1] 杨琇智. 日本终身教育探略 [J]. 中国成人教育，1997（11）：40–41.

队伍、教育形式等十个方面详细述之。

一、健全的法规政策

在终身教育成为世界教育发展趋势，逐步风靡全球的过程中，西方发达国家非常重视把终身教育纳入社会政治、经济、文化、教育发展整体规划，以立法的形式用国家意志来确保其合法地位与不断发展。有关资料显示，美国是世界上公认的第一个为终身教育制定成文法规的国家，日本排名第二，韩国位列第三。其标志性成果分别是：1966年美国颁布的《成人教育法》，正式确立了终身学习在美国的地位；1990年日本出台的《终身学习振兴法案》，将终身学习列为日本的基本国策；1999年韩国实施的《终身教育法》。在国家的重视与推动下，如前所述，美国自20纪70年代起，相继出台了《全面就业培训法案》（1973）、《终身学习法》（1976）、《工作训练伙伴法案》（1982）、《美国 2000年教育目标法》《2009 年美国恢复和再投资法》等10多种法案；21世纪初，日本先后颁布了《社会教育法》《图书馆法》《博物馆法》《青年学级振兴法》《体育运动振兴法》等；2000年开始，韩国施行《终身教育法律实施条例》。在其他发达国家，也非常重视教育立法和强调通过立法解决实际问题，相继制定出台了一系列教育法律法规和政策文件来确定政府的责任义务与保障公民受教育机会，如德国的《晋升进修教育促进法》（1966）、《教育制度结构计划》（1970）、《联邦教育训练促进法》（1971）、《未来教育政策：教育 2000》（1990）、《终身学习，职业继续教育的情况与展望》（1997）、《全民终身学习：扩展与强化继续教育》（2000）等，英国的《拉塞尔报告书——成人教育振兴计划》（1973）、《1994年教育法》《学习的时代》绿皮书（1998）、《学会成功》白皮书（1999）、《学习与技能法》（2000）等，法国的《终身职业教育法》（1971）、《职业继续教育法》（1984）等，加拿大的《学习得好，生活得好》（1992）、《关于终身学习的全国性政策》（2001）等。这些政策法规文件，构成了各国实施终身教育、终身学习的法律政策体系，为推动和发展终身教育提供了法律依据与制度保证。

二、专门的经费投入

经济基础决定上层建筑，教育要发展，关键在投入，政府的投入是保障每个人接受终身教育的基础。为推动和促进终身教育持续发展，西方发达国家大多通过立法、拨款、投资、财政预算、税收优惠、捐赠等形式加大经费投入。德国《魏玛宪法》明确了政府发展继续教育的责任，鼓励建设民众高等学校。1960年，西德政府立法要求各地方政府提供成人教育经费。1990—1993年，日本终身学习局预算从428.6亿日元增至519.4亿日元，从占整个国家教育费的0.89%上升到0.96%。后来日本特设“地方终身学习振兴费补助金”，以支持地方政府开展终身学习活动，1996年预算为136亿日元。日本政府还以扶持企业投资的方式，鼓励和支持企业和民间团体参与终身学习事业，对企业人才进行终身培训。美国每年投入GDP的20%用于知识生产与传播，其中教育开支占10%，在职教育和培训占5%。20世纪90年代，美国企业对员工教育和培训的支出年均递增5.5%，2001年高达560亿美元；1991—1998年，美国政府财政每年对成人教育的资助从2.01亿美元增长到3.6亿美元；1997年开始实施的“终身学习税收信贷计划”，旨在为成人教育与学习提供财政支持。法国政府每年投入约2.4亿美元作为终身教育的经费，占终身教育经费总量的10%。同时，法国政府立法规定“凡10人以上企业每年必须拿出相当于其工资总额的1.1%的经费作为继续职业教育税，用于对企业人员进行职业继续教育。其中0.2%交地方用于职工教育，0.1%交专门机构用于求职者的培训，0.8%由该企业经理用于本单位职工培训”[1]。1998年，英国教育绿皮书《学习时代》明确指出：“向学习者投资是英国政府发展成人教育的基本原则之一”。1999年，英国成立“学习和技能委员会”，政府启动资金达50亿英镑。此外，英国政府对最初建立个人学习账户的100万个账户投入了115亿英镑，还承诺在建立国家终身学习框架与创建全国性的产业大学和网络上远距离学习给予政策和资金上的全力支持和帮助。瑞典中央政府负担读书会的经费，地方政府补助民众高等学校的费用。丹麦工人夜校学习的经费每年仅政府预算就达10亿丹麦克朗[2]。韩国中央及地方政府对终身教育给予极大的财政支持，每年终身学习预算在政府全部教育预算中的比率稳步增加，2007年，韩国教育部终身学习部门的预算从2006年的25亿韩元增长到166亿韩元；2008—2012年，韩国教育部计划为“第二个全国性终身学习促进计划”拨款3 359亿韩元。多方筹措教育经费，雄厚的资金支撑，为西方发达国家终身教育的长足发展提供了有效保障。

三、完善的管理体系

终身教育较之于传统教育，其办学主体和受众客体更加多元和复杂，彼此之间的联系与协调也更加繁复和琐碎，必须建立相应的管理机构，完善协调机制。为更好地协调各种关系，加强对终身教育的管理，最大限度地实现终身教育的发展，西方发达国家大都建立了纵向到底、

[1] 连华，刘旭.发达国家终身教育的经验与启示[J].经济师，2011（7）：62，64.
[2] 李淑丽.发达国家终身教育改革与发展的经验及启示[J].江西教育科研，2007（10）：98-99.

横向到边的各级管理机构和协调机制，纵向沟通中央政府与地方各级政府直至社区的联系，横向协调政府各部门、政府部门与其他社会部门的关系，充分发挥政府的宏观调控与管理作用。美国法案规定："联邦政府对终身学习的计划，要起促进、提高和调节作用。"各级政府都设立了相应的终身教育机构，美国议会设有终身教育顾问委员会，联邦教育局内设置终身教育司，负责全国的终身教育工作；各州和地方政府成立终身教育处，共同管理终身教育，使其走向规范化。同时，美国在社会上成立诸多的终身教育专门机构与专业化团体，专门机构如"终身学习者联盟委员会""国家中学后教育、图书馆和终身教育研究院"等，专业化团体有从地方性、到全国性、再到国际性的各级协会，最知名的如威斯康星成人及继续教育协会、美国成人和继续教育协会、国际继续教育和训练协会等。日本政府担负着发展终身教育的主要责任，建立起较为完备的终身教育行政体制和推进机制，形成了中央、地方两个层次的终身教育行政系统。1988年，日本在文部省设立终身学习局，全力推进终身教育活动，首开了专门为建设终身学习体系而设立国家级行政管理机构的先河。后来，文部省设立终身学习审议会，专门制定终身学习的国家法律；文部省终身学习局下设社会教育科，各都道府县均设立了专司终身学习的行政机构和终身学习中心，各地区设有终身学习课，在劳动省内设有职业教育局，各都道府县还成立由政府部门、教育部门、企业等各方面代表组成的"终身学习推进会""生涯学习推进中心"等联合协调组织，负责各地终身学习的推广，形成全国性的终身教育管理网络[1]。韩国在中央教育和人力资源部成立"终身教育振兴委员会"，在

[1] 周西安，杨丽丽.论发达国家构建终身教育体系的基本经验及启示[J].继续教育，2005（1）：55–57.

市道和市郡区分别成立“终身教育协议会”，后来还成立了“终身学习振兴院”，市郡区也设立了“终身学习中心”，建立了完善的终身教育推动架构。法国设立了中央、学区、省三级教育行政机关，形成了一整套完善的成人教育管理体系，“中央教育行政部门负责制定教育方针、任务，管理和控制全国教育发展。学区和省设有专门成人教育管理机构，负责成人教育的组织、协调工作。在工商界，各厂矿企业也设立了委员会，有专人负责本单位的成人教育”[1]。正是在健全的国家行政管理体制和运行机制的大力支持与推动下，西方发达国家的终身教育得到了极大发展。

四、广泛的社会参与

终身教育、终身学习是全民的事业，目的在于构建民众人人、时时、处处能学的学习型社会。在中央政府的高度重视和法律法规的要求与鼓励下，西方发达国家在实施和推进终身教育的过程中，得到了政府部门、社会机构团体和广大民众的广泛参与与积极支持。一是政府部门鼎力相助。表现在各级政府担负终身教育的责任，为其做好科学的顶层设计、制定完备的政策法规、健全管理运行体制机制、加大专门经费投入、培养合格师资队伍、建设优质共享资源、建立质量保障体系等诸方面，努力推进家庭教育、学校教育、社会教育和企业内教育有机结合。二是社会机构团体合作。一方面，各社会机构团体充分利用自身人力、物力、财力资源，不断创造有利条件，有计划、有组织地开展各种社会教育活动，提升国民文化科学技术素质，推进终身教育事业。有关调查

[1] 李淑丽.发达国家终身教育改革与发展的经验及启示[J].江西教育科研，2007（10）：98-99.

显示，20世纪80年代初，美国29%的基督教堂和犹太教堂为360.4万成人举办了有组织的教育活动，各种地方性社会组织、文化团体为37万成人提供了教育。另一方面，各社会机构团体纷纷依托自身平台，利用组织优势，搭建彼此沟通桥梁，促进民间教育事业与政府公共教育事业联手协作，相互依存，共同发展，完善终身学习体系，共同服务于终身教育。三是民众广泛参与。日本法律明确规定，社会教育是指“公民教育、青少年教育、妇女教育、职工教育等面向社会一般成员的教育”。受此影响，日本全社会共同参与终身教育活动，极大地推动了终身教育的发展[1]。美国政府制定的终身学习目标是“使他们不受原先所受教育和训练的限制，也不管性别、年龄、生理状况、社会、种族背景或经济条件等情况如何，要都使他们通过各种机会有效地参加学习”。受此感召，美国形成了全民向学的好风尚[2]。特别值得指出的是，发达国家的企业尤其是大企业对推进各国的终身教育功不可没。如：日本的企业教育是终身教育的重要组成部分，其大企业实行终身雇佣制度，为加强对员工技能与管理培训，均设置了专门的教育机构，定期开展相关活动。德国联邦职业教育研究所的调查显示，德国企业的出资占全国整个继续教育费用的36%，企业培训的支出占到了大多数职工工资的2%，是除政府之外德国继续教育的第二大出资者[3]。

五、灵活的休假制度

休假是劳动者的一项基本权利。1919年，国际劳工组织发布“每

[1] 刘伊莎，郭少东.发达国家终身教育建设的经验与启示[J].中国成人教育，2013（9）：121–124.

[2] 连华，刘旭.发达国家终身教育的经验与启示[J].经济师，2011（7）：62，64.

[3] 李淑丽.发达国家终身教育改革与发展的经验及启示[J].江西教育科研，2007（10）：98–99.

天8小时、每周48小时”的第1号条约，确立了国际性劳动标准。1936年，国际劳工组织52号《工资照付年假公约》规定，“本公约适用范围内的雇员连续工作满365天，就有享受年假的权利，且休假期间工资正常发放，假期最少应该在6个工作日。未满16岁的雇工，包括学徒，连续工作365天以上者，享受该种假期至少10个工作日，正常的周休日及节假日以及宗教节日以及雇工的病假当然不包括在内”。1970年，国际劳动大会132号《工资照付年假公约》规定，工作时间满365天的劳动者，应享受21天带薪年度休假[1]。《工资照付年假公约》开创了世界范围内带薪年度休假制度的新时代。1974年，国际劳工局140号《关于带薪教育休假的规定》要求，为了让工人接受教育，给予他们一定工作时间休假，付给全部的工资，自此带薪教育休假成为一种国际性的趋势。在国际大形势的影响与推动下，西方发达国家相继建立起自己的休假制度。1936年，法国在世界范围内率先对本国劳动者实行每年享受2周带薪休假制度；1957年，法国法律规定，每个雇员一年可免费学习12天；1961年，法律又规定，25岁以上的雇员可以享受国民教育假；1971年，《继续职业教育组织法案》规定，雇员有享受教育假的权利；1978年，国会法案进一步明确，培训活动全部或部分地在劳动时间内进行，培训假期在40～1 200小时以上，期限不等；1982年，法国《劳动法典》规定，所有的雇员，不论是手工业者抑或是政府雇员，每年均有权享受由雇主负担薪金的带薪假期，假期一般在30天左右，几乎囊括了全社会的各行各业。美国在第二次世界大战后，带薪年度休假制度逐步在全国范围内铺开，发

[1] 丛凤钢.我国带薪年休假制度研究[D].吉林大学，2016.

展迅猛。1940—1957年，美国享有带薪休假的劳动者比例从25%上升到90%，基本惠及每个行业，而对政府雇员及政府名下的工厂工人，带薪年度休假一般14天。有关资料显示，美国93%的人每年均进行带薪年度休假，其中选择在家看书休闲的占20%，选择短途旅行的占26%，选择长途或国外旅行的占49%[1]。德国休假制度完善，包括教育假、带薪休养假等。20世纪70年代，德国实行了带薪教育休假制度，每年给予劳动者10天左右的教育假期。《德国联邦休假法》明确规定：一周5天工作制的员工，每年带薪假不得少于20天，带薪年度休假期间雇员还可获得月基本工资50%～150%的额外休假津贴[2]。英国普遍实行“一日解放”“一日放松”形式的一周一日带薪学习制度，使继续学习成为可能。日本大多数企业实行带薪年度休假制度，一般为6～20天。丹麦每年有5周的带薪休假时间。瑞士有关法律规定：凡是从业的妇女，工作满一年、两年、三年的，可分别连续休息6天、8天、12天，工资照发。2003年，荷兰82%的人拥有了或长或短的带薪假期。这种覆盖面极广、操作灵活的带薪休假尤其是带薪教育休假制度，为广大职工接受继续教育和培训、参加终身学习提供了便利条件，有力促进了终身教育的持续发展。

六、多元的实施载体

多元化是世界万物发展的大趋势，终身教育也不例外。西方发达国家发展和运行终身教育的模式各有千秋，实施与承载终身教育的机构也各有不同，形成了多元化格局。除前面章节详细提到的美国的社区学院、

[1] 丛凤钢. 我国带薪年休假制度研究[D]. 吉林大学，2016.
[2] 周海波，刘颖. 德国休假制度对中国女性就业保障的启示[J]. 中国就业，2018（5）：52-53.

英国的产业大学、日本的公民馆、德国的民众高校、瑞典的“学习圈”、澳大利亚的技术与继续教育学院等典型模式外，各国还根据实际情况，创建了适合本国国情的多元的终身教育实施载体。如：美国社会设立的众多从地方到国家再到国际的“三级”成人教育专业团体“协会”，以及独立的成人教育机构、私立学校、自由大学、闲暇机构、政府职能部门、社会团体、劳工组织与中小企业等；日本政府构建的推进社会教育、终身教育、生涯教育“三层”教育学习圈体系，以及拓展的文化馆、公共图书馆、社会教育设施与开办的大学、广播电视大学和短期大学、企业家大学、中小企业大学校、专修学校、文化中心等；英国创建的住宿制学院、社区学院、开放大学、远程教育、成人教育中心等；新加坡开展的“既是生活的场所又是学习的场所”的社区建设活动、“确立五种共同价值”的活动，以及建立的工人平价合作社、工人文化宫、青年运动组织、乐龄俱乐部、儿童俱乐部与一年一次的学习节等[1]；韩国成立的很多旨在提升公民素养的老年公民协会、家庭主妇发展中心，以及散布于全国的公共图书馆、博物馆、文化中心和科学会馆等；西德政府打造的负责民众的成人教育、继续教育甚至终身教育的民众高等教育联合会等。这些社会机构和专业团体组织，要么积极组织实施各级各类教育活动，要么致力参与倡导与推广终身教育、推动终身教育有效运行，要么大量提供机会满足不同学习者的学习需求，为各国形成政府主导、民众参与、团体推动、社会共同举办终身教育的格局搭建了重要平台。

[1] 李淑丽. 发达国家终身教育改革与发展的经验及启示 [J]. 江西教育科研，2007（10）：98-99.

七、丰富的共享资源

终身教育、终身学习终结了传统学校对教育的垄断，使学习呈现出自主性、灵活性、多样性与分散化、微型化、碎片化等特点。学习模式的改变客观上要求创造和提供大量的、多种形式的教育资源与学习资源，以满足广大学习者的不同学习需求。考虑到学习者实际需求与本国国情，西方发达国家在推进终身教育的过程中，逐步建立起政府政策经费扶植、基金会资金扶持、教育机构教学支持的多方主体共同出力的资源建设模式，以建成海量资源，实现资源共享，完成教育的社会化目标。美国政府非常重视学习资源建设。以美国教育部为主建设的美国教育资源门户网站GEM，通过吸引政府、基金会、学校等各级各类教育资源提供机构加入，整合了包括政治、经济、教育、文化等多个领域的全国优秀资源，提供一站式网络学习服务。2001年，美国麻省理工学院（MIT）开发的OCW开放课程项目，2003—2012年，课程数目由500多门增加到6 200多门，全部免费开放共享。2009年，奥巴马政府宣布提供500万美元用于创建在线课程[1]。美国的加州大学伯克利分校、约翰斯·霍普金斯大学、犹他州立大学等也积极参与开放教育资源建设，建设了大批开放课程。同时，美国通过政府引导，建立灵活的运营机制，充分发挥政府部门的决策优势、企业的资金优势和学校的科研优势，共同推动网络教育信息资源整合，形成资源整合体系，以发挥最大效用。英国共建共享教育资源的历史较长。1998年，布莱尔首相宣布接下来的两年每年提供互联网资源建设经费至少1亿英镑，用于共享100家教育机构的学习资源。英国教师网、英国教育科研网、英国

[1] 王倩.网络教学资源的共建共享机制研究——以东北财经大学网络教育学院为例[D].辽宁师范大学，2012.

全国学习网都是英国国家层面的资源共建共享网站，英国开放教育资源（UKOER）项目是世界上第一个国家层面的开放教育资源项目，英国开放大学是较早参与开放课程项目的英国大学，均建有丰富的学习资源、高质量的多媒体课程资源以及灵活高效的课程体系，目的是通过多类学习网站建设实现全国各个领域的资源共享[1]。日本政府和大学机构积极参与网络教育资源共建共享。早在1999年，日本帝塚山大学、关西学院大学、甲南大学、成蹊大学、武藏大学就开始利用因特网共享数字教材等教育内容。2005年，日本成立开放课程同盟，著名的东京大学、早稻田大学等参与其中，共同推进学习资源的共建共享；2010年，其成员从最初的6家发展到42个，课程数量从开始的150多门增加到近1 500门。欧盟于2006年启动欧洲终身学习项目，项目总预算69.7亿欧元；2007年，e Twinning数字化学习项目融入终身学习项目。据统计，5年中，有17 000余个会员单位和超过5 324个学校参加此项目。泰国于 2005年成立泰国网络大学，与国内外28所大学和6个机构进行交流合作，共提供近500门课程和十几个在线资格认证培训[2]。数量庞大、品种丰富、免费共享的教育资源，使终身学习成为可能，也使资源的利用率大大提高，为终身教育的持续发展打下了坚实的基础。

八、务实的学习内容

终身教育的目的于个人而言，是实现自我完善和自我发展，促进个人的全面发展，因而学习内容的实用性和有效性是学习者首先考虑的问

[1] 王倩. 网络教学资源的共建共享机制研究——以东北财经大学网络教育学院为例[D]. 辽宁师范大学，2012.

[2] 陈秋劲. 国内外终身学习数字化资源整合与共享现状分析[J]. 价值工程，2015，34（2）：228–229.

题，务实性是终身学习的鲜明特征。西方发达国家提供的终身教育针对性强、效果好，无论是基础教育补习、职业技能培训、科技成果推广应用，还是家庭与个人生活问题解决、社交与闲暇需要等，都深受广大民众的喜爱。美国的终身教育包括“成人基础教育、继续教育、自学、农业教育、商业教育、职业教育和工作培训计划、家庭教育”，还有提高职业技能水平的教育、补偿教育、大学转学教育、帮助公共机关推广应用科研成果以及服务家庭需要与个人发展等的学习活动，“共享的教育资源横向上由学习资源扩展到科研资源等多个方面，纵向上资源的内容涉及心理、经济、社会等多类学科，相同的资源提供不同层次的多个内容，满足不同层次不同人群的学习需要”[1]。如加利福尼亚州维斯塔学院提供的课程内容就既广泛又实用，有教育、历史、建筑、法语、生物学、行政与政治、环境研究、商业、企业经营管理、都市研究、社区服务、健康教育、演剧、美术、音乐、劳动、摄影等，可以满足不同种类、不同层次学习者的需要。英国的终身教育已形成六大格局：即继续教育、终身教育、远距离教育、业余教育、网上教育和全日制大学成人教育，适合不同的人群。英国开放教育资源项目的内容涉及三个层面：院校层面、个人层面、学科层面，其中院校层面的内容是一门学位课程的学习资源，范围覆盖整个大学的层面；学科层面的内容为一个学科领域或多个学院之间的项目；个人层面的内容相当于两个本科课程模块的资源。同时考虑到使用者的实际能力，这些包括社会学、教育学、艺术等内容的优质课程学习资源分为初、中、高三个等级，既方便更多的无法参与实际学习的学习者使用，也为不同地区的教师教学提供资源参

[1] 王倩. 网络教学资源的共建共享机制研究——以东北财经大学网络教育学院为例[D]. 辽宁师范大学，2012.

考。日本的社会教育包括“为提高生活质量而进行的职业教育、科技教育、运动竞赛、文化娱乐，以及图书馆、博物馆、公民馆开展的一切活动”。而无论是传统的插花、艺能，还是现代的音乐、艺术，日本政府都会从终身学习的角度重新认识其功能，注重其教育性和趣味性，使其更贴近社区人员的生活。德国则把终身教育和国民的就业结合起来，根据社会发展的需要以及个人的生活环境、教育基础、个性特征、心理需要、素质能力等因素有的放矢开展教育。这种务实的教育目标，实用性强的学习内容，使终身教育成为西方发达国家社会与个人生活的有机部分，最大限度地满足了广大民众的习惯和爱好，从而焕发出强大的活力与生命力。

九、优良的师资队伍

终身教育虽有很强的自主性，但良好的师资依然是终身教育追求的永恒主题。只有拥有了高素质的师资队伍，才能保证终身教育的质量。萨克森·迈埃尔在其《在终身教育范围内的师资培养》一文中指出，担任终身教育职责的主要包括下列人员：职业团体、工会、政党、工厂或军队中的图书管理员和负责进行教育活动的人员、社会工作者、咨询人员，还有医生、牙科医生、药剂师，以及有特殊资格的教育工作者，心理学者，师资培养方面的咨询人员，促进农村发展的工作者，教育技术学专家，校长，视导人员，青年运动负责人，负责青年与成人的各种校外活动的教育工作者，等等。在一定意义上说，由于终身教育无时不在，每个人都拥有教师和学生的双重身份，都是教与学体系中的一个组成部分[1]。这是从面上讲的终身教育师资队伍的构成，具体到每一个西方发达国家对终身教育师资素质的要求各不相同。美国衡量社区学院师资队伍能否胜任社区学院教学工作的两个重要指标是教师的学历及其工作经历。美国社区学院师资的特点是专兼职结合，兼职教师比例大、来源不一，1971年兼职教师占40%，1980年为56%，1993年为63%，2003年达68%；按照授课对象的不同大致可分为两类，转学类专业的师资一般需要具有所教学科硕士或硕士以上学位，职业教育类的师资要求必须有在相关领域的工作实践经验；从具体学历结构看，全职教师拥有副学士学位、学士学位、硕士学位和博士学位的比例分别占5%、12%、62%和18%，职业具体项目的全职教师拥有副学士学位、学士学位和硕士学位的比例分别为24%、22%和31%，而兼职教师的学位比例分别是22%、24%和24%[2]。德国对从事终身教育的教师要求更高，高等专科学校的教师必须具备博士学位，必须至少从事本专业实际工作5年，其中3年为企业经历；同时学校一般都有一支来自生产一线的强大的兼职教授队伍，随时可以有效地把生产实际中最新的技术与工艺引进讲授的课程中。英国牛津大学为终身教育提供了雄厚的师资力量，专门为社会人员开设了基础学科和技能学科课程，参加大学教育的校外社会人员几乎与在校人数持平，已达16 000人以上。日本则强调从事终身教育专业指导人员的综合素质，要求必须经过严格训练达到一定标准后方能上岗，日本很多国立大学积极参与终身教育，建立了“支援终身教育研究中心”，向社会各单位阶层派遣教师，提供教育咨询服务等[3]。

[1] 萨克森迈埃尔著，张可明节译.在终身教育范围内的师资培养（上）[J].外国教育资料，1988(5)：51–57.

[2] 彭跃刚.美国社区学院发展与变革研究[D].华东师范大学，2017.

[3] 赵丽君.国外终身教育模式借鉴[J].教育与职业，2014（13）：102–103.

大学的积极参与，充足且优良的师资队伍，是西方发达国家终身教育持续高质量发展的关键因素。

十、多样化的存在方式

这里的存在方式是指终身教育的发展模式与表现形式，即终身教育的办学主体、办学形式、办学经费、教育对象、教育内容、教育方式、学习时空、教学手段等的多样化。如前所述，西方发达国家终身教育的办学主体，既有政府部门、机关事业单位，又有行业企业、学会协会，还有社会团体、贤达个人等；办学经费有国家的、政府的、财政的、社会组织捐赠的、个体私人的等，来源渠道广泛；在教育对象上，无论男女老少、贫富贵贱、地位高低、教育程度，也无论国家、民族、种族、职业、背景等，没有任何限制，只要想学，均可参与；教育内容更是丰富多彩，既有高深学术的又有生活休闲的，既有自然科学的又有人文社会系列的，既有国际国内的大事又有社区身边的琐事等，五花八门，应有尽有；在学习时空上，打破了学校教育固有的时空限制，使学习走出校园，走向社会，来到世间广阔的天地，任何时间、任何地点，时时处处能学。这里需要补充的是，西方发达国家终身教育的办学形式非常灵活，既有全日制，也有半日制，还有弹性学制；既有日校，也有夜校，还有全天候网校；既可一次选一门课，也可一次选多门课，学什么，学多学少完全自行决定。从教育方式来看，亦是多种多样，包括现场面授讲座、学校培训、电大函授、通信咨询、录音录像、电教培训、广播电视电影、网络教育、空间教学等。在教学手段上，随着社会的发展和科学技术的进步，特别是物联网、人工智能、大数据和信息技术的突飞猛进，西方发达国家终身教育技术现代化水平也在提高，互联网+、计算机与电化教学、录屏传输、虚拟现实、通信卫星远程互动、模拟实验与实际操作、自动化模拟室教学、实习实训设备以及现代多媒体教学设备等已被广泛应用。西方发达国家终身教育多样化的发展方式，特别是教育对象、内容、时空、方式和手段等的个性化与现代化，解除了束缚，解放了自我，实现了学习自由，有助于提高学习者的学习兴趣，调动广大民众参与终身教育、终身学习、全民学习的积极性与主动性，从而有力地推动了终身教育的持续发展。

第三章 湖南终身教育发展历程

湖南终身教育直接服务于湖南经济社会发展，是满足湖南民众多样化学习需求、促进个体全面发展与社会文明进步的有效形式和重要手段。湖南终身教育的发展经历了一个从小到大、由简单到复杂逐步走向规范的漫长过程。中华人民共和国成立以前，湖南终身教育主要以零散、小规模、不成体系的社会教育形式出现；中华人民共和国成立以后，湖南终身教育突出表现为统一、大范围、规模化的成人教育；步入21世纪，湖南终身教育转入以社区教育为主，老年教育、家庭教育、全民学习、终身学习、学习型社会建设全面发展的新时期。

第一节　中华人民共和国成立前湖南社会教育的兴起与发展

中华人民共和国成立以前，尤其在漫长的中国古代社会，湖南地区终身教育的发展与全国各地情况一样，呈现出规模小、无序化、随朝代的更替而不断发展变化的显著特点。进入近现代以后，特别是中国共产党成立以后，在革命形势的驱动下，湖南社会教育尤其是工农教育蓬勃发展，从星星之火到燎原之势，燃遍了整个中国，走在了全国的前列。

一、古代湖南地区社会教育的兴起

社会教育和家庭教育是人类社会早期教育活动的主要形式。社会教育泛指一切增进人们知识、技能，形成和改变人们思想意识的活动。据考古发掘资料证明，远在中更新世后期，湖湘先民就活动于沅水、澧水、资水、湘水流域的河谷地带。在漫长的原始社会与史前时代，在与自然作斗争的长期过程中，他们不仅逐步学会了石器磨制、陶器烧制、稻谷栽种、家畜饲养、房屋建筑、火的储存与使用等技术，而且还通过生活过程、言传身教将这些技术一代代传递下去。这就是湖南地区最初的成人社会教育。

夏、商、西周时期，由于社会生产力低下，教育仍处于原始状态，没有从生产生活中单列出来，有教无校，内容简单，无非是基本的生产生活经验、知识、能力、技艺、品德、习俗、信仰等，教育对象包括全体氏族成员，往往通过口耳相传或相互模仿，即全体社会成员既是教育者，又是被教育者，教育具有全民性和平等性，都学习同样的内容。

春秋时期，公元前519年，周室王子因与周敬王争夺王位失败，携带王室所藏文物典籍逃奔楚国，同当地的巫文化相结合，产生了独具特色的楚文化教育。战国时代的楚国农业生产技术、青铜冶铸和金属器皿制作、漆木和竹木制造、玻璃冶炼等均已相当发达，其有关的技术技艺规程必然纳入庶民教育，成为当时湖南地区社会教育的主要内容。

秦统一后，焚书坑儒，禁止私学，湖南社会教育一度处于停顿阶段。西汉长沙国的教育主要限于宫廷太子教育，直到东汉时才有正式学校的出现。《后汉书·卫飒传》记载，光武帝建武三年（公元27年），卫飒迁任桂阳太守，大修庠序之教，几年间，桂阳郡的风俗大为改观。《后汉书·宗均传》记载，建武年间，宗均为辰阳（今湘西辰溪县）长官，“为立学校，禁绝淫祀，人皆安之”。可见，东汉时期，偏远落后的湘南湘西地区的文化教育也逐渐发展起来。

三国两晋时期，荆湘战乱频仍，社会动荡，湖南文化教育得不到发展，长期处于沉寂状态。南北朝时期，官学时兴时废，但湘学始终存在，加之外地文人学者纷纷来湖南研讨儒义，治学著述，对湖南教育产生了积极作用。

隋唐（包括五代）时期，因受战乱直接影响较小，社会相对较为稳定，经济得到较大发展，加之科举制度的建立，刺激了社会读书求学的热情，湖南的社会教育以私学为主，形式多样，也比较灵活实用。同时，北方人的南迁，尤其是文化名人的贬谪放逐，给湖南带来了大批劳动力和先进技术，也带来了先进的教育经验与教育思想，使湖南文化教育获得新的发展，呈现出“湘州之奥，人丰土闲”的景象。

两宋时期，在大一统的政治环境下，特别是南宋中国政治经济中心的南移，湖南经济走上快车道，文化教育事业得到前所未有的发展。在国家“重文抑武”文教政策的影响下，湖南学校教育空前发展，地方官学进一步普及，各州、府、军、监、县大多设立了学校，地方上还设有小学、乡学、义学、武学及私学，可谓学校遍乡村，几乎做到每县均有县学。据考证统计，当时全国县学的普及率为44%，而湖南为92%，高出全国平均水平的一倍以上。文化教育事业繁荣的突出表现有两个，一是道州的周敦颐成为宋代理学发展的开山鼻祖，二是书院教育成为全国书院发展的楷模。宋太祖开宝四年（971年）创立了长沙岳麓书院，太宗至道三年（997年）又创立了衡阳石鼓书院，其时中国共八大书院，湖南就有两个。据记载，宋代湖南官办、绅办、民办书院达56所之多，遍及30余县，分布之广，规模之大，堪称全国一流[1]，书院成为读书求学的重要场所。

元朝时期，国家统一，社会稳定，湖南经济得到恢复和发展，文化、教育、科技也取得新的成就，建立起从中央到地方的官学教育体系。而“社”是元代创立的一种以50户为单位的乡村基层组织，“社学”就是在社设立的兼有社会教育和学校教育功能的教育机构，社长专以教劝农桑为务，元代极为普遍。

明朝时期，中央政府采取一系列整顿吏治、奖励垦荒、兴修水利、劝课农桑、重教兴学等措施，推动了社会政治、经济、思想、文化、教育的发展，形成了一个“天下府、州、县、卫、所皆建儒学”“无地而不设之学，无人而不纳之教”的教育兴盛局面。湖南地方教育也获得了空前蓬勃发展，各府、州、县均设置了学校，书院达124所，超过唐、宋、元三朝的总和[2]。社学、义学和私学更加发达，有的私学还传授农业生产劳动知识，湖南教育得到较大发展，促进了湖南经济的发展，

[1] 张楚廷，张传燧.湖南教育史（第一卷）[M].长沙：岳麓书社，2002（12）：导言6–7.
[2] 张楚廷，张传燧.湖南教育史（第一卷）[M].长沙：岳麓书社，2002（12）：338，364.

"湖广熟、天下足"誉满天下。

清朝前期和中期，清政府确立了"文教为先，经术为本""兴文教，崇经术，以开太平"的文教方针，社学非常发达，就连向来偏远落后的湘西民族地区也建立了社学。经世致用的实学在社学和私学中也得到一定的传授。社学的教师称为社师，选"文艺通晓、行宜谨厚者"担任；私学的教师为塾师，择"文行兼优之士"充当。据统计，清代湖南学校教育更加普及，100%的府州、60.7%的厅、100%的县都建立了学校，同时每县还都建有书院，达276所之多，与官学形成鼎立之势[1]。

二、近代湖南社会教育的初步发展

1840年鸦片战争后，中国开始进入半殖民地半封建社会，外国资本开始在中国开办近代工业，中国早期官僚资本、民族资本也开始兴建近代企业，西方的资本主义文化随之传入中国。但直到1894年中日甲午战争前，湖南没有出现任何资本主义的新式工、矿、交通、邮电等设施，社会经济依然故我，自然在学术、文艺、史地等各种精神文化领域的建构，仍旧没有脱去传统的规范，超越传统文化的氛围，也就没有真正意义上的湖南近代教育。甲午战争失败后，湖南人心理的集体失衡导致形成强大的凝聚力，纷纷把目光转向学习西方，发展教育，使得湖南近代教育迅速兴起[2]。

湖南近代教育出现的标志，先有江标提倡新学，继有浏阳算学社、东山精舍、湖南时务学堂、湖南武备学堂的相继创办。1897—1898年，湖南境内兴起一场规模宏大的以创办近代新式教育为主的兴学热潮，全

[1] 张楚廷，张传燧.湖南教育史（第一卷）[M].长沙：岳麓书社，2002（12）：导言9.
[2] 周秋光，莫志斌.湖南教育史（第二卷）[M].长沙：岳麓书社，2002（12）：导言3-4.

省各地的士绅在本邑或建立新式学堂，或变更书院课章，使教育成为湖南新政蓬勃发展的最显著的一项。其时，湖南巡抚陈宝箴通令各府、州、厅普遍设立半日学堂，公开演讲维新意义和重要时事，此乃近代湖南社会教育的开端。1901年清末新政后，湖南真正意义上的社会学校教育开始出现。1902年，清政府命令各省设立农务工艺学堂，俞廉三奏开办湖南工艺学堂，于年底创立湖南第一所公立职业学堂——湖南农务工艺学堂，并设农事试验场，这也是湖南第一所农业成人职业学校。1903年，禹之漠在长沙创办实业工场，附设工艺学堂，成为湖南成人工业职业学校之始。截至1909年，湖南全省有面向全社会的官立、公立、私立和教会办理的中学47所，仅次于四川，位居全国第二。但在所办的各级各类教育中，最突出的还属实业教育，此外幼儿教育、识字教育、学会活动等也有一定程度的发展[1]。

随着帝国主义军事、经济的侵入，中国人民奋起进行斗争，资产阶级革命运动迅速高涨，工人阶级队伍和力量日益壮大，中国的成人学校不断增加，逐步从普通教育扩展到社会成人教育。1910年底，在长沙周南女子师范学堂任校长兼附属小学堂主事的徐特立，认为贫苦人没有受教育的机会是不合理的，积极主张开发民智。为此，他组织周南女子学校的进步教员，在长沙北门外开办了一所夜校，为附近的工人和店员开设国文、算术、地理和国耻小史课程。1912年，中华民国临时政府教育部设有社会教育司，社会教育第一次在中国教育行政上获得独立地位。民国初年，在中央政府的推动下，湖南社会教育有相当程度的发展，渐成气候，如讲演团、读书会、讲演传习所、夜校、半日学校、文

[1] 周秋光，莫志斌.湖南教育史（第二卷）[M].长沙：岳麓书社，2002（12）：导言6-7.

化书社、新式图书馆等相继开办，对抵制封建思想、开通民风士气、传播新思想新知识、普及和提高民众文化知识水平等起到了相当大的推动作用。

第一次世界大战期间，因帝国主义国家之间彼此忙于战争，在一定程度上减少了对中国的商品输出，中国的民族资本主义获得进一步发展，产业工人迅速发展壮大。同时，俄国十月社会主义革命的胜利，新文化运动“民主和科学”思想的传播，起到了巨大的启蒙作用，极大地解放了民众的思想，使湖南的社会成人教育迅速向开创期过渡，工农教育开始崛起。

三、现代湖南社会教育的崛起

1919年的五四运动，既是一次爱国的政治运动，也是一次文化运动，同时还是一次空前的思想解放运动，标志着中国新民主主义革命的开端，对教育领域产生了深刻的影响。五四运动前后，湖南教育界群星璀璨，杨昌济、徐特立以及陈润霖、易培基、胡元倓、朱剑凡、何炳麟、罗钠重等名师泉涌……特别是以毛泽东、蔡和森、何叔衡等为代表的湖南早期进步知识分子广泛开展工农教育、社会教育，以介绍传播先进思想，教育发动广大群众。1917年，毛泽东还在湖南省立第一师范学校求学时，就举办了“我国第一所工人夜校”，后来规模一度达120多人，大多是一师附近的产业工人，还有人力车夫与蔬菜小贩。1920年秋，长沙共产主义小组成立后，毛泽东先后开办一师民众夜学和失学青年补习班，吸收工人40余人。同期，毛泽东、何叔衡、易礼容等发起成立文化书社，一直到1927年“马日事变”后被封，前后存续6年半时间，是湖南研究传播新文化新思想和马列主义、筹备建党的阵地。

1921年，中国共产党一成立，便把工农教育放在重要地位上，把争取工农受教育权作为重要任务。在中国共产党领导下，对工农的各种劳动技能培训、工人教育、平民教育开始有序地进行。党的“一大”决议的第三部分是“工人夜校”。根据党的决议，工会也作出了关于工人教育的决议。1922年1月，廖锡瑞、曹典琦等成立了以“增进农村人民常识，改进农村生活”为宗旨的长沙农村补习教育社，开办农村补习教育班，编印《成人补习读本》《珠算教科书》等教材。同年，毛泽东在自己先期亲自考察的基础上，陆续派李立三、刘少奇、毛泽民等到安源路矿创办工人夜校、补习学校和工人子弟学校，并设有工人读书处、师范班、妇女职业部，教育、发动、组织工人；当年5月，湖南长沙基本平民补习学校正式开学，招收一个成人夜校班，两个儿童半日班，一个平民女子工读班，聘蔡庆煦（蔡和森之姐）任主任。这是全国第一所专设的平民学校，开办2年成绩显著。平民教育一时成为热潮，迅速扩展到全省62个县、区，平民受教育者达10万多人。后安源路矿工人补习学校发展到7所，读书处12个；工人学校人数从最初的90多人，发展到1924年的1 200余人，另有工人读书处学生342人；教员由2人增加到30余人。1923年，毛泽东派刘东轩、谢怀德等回家乡衡山岳北一带成立了湖南第一个农会——岳北农工会，成立大会当天到会10 000多农民，后会员猛增至40 000余人。1924年，湖南省工团联合会在长沙举办了多期工人补习夜校，还举办了职工运动训练，泥木工会也举办了夜校。1925年初，毛泽东、杨开慧回到韶山，先后在毛氏宗祠、李氏族校、郭家亭、银田寺、铁皮桥、如意亭等地建立起20多所农民夜校，对广大农民进行文化知识和政治思想教育。1926年7月，湖南省教育厅正式成立，其组织为三科一室，成人教育与高等教育一起由第三科管理。到1926年11月，全省有农会会员136.7万余人。同年12月，湖南省第一次工农代表大会在长沙召开，参会农会代表170人，代表了有统计的农会会员130多万人。第一次全省工农代表大会通过的《农村教育决议案》指出，农村学校存在“只有儿童教育，没有成人教育，只有男人教育，没有女人教育”的缺点，要求响应农民的需要，从教材内容、教授方法和教学态度上进行改革。到1927年1月，农会会员骤增到200万人，能直接领导的群众增加到1 000万人，几乎占全省农民总数的1/2。

1927年大革命失败后，中国革命转入低潮，湖南轰轰烈烈的工农教育运动也遭到巨大破坏。第二次国内革命战争时期，苏维埃地区的成人教育为土地革命服务，为生产建设服务，为巩固、保卫、壮大红色根据地服务。苏区的成人教育克服战争紧张、经济困难、文盲众多、师资缺乏等困难，开展得轰轰烈烈。湘鄂赣苏区时期，全区文盲占人口的97%以上。省苏维埃规定：各县、区、乡及各机关、地方武装、工厂、学校必须组织识字运动委员会，领导、规划该地区和本单位的识字运动。教育的主要形式有：一是组织识字班。各机关、团体、地方武装编成识字班；各乡农民以一个屋场或几个屋场组成一个班，分班教学。二是悬挂识字牌。在比较集中的村头和路口，挂一块黑板或油漆的木板，由当地教师写一些柴、米、油、盐、生产、阶级斗争等常用字，用同音字注音或看图识字，每三四天换一次。三是开办夜校。主要任务是在短期内扫除文盲。平江、浏阳规定15～45岁的人参加夜校。四是建立妇女半日学校。组织妇女学文化、学政治，并以此作为妇女参加革命活动的阵地，参加的都是成年妇女，每期3个月。五是创办女子职业学校。1928年，在张坊小河乡创办1所职业学校，招收红军家属20名。六是举办工农讲演所。苏区各县城集镇都建立讲演所，定期向工农群众、各革命团体宣讲政府的法令政策、革命理论[1]。1929年，湘鄂西省苏维埃政府成立时，设立省文化部，下设学校教育科、社会教育科等。华容县设文化委员会，下设社会教育科、列宁学校教育科等。区设文化委员会，乡设文化委员，各学校设校长及教务、训育、事务主任各1人。学制采取四二制，初小4年，高小2年[2]。1932年，中共湘赣省文化部组织统一的识字运动，要求40%的男子识字300个，30%的女子识字200个。据统计，湘鄂赣苏区仅在平江嘉义区就办有夜校40所，招收学员864人；识字班67个，学员492人。湘赣苏区则在1933年春，共设立夜校807所，学生23 700人，识字班2 500个，识字牌2 300块，农民识字率达总人口的30%。广大农民政治文化水平的提高，连当时国民党报纸《民国日报》的社论也承认，“共产党教育群众的方法可学”[3]。1934年，湖南全省76县（市），设有民众学校（班）者60县（市），计3 622所；22个县设有民众识字处782处；12个县（市）设有工人补习学校22所；6个县（市）设有农民补习学校132所；9个县（市）设有商人补习学校24所；9个县（市）办有妇女补习学校16所；属于社会教育范围的其他补习学校48所；35个县设有民众问字代笔处[4]。1935年，湖南省政府制定了《湖南青年新生活劳动服务团暑假推行识字教育办法》，中等以上学校学生每人分发《农民读本》及《农村识字》等教材，令

[1] 湖南省地方志编纂委员会.湖南省志（第十七卷）教育志（下册）[M].长沙：湖南教育出版社，1995：1182-1185.
[2] 湖南省地方志编纂委员会.湖南省志（第十七卷）教育志（下册）[M].长沙：湖南教育出版社，1995：1192-1193.
[3] 张学军.湖南教育大事记[M].长沙：岳麓书社，2002：196.
[4] 张学军.湖南教育大事记[M].长沙：岳麓书社，2002：206.

其利用回家之便，尽力教亲友、邻居以及其他群众识字，每人至少须教不识字者3人。这次活动有32校3 702人参加，受教育群众达8 820人。1936年，湖南制定《湖南实施民众教育六年计划及实施办法》，1937年再订实施计划，民众学校已有3 141所，学生111 908人。

抗日战争时期的社会教育，重点是培养抗日人才。抗日根据地实行“干部教育第一”的教育政策，学习成为一种群众性的教育活动，机关就是学校，干部就是学生。在进行干部教育的同时，也开展了扫盲教育和工农群众的文化补习教育。1937年8月30日，湖南省国术馆为普及民众国术，预备将来杀敌，在长沙市成立15个区、组训练场，免费训练民众。12月13日，湖南省政府设立“湖南省民众训练指导处”，组织对全省民众（男子18～40岁，女子16～35岁）分期训练2个月，每日上课2小时，训练内容包括军事训练、精神训练、生产训练、编组训练；12月20日，湖南省民训干部训练班开学，调集中学以上教职员、大中（高中）学生3 358人入学，接受短期训练半个月后，分赴各地组训民众。1938年，长沙文化界抗战后援会举办战争常识训练班。同年夏，攸醴萍中心县委在醴陵城乡举办工农夜校，宣传中国共产党在抗日救亡中的任务和方针政策，提高群众的思想觉悟；中共石成金煤矿特支举办了8个班的夜校，工人和附近农民有五六百人参加学习，还在农村办了11个识字班，在矿上办起了“醴矿茶园”。同时，发动和组织文化团体和单位组织歌咏队、演出队，深入城镇、农村，教唱抗日革命歌曲，演出抗日戏曲，普及宣传活动[1]。1939年2月，南岳游击干部训练班第一期开学，来自各战区国民党军下级军官和青年学生共1 064人，共编为8个队；同

[1] 株洲市委党史办. 民主革命时期株洲党史大事记[M]. 湘株文内准〔1991〕69号：116–117.

年，湘西各地陆续建立起“读书会”“妇委会”“歌咏队”等各种形式的群众组织，广泛开展抗日救亡活动。1942年，长沙著名平民教育家周方先生远赴重庆向国民政府教育部汇报其办学情况，受到教育部表扬。1943年，长沙市民众教育馆恢复。1944年，国民政府第九战区青年失学辅导就学委员会在泸溪县浦市镇创办国立第九战时中学，招收湘北、湘中、湘南逃难的流亡学生1 200余人，设高中、初中、师范、职业4个部。同年，全省有省立民众教育馆3所，县市立民众教育馆79所，省立图书馆2所，市立图书馆1所，私立图书馆3所，省立科学院1所，省立体育场1所，县立体育场每县1所[1]。抗日战争时期的湖南成人教育是在激烈的侵略与反侵略的斗争中进行的，成人教育是对敌斗争的重要组成部分，有力地打击了敌伪统治，为抗战胜利做出了突出贡献。

解放战争时期，随着形势的变化，湖南社会教育也发生了新的变化。到1946年，除省立第一、二、三民众教育馆分别改称为省立长沙、邵阳、衡阳民众教育馆外，增设省立沅陵民众教育馆。省立中山图书馆于沅陵迁回长沙，恢复开馆。除东安、炎陵县、长沙市未设立外，各县市民众教育馆一律复馆。省立科学馆、省立体育场及电化教育、卫生教育等机构也渐次恢复[2]。1947年初，省教育厅颁布《湖南省普及民众识字教育五年计划》，督促各机关团体学校开办民众学校，利用国民兵团及民众组织等推行识字教育。但此时内战已爆发，经济萎缩，物价飞涨，民不聊生，推行识字教育收效甚微，民众学校也基本处于停顿状态。到1947年底，全省仅存民众学校3所，职业补习学校3所，各种传习所2所。后直到解放战争胜利，湖南社会教育才翻开新的篇章。

[1] 周秋光，莫志斌.湖南教育史（第二卷）[M].长沙：岳麓书社，2002（12）：844.
[2] 同上.

第二节　中华人民共和国成立后湖南成人教育的勃兴与昌盛

中华人民共和国成立后，党和政府提出“教育向工农开门，为生产建设服务”的工作方针，大力发展工农成人教育。这里的成人教育主要是指，一方面对已经走上各种工作岗位，而没有完成初等、中等教育或者需要转换工作岗位及重新就业的人，所实行的基础教育或实施的职业（执业）资格培训与岗位培训；另一方面对已脱离全日制学校学习或者具有一定职务职称的人，所进行的文化与专业教育或继续教育。当然，也包括为促进社会和谐发展与满足个人生活需要而对社会大众进行的思想道德、社会文化和生产生活技能的教育[1]。较之全国兄弟省市，湖南作为一个内陆省份，其成人教育的发展既有同步同频的共性，更有独到鲜明的地域特色。湖南成人教育走过的历程波澜壮阔、艰难曲折，既有高歌猛进之时，亦有折腾受挫之日，呈现出经验与教训并存、成绩与失误同在的相生局面。

一、中华人民共和国成立和社会主义基本制度确立时期的湖南成人教育（1949—1956）

湖南和平解放时，全省总人口2 928万人，80%以上是文盲或半文盲。湖南省委和省人民政府成立后，根据中央和国务院的方针政策，贯彻推行“教育向工农开门”，设立人民助学金，劝导工农子弟入学；成立省扫盲工作委员会与扫除文盲协会，积极开展工农成人教育，除少数人送进工农速成中学或干部文化补习学校脱产学习以外，主要利用业余

[1] 周耀华，胡国强，谭小京.湖南成人教育发展研究[M].长沙：湖南科学技术出版社，2011：前言1.

时间采取多种形式组织学习，以迅速提高工农干部和广大人民群众的思想政治觉悟和文化知识水平，适应当时革命和生产发展的需要。

1. **开展工农扫盲教育。**1949年冬至1950年春，遵照政务院指示和省文教厅《第一届冬学运动要点》，按照“普遍号召，重点试办”的方针，全省积极开展以政治启蒙为主、结合识字及生产知识教育的农民业余教育。同时，转发国家教育部《关于开展1949年冬学工作的指示》，号召全省农村开办冬学、城市开办夜校，提出冬学、夜校文化教育以识字为主。长沙市率先在军鞋厂等23个工厂办校，按识字程度设班，招收2 224位学员，开展复式教学，主要向学员进行政治启蒙教育及识字教育。1950年10月，省文教厅牵头组成农民业余教育委员会，领导全省农民业余教育。同年11月，省人民政府转发省文教厅《1950年冬学工作的指示》，要求乡、村小学附设冬学班，重点对全省农村基层干部、积极分子进行扫盲教育，规定扫盲标准是认识1 000个以上常用字，具有初步的读、写、算能力。到年底统计，全省农民参加冬学的约80万人次；农村培训骨干群众教师（群师）与扫盲专职干部3 207人，先后参加冬学扫盲班学习的约10.108万人次。1951年，随着各地土地改革相继完成，广大农民的学习积极性进一步高涨，冬学运动持续迅速发展，年内全省共训练“群师”2万余人，有272万余农民参加冬学扫盲班，一般能识字500~600个；有职工扫盲班学员32 423人。1952年，省文教厅成立湖南省扫盲工作委员会，要求各地贯彻“广泛动员，准备师资，重点开展，取得经验”的方针，积极推广“祁建华速成识字法”。各级开展了师资培训和“速成识字法”教学试点工作，共培训9.4万人，其中专职干部和专任教师2 200人、骨干“群师”5.68万人、中小学教师3.5万人。1953年，全省扫除文盲25万人，但“速成识字法”

因要求过急过高，群众难以接受，到年底基本停止推行。1954年，省扫盲委员会颁布《乡级主要干部脱产扫盲班实施办法》，规定乡级干部脱产扫盲班学习时间为3～4个月，标准要求达到能识2 000个常用字，能写200～300字短文，能阅读通俗书报。1955年，省人民委员会下发命令，扫除文盲工作不再另设机构，湖南省扫除文盲工作委员会的业务由省教育厅管理。同年，省教育厅下发《关于1955年冬学转为常年民校的通知》，要求对已经考试达到扫盲标准的学生，要注意帮助他们巩固识字成果，防止“回生”和“复盲”现象发生。1956年，随着合作化高潮的到来，全省扫盲工作进入了一个新的阶段。同年2月，省人民委员会、省总工会、团省委下发了《关于在三年内扫除全省职工中文盲的联合指示》，要求各级政府教育部门和工矿企业行政部门必须切实加强对这一工作的具体领导，建立和健全专管机构及时进行指导；10月，成立了湖南省扫除文盲协会。截至9月底，全省已有65个县市建立了扫除文盲协会；据28个县市不完全统计，已有957个乡镇建立了基层协会，拥有会员144 140人。全年全省约有400万的农民参加了各种不同形式的冬学，民校复课人数一般占入学人数的50%～60%，坚持常年学习的人数占入学人数的30%左右；全省约有50多万人摆脱文盲状态，约有“群师”38万余人，对扫盲工作起到了极大的推动作用。扫盲教育的教材主要有《农民识字课本》《速成识字法临时教材》《记工识字课本》等。据省教育厅累计，1950—1957年，全省扫除文盲、半文盲约201.75万人，其中干部约3.55万人，职工（含市民）约20万人，农民约178.2万人，大大提升了全省人民群众的整体素质[1]。

[1] 湖南省教育委员会.湖南省扫盲教育大事记[M].湘新出准字〔1998〕第42号：15-37.

2. 举办农民业余小学和业余初级中学。在农村大规模开展扫盲教育的同时，湖南省人民政府非常重视农民的初等、中等文化教育，主要通过举办农民业余小学和业余初级中学的方式进行。1951年3月，省人民政府批转省文教厅《关于冬学转为常年农民业余学校的指示》，全省有14 234所（班）由冬学转为常年农民业余学校，学员约50万人，专任教师473人、兼职小学教师19 502人、“群师”3 884人。1952年，省人民政府发出《关于冬学转为农民业余初等学校及农民业余识字学校（班）的指示》后，工作基础较好的乡、村办起业余初等学校（班），招收15～24岁失学青壮年农民入学。1955年，省教育厅下发《关于1955年冬学转为常年民校的通知》要求，对已经扫盲达标并有条件且愿意继续学习的学生，应组织他们上农民业余高小班，继续学习提高。同年，省教育厅与共青团湖南省委提出“可以把已达脱盲标准的农民、学习条件较好的人组成高小班（组）”“主要吸收基层干部、积极分子和青年入学”。对于农民业余小学，其办学形式，一般以村为单位或邻近数村联合举办；其办学地点，一般放在全日制学校内；其入学对象，不同时期各有侧重；其学习年限，限定为5年，前3年以扫盲为主，后2年类似高级小学，学习时间一般为“小忙隔天学，不忙天天学”，有的利用农闲时间组织全日或半日制教学；其课程设置，1953年开设语文、算术、地理、历史、自然5科，1956年改为开设语文、算术、常识3科；其使用教材，开始时多使用部编职工学校中级课本及农民文化识字课本，后多采用省编和地方乡土教材；经考试合格者，其毕业证书由县人民政府发给初等学校毕业证书，相当于小学毕业证书。这里应该强调的是，通过自学且参加相关考试合格的农民，也可发给识字证明书或初等学校毕业证书。在党的坚强领导和各级政府的大力支持下，全省农民业余初等教育发展较快，到1957年，仅益阳地区就有1.01万人从农民业余小学毕业。而农民业余初级中学，则开始于1955年全省农村开展合作化运动时，招收业余高小毕业生或学历相当者以及回家务农的小学毕业生。1956年，农村业余初中班开设语文、数学、农业基本知识3科，每年学习280小时，学制3年。农民业余小学和业余初级中学的举办，为提高广大农民的科学文化素质和促进社会主义建设发挥了重要作用[1]。

3. 实施职工初等、中等文化教育。1950年3月，湖南省教育厅下发《关于举办工农业余教育的实施办法（草案）》，规定厂矿企业的职工业余学校由工会主办，行政部门协助，主要任务是提高厂矿产业工人、机关干部的文化水平。同年6月，政务院颁布《关于职工业余教育的指示》后，湖南选定规模较大、职工较多的厂矿及长沙市、衡阳市两地试点开办以学习文化为主的职工业余学校。当年底，试点单位共办职工业余学校52所，参加学习者10 419人；全省共有各种职工业余学校（含市民业余文化学校）114所，学员约4万人。1951年4月，《湖南省职工教育暂行实施办法（草案）》规定，各厂矿企业规模较大、地区分散者，要分厂设校；不能单独或联合设校的地区，要成立各种小型学习班或小组。到年底，全省有职工业余小学218所，在校学员46 665人，占全省职工总数46.69万人的9.9%；有专任教师311人、兼职教师1 420人，初步建立起一支热爱职工教育事业的师资队伍。同时，部分厂矿、企业试办业余初中班，年内全省职工初中班在校人数达2 352人，占职工总数的0.5%左右。1952年，积极推行“祁建华速成识字法”，出现盲目

[1] 刘欣森，孟湘砥. 湖南教育史（第三卷）[M]. 长沙：岳麓书社，2002（12）：54–55.

冒进、脱离生产的倾向，教学效果不佳。1953年开始，国家转入大规模经济建设，各厂矿、企业职工不断增加，职工业余文化教育规模日益扩大。1954年5月，省扫盲工作委员会、省教育厅、省总工会联合发出《进一步整顿职工业余文化教育工作的意见》，要求干部职工教育要“边教学、边整顿、边巩固”，建立健全各项规章制度，保证教学时间，提高教学质量，服务生产劳动。自此，全省职工业余初等教育走上正常发展轨道。到年底，在校学员达78 981人。1955年5月，省教育厅、省总工会、省工业厅联合召开全省业余文化教育工作会议，研究在扫盲的基础上如何紧密结合生产的发展，积极地有计划地开办职工业余初级班和中级班（即初小和高小），尽快提高职工的文化科学水平，为社会主义工业化建设服务。同年8月，省教育厅、省总工会联合通知提出，职工教育严格执行以产业工人，特别是重工业工人为重点，以干部、积极分子、劳模、技术工人为主要对象的招生规定。年内，长沙开始试办高中班，录取初中毕业或同等学力的职工入学。1956年2月，省职工教育工作会议提出：业余小学必须采取“大量发展、注意质量”的方针；中等以上的业余学校采取“积极发展、力求正规、注意质量”的方针，以发展生产、提高生产率为中心，要把政治、技术、文化教育紧密地结合起来。同月，省教育厅指示，职工业余文化教育教学计划原则上规定每年分两个学期，每学期实际上课20周，每周学习4～6学时，采用省编教材和补充教材，有力促进了职工业余文化教育的规范发展[1]。

4. 重视干部文化教育。为提高干部思想政治觉悟与文化技术水平，加强其参与国家管理和生产建设的能力，湖南各级党委和政府非常重视

[1] 刘欣森，孟湘砥. 湖南教育史（第三卷）[M]. 长沙：岳麓书社，2002（12）：55-57.

干部文化教育，将扫盲教育同干部初等文化教育同步推进。1950年2月，长沙市委宣传部率先开办“长沙市机关干部业余文化学校”，学制初小班2年、高小班1年，吸收不及高小毕业文化程度的机关干部入学。嗣后，衡阳专署、长沙专署和湘潭市机关、省直机关相继创办干部业余文化学校，学制暂定3年，要求吸收具有初小毕业以上文化程度的工农干部通过学习达到初中毕业文化程度。到年底，全省共创办机关干部业余文化补习学校12所，学员7 530人。1951年，省委指示：各级党委和政府都应开办干部文化学校，组织文化水平较低的干部学习文化，使他们逐步提高到相当于高小或初中毕业的文化水平；有条件的机关，可试办高中或大专班，使一部分工农干部能够得到深造。同年，成立湖南省干部业余教育委员会，负责领导全省干部业余教育工作，以切实加强对干部文化教育的领导和管理。1952年，省文教厅创办湖南省工农速成中学，吸收有3年以上工龄，年龄在18～35岁，具有相当于高小毕业文化程度，身体健康，且能坚持学习者入学；学校开设文史、理工、农艺3类课程，学制初定为3年，后改为4年，教材除采用速成中学专用教材外，有的采用普通中学教材。1953年，省人民政府文教厅决定在省直机关、长沙市、衡阳市、常德专区、邵阳专区5处开展干部文化教育，以省直机关和长沙市直机关为重点试办校，初名为湖南省行政学院附属工农干部补习学校和长沙干部文化补习学校。1954年，省文教委员会颁发《各级各类工农业余学校毕业考试和颁发毕业证书暂行办法》，要求干部凡在业余学校学完中央规定的必修课程后，都应举行毕业考试，达到标准，发给毕业证书。1955年，省教育厅从当年湖南师范学院应届毕业生中抽调部分优秀生，经培训有关干部业余文化教育方针、政策和业务知识后，分配各地担任干部业余文化教育专任教师。1956年，省委响应中央号召各级各类干部向科学进军的指示，要求全省不及初中毕业水平的干部踊跃参加业余文化学习。同年，省干部文化补习学校与长沙干部补习学校合并，更名为长沙干部文化学校，招收参加革命工作3年以上的并具有相当文化程度、身体健康、自愿学习的工农干部参加学习。学校分设高小和初中班，高小班开设语文、算术2科，初中班开设语文、算术、历史、地理、自然常识5科，每期20周，每周上课6天。省校由省委宣传部、省文教厅、省委干部处共同组成教育委员会，由文教厅厅长兼校长，聘有专职教员3人，兼任教员10人。工农干部文化补习学校学制，初小班为1年，高小班为2年，初中班为3年，修业期满，考试及格，由教育部门发给毕业证书，回原机关工作；学业优良的部分工农干部，升入工农速成中学或其他干部学校继续深造。此后，全省迅速发展了一批干部业余文化学校，参加学习者成倍增加。1957年，全省90%以上的机关、团体办起了干部业余文化补习学校。据统计，1952—1954年，湖南省工农速成中学招生3届，共1 112人，其中机关干部476人，全部毕业；1954—1957年，各专区、县开办了区、乡干部文化补习学校，招收区、乡和县级以上领导骨干17 416人入学，其中10 716人摘掉文盲帽子，4 320人达到高小毕业水平，2 380人达到初中毕业水平；1950—1956年，全省参加干部业余文化学校学习的共253 220人，其中6 296人摆脱文盲状态，49 653人达到小学毕业水平，60 164人达到初中毕业水平，25 120人高中结业，3 971人大专结业。这些人有的回归原单位工作，有的升入其他学校继续深造，成为中华人民共和国特别是湖南各条战线的建设人才[1]。

[1] 刘欣森，孟湘砥.湖南教育史（第三卷）[M].长沙：岳麓书社，2002（12）：57-60.

二、社会主义建设的艰辛探索和曲折发展时期的湖南成人教育（1956—1978）

正当湖南教育战线继往开来、激流勇进时，前行的道路横生干扰，几经曲折。1957—1958年初的“整风”运动和“反右派”斗争，全省各级各类学校有18 380人被划成“右派分子”，14 000多人被清理出教育队伍；“四清”“反右倾”以及1955年“肃反”等运动中被清洗出队伍的有15 309人。1958年起相继开展的“大跃进”和“教育革命”，盲目“拔高”扩大办学规模，造成师资、设备、经费和生源严重困难；同时组织学生过多地参加体力劳动，严重扰乱了学校教育秩序，各级各类学校教育质量全面下降，湖南成人教育也遭受到了较大的挫折。1957年底，受“反右”运动的影响，全省各类职工成人中等学校的在校人数均有减少，总数由1956年的80 291人下降为64 547人。1958年，全国开始实施第二个“五年计划”，制定了“多快好省地建设社会主义”的总路线，在湖南省人民政府提出的“加强领导、巩固提高、积极发展”的业余教育方针指导下，与其他各行各业一样，以扫盲教育为主的成人业余教育也卷入了“大跃进”的浪潮，全省突击扫盲的群众运动迅速掀起。同年5月，湖南省委召开全省开展扫盲运动广播大会，提出“一年突击，两年扫尾、巩固，三年扫除全省青壮年中的文盲、半文盲”的要求。到年底，据统计，全省参加业余学习的人数达728.1万余人，其中扫盲班学员590.4万余人，参加业余初等教育的学员137.7万多人。1959年上半年，在纠正教育战线“左”的倾向的同时，湖南省委和省政府对成人业余教育也进行了相应的调整，调整后的全省扫盲专职干部人数为1 072人。同年下半年发动“反右倾”运动后，又导致各级各类教育进一步盲目发展，全年全省参加业余学习的人数为762.5万余人，其中扫盲班学员505.32万人。1960年，国民经济出现困难，全省上半年参加文化学习的人数急剧下降为30.6万余人，其中扫盲班学员8.7万余人；秋后，农村扫盲工作基本停顿。1961年，中共中央正式对国民经济实行“调整、巩固、充实、提高”的方针后，湖南教育战线贯彻“八字方针”，对盲目发展的各级各类教育进行了大幅度“调整”，使之又逐步走上了正轨，农民教育事业开始恢复。1964年，湖南省委、省人民委员会发出《关于半工半读、半耕半读学校试点工作的通知》后，全省各级各类半工（农）半读学校得到迅速发展。同时，各种扫盲班、业余小学、业余初中得到健康发展。1965年，全省农民高小班已达51.3万余人；有半工（农）半读职业中学3 017所，在校学生22.9人；耕读小学2.4万所，在校学生54万多人。据省教育厅累计，1958—1966年，全省扫除少、青、壮年文盲约329万人，其中干部约5 000人，职工与市民约64万人，农民264.5万人。

1966年5月，“文化大革命”爆发。10年内乱中，特别是前几年，湖南成人教育与其他建设事业一样，遭受到了严重的破坏：扫盲教育机构被撤销，专职干部和教师下放劳动或另调工作，扫盲工作停顿，复盲率高，新文盲不断产生；成人学校被砸烂，校舍被占用，教学设施和图书资料被毁坏、盗走、抢走；农民不学文化，不讲科学种田；工矿企业不进行技术业务培训，工程技术人员大量减少，劳动生产率大幅降低。1971年，省革委会教育组通过典型调查发现：农村12岁以上的少、青、壮年文盲、半文盲占40%；城镇12岁以上的文盲、半文盲约30%，其中国营厂矿企业职工为15%，居民包括集体单位的职工为40%左右，因而确定继续以扫除文盲为工农教育的重点。同年，在全省扫盲陷入停顿的情况下，桃江县率先开始清查全县文盲、半文盲基数，查证农村人口中尚有文盲、半文盲约10万人，占少、青、壮年总人数的37.4%。据统计，到1974年8月底止，全省文盲、半文盲入学人数达300余万人，已脱盲18万余人；1975年11月至1976年底，仅一年多时间，桃江县全县校外青少年分期分批脱盲者共3.9万人，壮年脱盲者2.98万人；1966—1976年，全省城乡扫除文盲、半文盲共约100万人，出现一批青少年无盲区、镇、社和厂矿。

值得指出的是，政治夜校是“文化大革命”期间成人教育的一大特点，几乎全国城乡都建立了政治夜校，“五·七”干校和“七·二一大学”是其代表。1968年5月7日，黑龙江省在纪念毛泽东“五·七”批示两周年时，把大批机关干部下放劳动，在庆安县柳河办了一个农场，定名为“五·七”干校。此后，各地普遍开办“五·七”干校，大批的干部、教师等被送进“五·七”干校劳动改造。湖南叫“五·七”大学的较多，至1976年底，全省共有516所“五·七”大学，至此已改为乡办农校和乡夜校，主要为农民教育服务。

三、改革开放与中国特色社会主义制度创立时期的湖南成人教育（1978—2000）

“文化大革命”结束后，改革开放之初，湖南各类人才严重匮乏，而湖南工农业现代化建设迫切需要规模宏大的各级各类合格人才，亟须大力提高广大民众的民主法治意识、文化知识和技术技能水平。据1980年下半年调查，全省职工、农民中“三低一少”（文化水平低、技术水平低、管理水平低、技术人员少）现象十分严重。职工的文化水平，只有2.9%的人具有大专以上文化，20%的人具有高中、中专、中技毕业文化，初中文化的占38.7%，小学以下文化的占38.4%，其中文盲半文盲还占3.8%；工人的技术等级，三级工以下的占80%，管理人员多数没有受过现代化企业管理知识的专门训练。农民的文化、技术状况比职工更差，全省青壮年农民中，高中文化的占10%，初中文化的占20%，小学文化的占40%，刚刚脱盲的占10%，文盲半文盲还占20%。为了迅速改变这种状况，湖南采取一系列行之有效的措施，不仅迅速扩大成人教育规模，从过去业余文化知识学习的单一模式扩大到了农民的文化、技术基础教育，干部职工的文化、技术基础教育，成人学历教育和成人继续教育等四大方面，而且适时调整教育内容、办学形式和管理机制，充分体现出成人教育的多功能、多元化、全方位的现代属性，有效地推动和保障了全省成人教育事业持续而健康的发展。

1. **建立健全成人教育领导管理体制。**成人教育担负着占全省半数以上人口提高科学文化和业务技术水平的繁重任务，涉及面很广，几乎与所有政府部门都有关，和工会、共青团、妇联、科协等群众组织也有关。当时这方面的主要问题是：缺乏强有力的统一领导，各有关方面分工不明确，农村成人教育的管理尤其是一个薄弱环节。针对这种情况，1981年初，全省教育工作会议把进一步建立和健全成人教育领导管理体制作为一项重要任务提了出来，省政府文教办公室负责人在做关于成人教育工作的报告时强调：在国民经济的调整中，“教育是短线，成人教育更是短线”“要使成人教育有一个大的发展”“使成人教育达到系统化、正规化、制度化的培训要求”；职工教育要根据全员培训的方针，体现结合生产、广开学路、突出重点、灵活多样、讲求实效等原则；农民教育要适应农村新的经济形势的要求，改进学习的方式和方法，教学内容要密切结合农村的实际需要，讲求实效；要大力发展和办好广播电视教育，进一步建立和健全成人教育的领导管理体制。1984年，省教育厅、省农业厅对实行县、乡、村三级办学、三级管理进一步作出明确的说明和规定：①省工农教育委员会是省人民政府指导全省工农教育工作的指导机关。②省、地（市）、县公交、基建、财贸、农业等部门，以及所属各局，都要建立健全教育机构，负责主管本系统所属企事业单位的成人教育工作，制定和落实规划，解决办学中的实际问题。③省、地（市）、县教育行政部门对成人教育应担负的具体职责是：负责综合研究并指导各级各类成人文化和专业学校的教育行政、教学业务工作，制定成人教育有关规章制度，编审文化基础课等教材，抓紧师资培训，并办好各级教育行政部门举办的电视、函授、夜大和地区性职工、农民学校。④其他各个部门和社会群团组织，都应在自己的职能范围内，积极配合教育行政部门做好职工、农民的教育工作。⑤基层企事业单位，负责领导和管理本单位的职工教育工作，工会和共青团组织都应积极配合。千人以上的企业，要设教育处（科），小企业要有专人负责。⑥社队负责具体领导本社队农民教育工作。公社要建立健全工农教育委员会的组织，并有专职干部。大队也要有人负责管理成人教育工作。1985年，湖南省设立成人教育局。1993年，湖南省成人教育协会成立。1996年，湖南省成人教育研究中心成立，成人教育的力度不断增加，内涵也日益丰厚。在此过程中，全省统一的由省、地（市）、县到区、乡、村的成人教育领导管理体制逐步建立起来，一个由扫除文盲、成人初等、中等到成人高等教育，由文化、职业技术到专业教育，由业余、函授、半脱产到全脱产，由传统办学形式到现代化办学形式的城乡成人教育体系初步形成，成人教育的正规化、制度化建设取得了较大进展。

2. 顺利完成青壮年“扫盲”工程。1977年国务院《关于扫盲工作的指示》下达后，湖南省认真贯彻国务院指示，总结推广桃江经验，扫盲教育在全省各地迅速开展。1978年春，省革命委员会发出《关于加快扫盲步伐，大力发展业余教育的通知》。1979年，省妇联下发《关于抓紧做好扫除妇女文盲工作的通知》，省革委会召开全省扫盲业余教育电话会议，要求进一步提高认识，健全组织机构，加大扫盲力度。1978—1979年，全省青少年脱盲100万余人，壮年脱盲82万余人；到1979年底，全省共有19个县（市）和韶山区基本扫除了青壮年文盲，48个县（市）基本上扫除了青少年文盲；教育部授予桃江县"青壮年无盲县"称号。据1983年全国第三次人口普查统计，湖南省12岁以上的文盲率已经由1964年的33.8%下降至17.6%，其中12岁至39岁的文盲、半文盲只占同类人口的8.8%。1984年，湖南省开始建立扫盲教育工作责任制。1985年，全省参加"双学"（学文化、学科学）的青壮年妇女共43.98万人，其中1.06万原是文盲的已能识常用字500～1 000个；全省扫盲在校人数24.41万人。据统计，1949—1985年，全省累计扫除文盲半文盲806.27万人；98个县市中有85个县市和省直辖市下的27个区基本达到国务院规定的基本扫除文盲的标准；3 379个乡镇中有3 193个乡镇少青壮年基本扫除文盲；厂矿企业职工和城市手工业劳动人民已分别于1980、1982年基本达到扫除文盲的标准。到1986年，全省2 400万16～40岁的青壮年中，非文盲率已达到93.8%，基本达到国务院规定的青壮年无盲省标准。1987年，省教委在全省创合格乡农校总结表彰会上部署，以创合格乡农校为重点，促进农民教育全面发展，要求实行"一堵、二扫、三提高"的方针，进一步抓好扫盲工作。同年，省妇联扫盲工作受到联合国教科文组织表彰，表彰其自1984年起扫除妇女文盲67万人。1988年，澧县、桃江等5县被评为全国扫盲先进县。1989年，全省扫除文盲26.7万人，已有92个县市、2 717个乡镇基本扫除了青壮年文盲，全省文盲率已由中华人民共和国成立时的80%下降到19.6%。1990年，全省共办扫盲班17 467个，参加学习的46.78万人，其中脱盲27.89万人。1991年，省教委专门下发《湖南省脱盲考试验收暂行办法》《湖南省基本扫除文盲单位考核验收暂行办法》，扫盲工作出现新局面：一是层层建立扫盲工作承包责任制；二是党政领导亲自抓；三是结合社教搞扫盲；四是注重在扫文盲的同时扫科盲；五是着力堵住新文盲的产生。1992年，全省共办扫盲班14 985个，参加学习的达32.07万人，其中22.31万人摘掉文盲帽子。到年底，全省有100个县（市、区）、2 569个乡（镇）基本扫除青壮年文盲。1994年，省委省政府在长沙召开全省教育工作会议，提出从1995年起至1998年每年扫除青壮年文盲30万人，力争在20世纪末，如期完成基本扫除青壮年文盲的历史任务。1996年，全省共办扫盲班2万多个，参加学习的40多万人，其中脱盲28.2万人。1998年6月，湖南省基本扫除青壮年文盲工作顺利通过国家评估验收，取得了历史性的伟大成就。

在继续推进农村扫盲教育的同时，根据全省实行家庭承包责任制以后，农民参加业余文化学习人数骤然减少，而参加技术学习的人数迅速增加的实际情况，湖南省决定因势利导及时调整农民教育的内容，将单纯进行文化知识教育及时转到文化知识教育与科学技术教育相结合，而以科学技术教育为重点的轨道上来。据统计，1980年，全省有业余小学15 577所，学员278 083人；业余中学2 021所，学员49 289人；业余技术学校1 080所，学员24 818人；县办“五·七”大学28所，学员3 100多人。1981年与1980年相比，全省农村业余小学在校学员和参加扫盲班学习的人分别减少约10万人、37.8万人，而农业技术班却由2 840个增加到6 487个，学员由11.9万人增加到26.6万人，班数和人数都增加一倍以上。这显示出新形势下广大农民学习新技术以实现生产致富的强烈愿望。同年11月，省教育厅在益阳县召开全省农民教育座谈会，总结推广益阳、桃江、南县、望城等县、社积极开展农民技术教育的经验。会议提出，要把“为农民生产致富服务”作为农民教育的一条重要指导原则，提倡各地积极兴办文化教育与技术教育结合进行的业余文化技术学校（班），或者在业余文化学校（班）结合进行技术教育。至1983年底，全省办有农民文化技术学校（班）的公社已扩大到79.5%，办学的大队扩大到47%，学员达66万人。到1985年底，全省已建立或建成乡农校3 010所，办学面为乡镇总数的85%，其中独立设校初具规模者850所；全省县办农民中等专业学校及技术学校共44所，办学面为全省总数的46.8%。1990年，全省共举办各种实用技术培训班93 388个，培训3 297 698人次，班数和人次分别比1989年增长11.8%、21%。办学形式灵活多样，有脱产与半脱产的，长中短相结合的，白天办与夜间办的，集中学习与按单元分段学习的，还有户长班、科技重点户班、知青学习小组，等等。由于教学内容切合农民生产和生活的实际需要，因而最大限度地调动了他们的学习积极性，实现了“要他学”向“他要学”的转变。

3. 高度重视干部职工文化、技术“补课”教育。职工教育一直是湖南成人教育的一个大头，从中华人民共和国成立前的工人夜校到中华人民共和国成立后的速成识字班、工农速成中学，职工教育一直不断线地发展。1980年以后，全省职工教育也按照学习文化与学习技术相结合的方式进行，集中力量办起一批二者结合的初级业余学校。1981年

2月，中共中央、国务院颁布《关于加强职工教育工作的决定》；6月，省委、省政府批转省职工教育管理委员会《关于贯彻执行党中央、国务院决定，积极开展职工教育工作的报告》；到9月，湖南有职工业余学校已达628所，在校学生40 968人，当年招生22 125人，应届毕业生7 338人。1982年4月，湖南省职工教育委员会、省教育厅、省劳动局、省总工会、共青团湖南省委5单位联合下发《关于切实搞好青壮年职工文化、技术补课工作的几点意见》，干部、职工的补课教育主要是指两个方面：一是青壮年职工的文化和技术补课教育（简称“双补”），二是干部职工中等文化补课教育（简称“中补”）。同年5月，省政府在益阳地区召开全省职工教育经验交流会，省教育厅发出贯彻教育部《关于职工初中文化补课工作若干问题的通知》的补充意见，推动了全省“双补”工作。随后，全省职工中的“双补”教育迅速展开，各企业单位、各业务系统、各地区采取各种形式办起许多“文化补课”班和“技术补课”班。按有关规定测算，当时全省460万职工中，“文化补课”对象94万人，“技术补课对象”84万人。到1985年底，历时4年，“双补”教育结束，全省共完成了157万青壮年职工的文化、技术补课任务，合格率分别达到应补对象的84%和85.3%，两项指标均超过了中央规定的高限要求。同时，通过各种形式的补课，带动了全员培训的开展，普遍提高了职工队伍整体的文化和技术素质。而对于“中补”教育，1982年7月，中央组织部在全国组织工作座谈会上要求：“到1990年底，使文化程度在初中及初中以下、现年在50岁以下的干部职工，基本达到高中以上文化程度和中专以上专业水平。”1983年10月，湖南省委决定把干部职工中等文化教育的任务交给各级职工教育部门。各地根据不同类型、不同文化起点干部的特点，在开展教育时实行文理分科、初中班和高中班并举。各地（州、市）、县直属机关普遍创办了干部职工中等文化班（学校），同时委托各类职工学院、干校、技校和党校代办教学班。从1984年至1989年底，“中补”教育历时近5年，全省14万名“两下”干部职工的技能素养、理论素养、知识素养等全部培训完毕，合格率达85%，取得了良好的成绩。

4. 积极开展职工岗位培训与下岗职工再就业培训。湖南的职工岗位培训，开始于1986年下半年抓的班组长培训。1987年6月，国务院发出59号文件明确指出“把开展岗位培训作为成人教育的重点”，强调“这是成人教育的一项重大改革”。湖南遵照这一指示，坚持“积极试点、稳步发展、保证质量、逐步完善”的原则，在全省广泛开展适应性岗位培训的同时，重点以班组长、车间主任培训为突破口，从以下6个方面着力，在全省范围内积极稳妥地开展岗位培训：一是建立健全机构，加强指导。全省各地、各部门和大中型企业，纷纷建立岗位培训的领导机构和考核组织，加强了对岗位培训的指导工作。二是抓好试点工作，及时总结推广典型经验。三是摸清底子，制定岗位规范。四是编写岗位培训教材。省成人教育局牵头编写了班组长、车间主任和乡镇（区街）企业厂长经理等岗位培训教材110余万字，全省共编写各类岗位培训教材、讲义、手册696种，发行360万余册，基本满足了岗位培训的需求。五是培训骨干。六是突出能力培训，注重培训实效。全省各单位在岗位培训中，都注重把提高职工本岗位的工作能力和生产技能放在突出位置。到1990年底，全省有906个岗位（工种）开展了比较全面系统的岗位培训，完成了154万余名职工的等级技术（业务）培训，其中培训班组长30万余人、车间主任4.5万余人、乡镇（区街）企业厂长1.2万人、初级技工38万人、中级技工66万人、高级技工4.8万人；

1993年起，全省职工岗位培训步入正规化轨道。1997年前后，随着企业转换机制和“减员增效”举措的出台，大批职工下岗。为了让下岗职工尽快具备切合市场需要的技能素质，迅速走上新的岗位，各级部门闻风而动，再就业培训热潮高涨。1998年6月，省教委发出通知，动员各类学校大力开展再就业培训，全省各类学校利用学校资源，免费为下岗工人开展培训活动。据统计，全省98万下岗工人有56万经过各类再就业培训走上了新的工作岗位。到2000年，全省培训40万下岗职工，使他们成为精一门、会两门、学三门专业技能的劳动者。2000年以后，全省再就业培训纳入职业培训的日常工作范围。

5. **大力发展广播电视教育**。20世纪70年代末，为适应国际社会流行的远程教育大趋势，湖南决定在全省大力发展广播电视教育。1979年1月，湖南广播电视大学（简称省电大）举行首届招生考试，共招全科生和单科生8 387人，另接受自学视听生1 900人，办教学班310个；2月，省电大正式成立，并在长沙、株洲、衡阳、邵阳5市及益阳、常德、岳阳、湘潭、邵阳、郴州、涟源7个地区相继建立工作站（占全省地市的75%）。1980年6月，省电大与全国各电大同时举行统一招生考试，共录取新生6 436人（含单科生2 500人）；8月，零陵、黔阳、衡阳地区及省直电大工作站先后建立。1985年，省电大在校学生3.7万人。1996年，湖南开始进行电大“注册视听生”教育试点，首次试点的有省直、长沙、湘潭、衡阳、岳阳、常德、郴州、怀化等9所电大分校，开设财会、法律、英语3个专业，1997年增加了电子技术、乡镇管理2个专业。1998年，试点扩大到15所分校（增加株洲、邵阳、张家界、娄底、永州、益阳），新增市场营销、会计统计核算2个专业。据教育部自学考试办公室公布的合格率情况，湖南1997年1月考试合格率为38.32%，7月考试合格率为30.81%；1998年1月考试合格率为74.09%，得到了教育部领导的肯定。

此外，湖南高等教育自学考试是全省成人学历教育中的重要一环，其教育对象既包括干部、职工、农民，还包括社会青年甚至在校学生。1983年11月，湖南成立高等教育自学考试指导委员会，颁布了《湖南省自学考试试行办法》。1984年11月，首次开考6个专业，拉开了湖南高等教育自学考试的帷幕。以后每年5月与10月在全省各地考点两次开考，广大在岗人员和社会青年踊跃报名参考。据统计，1984—1985两年，实际参考者近8万人；截至1999年，湖南开展自学考试15年共为社会培养本专科生10.5万人，对湖南的经济建设和社会发展，以及提高干部、职工素质和促进精神文明建设，作出了重大贡献。

第三节　21世纪初湖南社区教育的探索与实践

一般意义上讲，社区教育是指在社区中，开发、利用教育、文化等各种资源，面向本社区全体成员，以提高本社区成员的综合素质和生活质量，促进成员全面发展和社区可持续发展为目标的各类教育活动过程，它具有内容丰富、形式多样、服务对象广泛等特点，是一种大教育概念，已成为现代终身教育的重要组成部分与主要表现形式，也是现代终身教育的发展趋势之一。在我国，社区教育起步于20世纪80年代，是伴随着改革开放的热潮、借鉴国外社区教育的经验而逐步发展起来的，为提升我国公民整体素质，构建现代终身教育体系，促进教育现代化，推进学习型社会建设和经济社会发展发挥了重要作用。

一、湖南社区教育的发展历程

湖南社区教育发展与全国基本同步推进，同频共振。湖南省教育厅组织编写的《湖南社区教育发展报告（2001—2018）》指出，湖南社区教育起步于20世纪80年代的青少年校外辅导，其发展历程大致可分为三个阶段，即：起步探索阶段（1985—2000），以成人为重点，面向社区居民开展教育培训；试验推广阶段（2001—2009），开展有组织的实验区创建与示范引领；深化发展阶段（2010至今），逐步进入广泛发展新时期[1]。

1. 起步探索阶段（1985—2000）

1985年，《中共中央关于教育体制改革的决定》首次提出，教育要与校外社区资源相结合，为学校德育服务。同年9月，湖南省委、省政府印发的《贯彻〈中共中央关于教育体制改革的决定〉的意见》，多次提到“社会各界”对各类教育应负的责任，鼓励多种形式办学。1988年，《中共中央关于改革和加强中小学德育工作的通知》特别指出，“要重视青少年儿童活动场所和劳动教育基地的建设。城镇建设的长期规划中，要注意安排少年之家、少年宫、儿童活动中心等校外教育设施。对青少年儿童有教育意义的一切地方，如博物馆、展览馆等，要减免收费，对中小学生开放。影剧院等营利性的文化设施，每年也应安排一部分时间免费或低费为中小学生服务。各地要努力帮助学校建立劳动教育基地，确定一些企事业单位接受学生参观和参加社会实践活动。严禁挤占青少年儿童活动场所和劳动教育基地”“要采取多种方式加强学校和社会的联系。城市的区或街道可通过试点，逐步建立社区（社会）教育

[1] 湖南省教育厅.湖南社区教育发展报告（2001—2018）[M].长沙：湖南人民出版社，2019：3-12.

委员会一类的社会组织，以组织、协调社会各界支持、关心学校工作，优化社会教育环境。充分发挥离退休老干部、老工人、专家学者、模范人物、社会知名人士等在培养教育青少年儿童中的积极作用”。这里明确了公共活动场所和劳动教育基地的作用，以及“社区教育委员会”一类的社会组织的职能，对我国社区教育的发展具有重要意义。根据这一精神，湖南各级各类学校积极探索，纷纷尝试构建基于学校、社会、家庭紧密配合，独具地域特色的德育模式，推出了一批先进典型。如，耒阳市蔡子池的“乐园教育”，由乐园管理、乐园教学和乐园环境三大系统构成，其中乐园环境就实现了学校、家庭和社区教育的“三位一体”。进入90年代后，随着社会主义市场经济体制的确立，成人教育逐渐被纳入社区教育的范畴，社区教育辐射面不断扩大，作为社区教育重要组成部分的各类成人教育开始展现多功能、多元化与全方位的现代属性，为便于加强管理，湖南省成人教育局、湖南省成人教育协会、湖南省成人教育研究中心相继成立。1996年，教育部发布《全国教育事业“九五”计划和2010年发展规划》，提出积极进行社区教育试点工作；1998年，国务院批转教育部的《面向21世纪教育振兴行动计划》指出，“开展社区教育的实验工作，逐步建立和完善终身教育体系，努力提高全民素质”，对社区教育的实施提出了明确的目标和要求，为后续社区教育政策的制定和出台提供了依据与指导。到2000年，开始于80年代中期的湖南老年教育，全省已建有各类老年学校207所，开设老年专业班551个，在校学员21 644人，发展重点在县级以上，乡镇、街道比较薄弱。这一时期，湖南社区教育尚处于起步探索阶段，还没有明确发展的目标任务和组织形式，也没有对社区教育的参与主体、基本任务、保障措施、质量评估等作出政策性规定，更没有形成相对独立的社区教育管理、运行体系，其组织实施主要由基础教育、职业教育、成人教育机构分担[1]。

2. 试验推广阶段（2001—2009）

2000年，中共中央办公厅、国务院办公厅转发的《民政部关于在全国推进城市社区建设的意见》明确要求，在推进城市社区建设时，要"大力开展社区教育，引导居民爱祖国、爱城市、爱社区，形成崇尚先进、团结互助、扶正祛邪、积极向上的社区道德风尚"。自此，城市社区建设正式启动，社区教育的内涵也随之发生重大变化。2001年，教育部确定首批28个全国社区教育实验区，长沙市雨花区成功入围，成为湖南首个全国社区教育实验区，标志着湖南社区教育开启了新的征程，步入了试验推广阶段。在实验区先行先试与引领示范下，长沙、株洲、湘潭、衡阳、益阳等地的社区教育也开始健全管理体制、运行机制和教育培训网络，积极广泛开展面向社区居民的各类教育培训活动，多形式、多层次、全方位满足社区居民不断增长的多样化学习与培训需求，边探索总结，边试验提高，一步一个脚印向纵深发展。如，株洲市教育局制定了《株洲市社区教育县市区考核细则（试行）》，衡阳市蔡子池办事处入选第一批省级社区教育实验区，湘潭市岳塘区成为湖南省县级城区社区教育典范，益阳市赫山区南站社区被评为全省社区青少年教育示范点。尤其是长沙市岳麓区用信息化手段做大做强区域教育，致力于学习型城区建设和社区居民群众的终身发展，让大家共享教育发展的成果，于2003年顺利成为第二批（共33个）全国社区教育实验区。2004年，教育部出台《关于推进社区教育工作的若干意见》，是

[1] 湖南省教育厅.湖南社区教育发展报告（2001—2018）[M].长沙：湖南人民出版社，2019：3-5.

社区教育政策发展的重要里程碑，标志着我国社区教育已进入实质性的实施阶段；省教育厅年度工作要点提出，“进一步抓好社区教育，制定《湖南省社区教育实施方案》，扩大社区教育实验，启动省级实验区工作”，“城市要整合区域内各类科技、文化、教育资源，积极开展社区教育，有条件的地方办好一所综合性社区培训学校”，全省各地社区教育试验工作迅速推广。很多市州的社区教育坚持“农、科、教”结合，以乡镇农职校为骨干，以社区学校和村级农民文化技术学校为阵地，全面实施农民大学生培养、技术技能型人才培养培训、农村劳动力转移培训“阳光工程”、农村实用人才和实用技术培训、成人继续教育和再就业培训等工程，取得了突出成效。如，2005年，娄底市开展农村劳动力转移培训20万人次、转移就业5 700人次，开展农村实用技术培训13万人次，开展职工就业和再就业培训近6万人次；2009年，衡阳市全年共培训返乡农民工和农村实用技术人员90 516人次，其中引导性培训71 266人次、技能性培训19 250人次、培训后再就业人员达76 785人次；开展岗位培训、转岗培训和下岗再就业培训共10万人次。2009年，长沙市率先在全省启动社区教育试点，《长沙市职业教育发展规划（2008—2012年）》明确提出，“依托长沙广播电视大学，建立长沙社区大学”，开展社区教育；11月，长沙市教育局下发《关于成立长沙社区大学的决定》，“长沙社区大学”揭牌成立[1]。同年，教育部重新公布全国社区教育实验区名单，全国共98个，长沙市雨花区、岳麓区名列其中，在全省起到了很好的示范带动作用。

[1] 湖南省教育厅.湖南社区教育发展报告（2001—2018）[M].长沙：湖南人民出版社，2019：7.

3. 深化发展阶段（2010至今）

2010年4月，湖南省委、省政府出台《关于推进终身教育和学习型社会建设的意见》明确要求，大力开展社区教育，“把普及社区教育纳入当地教育发展总体规划和城乡规划。城市新区开发要按规定预留社区教育用地，新建社区要有配套社区学习中心”；要充分利用现有条件，建立市州和县市区社区教育中心、街道和乡镇社区学校、社区和村终身教育学习点，“逐步形成覆盖各级的终身教育网络”；“加快发展和普及社区教育。各地要面向社区居民广泛开展文化修养、道德法治、生活休闲、职业技能等各类社区教育培训活动”。并就加强学习型组织建设，建立健全推进终身教育和学习型社会建设的领导体制、工作机制、支撑体系、经费投入、师资队伍等保障措施作出了明确规定，为推进湖南社区教育提供了有力的政策支持和业务指导，标志着湖南社区教育进入全面深化发展的新阶段，全省社区教育试点全面启动。同年12月，省委、省政府印发《湖南省建设教育强省规划纲要（2010—2020年）》指出，“构建灵活开放的终身教育体系”“广泛调动全社会力量，积极探索构建教育阵地网络化、社区教育数字化、施教对象类型化、教育形式多样化的终身教育体系”“建立社区教育体系。制定社区教育服务政策措施，推动社区教育工作科学化、制度化、常态化”“增强社区教育服务功能”“加强社区教育平台建设”，进一步明确了社区教育的发展目标。年内，长沙市岳麓区初步建成了面向终身教育的社区教育信息化管理体系、评估体系和网络体系，社区教育做到随时、随地、随人，使不同年龄层次的人都能享受到相应的教育权利，被教育部授牌为全国社区教育示范区，在湖南尚属首次获得这一殊荣。至年底，长沙、岳阳、湘潭、衡阳、湘西自治州、株洲等7所广播电视大学正式挂牌成立社区大学，长沙、湘潭、岳阳、衡阳、株洲5所广播电视大学挂牌成立终身教育指导服务中心，并被批准成为中央广播电视大学社区教育实验中心。2011年，省教育厅印发《湖南省社区教育实验区建设方案》，明确了社区教育实验区建设的指导思想、建设目标与具体要求。同年，长沙市岳麓区、雨花区、芙蓉区、开福区和岳阳市岳阳楼区、衡阳市雁峰区被评定为首批6个省级示范性社区教育实验区。从2011年开始，确定每年10月的第3周为“湖南省全民终身学习活动周”。2012年，长沙市天心区、株洲市芦淞区、湘潭市雨湖区、衡阳市石鼓区、常德市武陵区新增为省示范性社区教育实验区建设单位。同年，湖南省首家农村社区学校——岳阳市湘阴县楠竹山村社区学校挂牌成立。2013年，教育部评定第五批45个全国社区教育实验区，长沙市开福区、岳阳市岳阳楼区、衡阳市雁峰区和株洲市芦淞区4个区荣升为国家级社区教育实验区。同年，长沙市岳麓区成功入选全国数字化学习先行区。2014年，教育部等七部门联合下发《关于推进学习型城市建设的意见》，提出要广泛开展城乡社区教育，推动社会治理创新。同年，省民政厅将湖南终身教育公共服务平台——“湖湘学习广场”纳入“2014年全民阅读进社区”学习网络平台。2015年，全省社区教育加大课程资源统筹整合力度，依托湖南“职教新干线”和“湖湘学习广场”，启动全省社区教育学习资源库建设，首批立项社区教育课程资源建设项目16个，推动社区教育优质资源共享。2016年，湖南省认真贯彻落实教育部等九部门下发的《关于进一步推进社区教育发展的意见》，推动社区教育健康、有序发展。同年，《湖南省建设教育强省“十三五”规划》颁布，强调“要加快普及社区教育。充分发挥国家和省级社区教育示范区、实验区的示范、辐射作用”。年内，教育部公布第六批（64个）全国社区教育实验区、第四批（32个）全国社区教育示范区名单，确定衡阳市雁峰区、长沙市芙蓉区为第四批全国社区教育示范区，长沙市天心区、株洲市醴陵市、湘潭市岳塘区、常德市武陵区、永州市冷水滩区为第六批全国社区教育实验区。2017年，湖南老干部（老年）开放大学成立，“湖南老年学习在线”微信公众号开通，成为老干部教育的重要阵地，学习平台注册人数达83 138人，微信公众号关注人数40 598人。截至2018年，全省共创办社区大学14所、社区学院65所、社区学校708所、社区学习中心2 785个，同时已建设全国社区教育示范区4个、全国社区教育实验区8个、湖南省社区教育实验区16个，基本建成了依托省、市两级广播电视大学设立社区教育指导机构，以县（市、区）社区学院为龙头，以乡镇（街道）社区学校为主体，以村（社区）学习中心为基础的覆盖全省城乡具有地域特色的四级社区教育办学网络，有效地满足了社区居民多样化的学习培训需求[1]。2019年，省教育厅联合省民政厅、省科学技术厅、省财政厅等九部门联合印发《关于进一步推进社区教育发展的实施意见》，明确了指导思想、基本原则、总体目标、主要任务和保障措施。其总体目标是，到2022年，要建成覆盖城乡、布局合理、机构健全、保障有力、管理科学、开放灵活，具有学历补偿教育、职业技能和生活服务培训等多项内容的社区教育公共服务体系，居民参与率和满意度显著提高，形成具有湖南特色的社区教育发展模式；主要任务是，加强基础能力建设，整合教育资源，丰富内容和形式，强化品牌示范效应，提高服务重点人群的能力，加强队伍建设和加强专题研究7个方面，为湖南社区教育的发展指明了前进的方向。

[1] 湖南省教育厅.湖南社区教育发展报告（2001—2018）[M].长沙：湖南人民出版社，2019：8–12.

二、湖南社区教育的有效做法

湖南社区教育起步较晚，基础条件薄弱，但发展较为迅速，离不开政府的统筹指导、科学谋划，也离不开以社区为根、以适需为魂、因地制宜、精准施策，更离不开广大民众的广泛参与、积极支持，这些都是湖南社区教育发展的基本经验。下面从政府政策经费保障、优质资源平台建设、先进典型引领示范三个方面择要述之。

1. 政府政策经费保障

根据中央和国家发展社区教育的政策精神，湖南省委、省政府结合区域经济社会发展的实际，制定出台了一系列政策法规文件，积极探索湖南特色的社区教育发展模式，使社区教育逐步走上制度化、规范化、法治化的轨道，为地方各级社区教育的顺利开展创造了良好的政策环境与社会环境，前有详述，不再赘论。为落实省委、省政府的有关政策要求，各市州政府迅速研究出台了一系列相应的切实可行且富有地方特色的促进社区教育发展的实施意见，为进一步加快构建社区教育、终身教育体系，建设学习型社会、和谐社会，实现终身教育、终身学习，提供了极为有利的条件。例如，长沙市：2009年市政府批转下发《长沙市职业教育发展规划（2008—2012年）》，明确提出“依托长沙广播电视大学，建立长沙社区大学”。2010年制定出台《社区教育工作实施意见》，初步搭建了“市社区大学—区县（市）社区学院—街道（乡镇）社区学校”三级培训网络。2013年市委、市政府颁发《关于推进学习型城市建设的意见》，成立长沙市学习型城市建设指导委员会。株洲市：2010年市政府发函，批准依托株洲广播电视大学成立株洲社区大学和株洲市终身教育服务指导中心；召开社区教育试点工作会议，通过了《株洲市社区教育“家长教育项目”试点方案》《株洲市终身教育体系创建工程实施方案》《株洲市社区教育示范性社区评估标准（讨论稿）》，决定在全市有序开展社区教育，推动终身教育体系和学习型社会建设。2011年市委办公室正式印发《中共株洲市委、株洲市人民政府关于推进终身教育和学习型社会建设的实施意见》，株洲市终身教育和学习型社会建设工作得以健康有序推进。衡阳市：2010年市机构编制委员会批复同意，依托衡阳市广播电视大学成立衡阳社区大学。2012年衡阳市委、市政府下发《关于推进终身教育和学习型社会建设的实施意见》，把推进社区教育作为提高市民素质、提升衡阳整体形象、争创全国文明城市的重要举措来抓。2014年市教育局下发《关于印发〈衡阳市终身教育（社区教育）工作年度考核办法〉的通知》，要求每年年底对衡阳市社区教育进行年度考核，考核结果纳入教育行政部门的年度考核，对优秀单位进行表彰，对不合格单位进行诫勉谈话，限期整改。益阳市：2011年根据市委、市政府指示，经市编制委员会同意在益阳广播电视大学加挂益阳社区大学和益阳市社区教育服务指导中心的牌子。2012年市委办公室、市政府办公室正式印发《关于推进终身教育和建设学习型社会的实施意见》，提出加快建设和完善社区教育体系，依托电大系统，在全市全面开展社区教育，建立市办社区大学、区县（市）办社区学院、乡镇（街道）办社区学校、社区（村）办社区学习中心的“四级社区教育教学模式”。2016年制定出台《益阳市教育工作绩效考核办法》《益阳市县级人民政府履行教育职责督导评估办法》，首次将社区教育纳入县（市）政府和教育行政部门教育工作年度绩效考核。郴州市：2012年市编制委员会下发《关于郴州广播电视大学加挂郴州社区大学的牌子的通知》，明确了依托郴州电大成立郴州社区大学；市委、市政府出台《关于推进终身教育和学习型社会建设的意见》，提出了郴州市终身教育的总体目标，明确了“谁主管”和“谁保障”的问题。2015年，市编制委员会印发《关于成立11所社区学院的批复》，同意11个教育机构加挂社区学院牌子，承担终身教育、社区教育和继续教育服务职责。2016年市教育局、市教育督导委员会办公室出台《关于印发〈郴州市2016年度县级教育行政工作评估考核方案〉的通知》，首次将社区教育工作纳入全市教育行政督导范畴。2017年制定《关于印发〈郴州市2017年度县级教育行政部门工作评估考核方案〉的通知》，进一步明确了社区教育的考核内容及其分值。这些政策制度的制定出台，为地方社区教育的长效发展提供了政策依据和制度保障。

在经费保障方面，《关于推进终身教育和学习型社会建设的意见》明确规定，“建立和完善经费投入机制。按照‘政府拨一点、社会筹一点、单位出一点、个人拿一点’的办法，建立多渠道投入的经费保障机制”“落实企业职工教育培训经费，依法按职工工资总额的1.5%～2.5%足额提取教育培训经费，企业培训经费的70%以上用于一线职工的岗位技能培训”。根据这一文件精神，各市州政府和教育行政部门每年安排一定专项经费用于社区教育。有关资料显示，2009—2017年，长沙市政府共投入2 100万元专项经费。2011—2017年，湘潭社区大学通过自筹和政府拨款共投入社区教育经费955万元；株洲市每年固定安排社区教育专项经费30万元。常德市将社区教育经费纳入财政预算，确保专款专用，2010—2012年政府每年拨款2万元，2013年起每年拨款200万元。衡阳市2012—2015年每年从教育附加中划拨196万元用于社区教育，2016—2017年每年100万元。岳阳市2012—2015年每年社区教育专项经费为30万元，2016、2017年增长到50万元。郴州市政府2017年开始投入社区教育，首次拨款55万元。怀化市从2015年起将社区教育工作纳入市财政预算，每年安排50万元。湘西自治州和张家界社区教育起步晚，2017开始每年政府专项经费投入10万元左右。固定经费的投入，为各地社区教育的顺利推进打下了较好的基础[1]。

2. 优质资源平台建设

社区内蕴藏着丰富的教育和学习资源，既包括人力、物力、财力等显性教育资源，也包括社区归属感、教育政策制度等隐性教育资源。这里讲的社区资源建设主要是指数字化学习资源和文字教材资源。2016年，湖南依托“职教新干线”和“湖湘学习广场”，启动了全省社区教育学习资源库建设。经过多年努力，通过合作引进、社会购买和自建、共建、共享、募集等多种方式，已建成“以整合国家数字化学习资源中心湖南分中心及各专业公司的资源为基础，集文字、图形、图像、动画、网页、声音和视频等多种媒体资源为一体，建立省市数字化全媒体终身学习资源库”，为学习平台提供共享的终身学习资源支持。早在2018年，资源库就已引进资源4万余学时，拥有VCD光盘格式资源4.1TB、直播课堂视频资源4.5TB以及数字化流媒体资源、录像带资源、IP课件等类型资源[2]。文字教材资源方面，主要是指各级社区教育机构依托专职教师陆续组织编写出版的一系列社区教育课程教材。如公开发行的图书学习资源有：王海燕的《茶余饭后》、赵勇的《锦绣沙坪》、汤远志的《烟花浏阳》、刘建宏的《金帝鸭的养殖技术》、龙攀的《岳麓区社区教育健康读本》、姚取科的《科技在身边》，蒋昭芒、申燕的《了不起的衡阳人》，杜媛梅、吴修林、熊敏的《乡韵》等；内部发

[1] 湖南省教育厅.湖南社区教育发展报告（2001—2018）[M].长沙：湖南人民出版社，2019：36-37.

[2] 湖南省教育厅.湖南社区教育发展报告（2001—2018）[M].长沙：湖南人民出版社，2019：46.

行的文本教材如：长沙市岳麓区朱文祥的《我爱机器人少儿系列课程》、周应梅的《家长课程：儿童关键期的教育》；芙蓉区彭伊娜的《社区体育健身课程设置》、李国姿的《文化发展在定王台》；雨花区陈益的《剪纸》；长沙县黄静的《绿茶制作》；浏阳市杨厚夫的《浏阳蒸菜》；常德社区大学编印的《中老年人电脑扫盲初级教程》《中老年电脑扫盲教程（上册）》《知我常德》《为了人民的美好生活（常德社区教育品牌项目纪实）》；衡阳社区大学编写组的《"相约文明"市民学习读本》、李笃生的《书法模具教学》；株洲的《天桥诗词》，等等。随着社区教育的不断发展，学习资源的建设越来越丰富。

平台建设特指网络平台建设，首推"湖湘学习广场"。"湖湘学习广场"是一个通过创新教育信息化和现代远程教育途径，"惠及各类人群多种学习需求的、大规模的教育教学网络平台、资源整合平台、管理平台、终身学习支持服务平台"，主要由终身教育公共学习平台、数字化全媒体学习资源库、学习者学习信息档案库、终身学习学分银行四个模块构成，2011年5月正式上线运行。到2018年，在线用户达80万人，"实现了'同一用户、实名认证、统一平台'与'学习成果认证、积累、转换'和移动学习，满足了学习者在线学习、活动分享、学友交流、全网智能搜索、终身学习档案存储、学分消费与互换等云服务需求"[1]。在打造省级"总平台"的同时，从2013年开始，按计划推进各市州"子平台"上线，长沙终身学习教育网、株洲终身学习平台、湘潭"乐学社区网""衡阳学习网""常德终身教育学习网""数字郴州""湘西终身学习网"等的建设，均取得不错的成绩，产生了良好的社会效益和经济效

[1] 湖南省教育厅.湖南社区教育发展报告（2001—2018）[M].长沙：湖南人民出版社，2019：41-42.

益。当前，通过接入和共享“湘教云”的海量资源，“湖湘学习广场”已成为湖南省社区教育门户。

3. 先进典型引领示范

“培植典型，引领示范”是湖南推进社区教育的重要举措。长沙市岳麓区作为全省首个全国社区教育示范区和首个全国数字化学习先行区，其坚持的“区委主导、政府主管、学院主抓、部门共管、社会参与”的管理机制；奉行的“社区教育在社区”，在不断完善社区学院建设的基础上，着力推进社区教育阵地前移，切实加强社区学校和社区学习中心建设的指导思想；实施的开好一个年会、建好一支队伍、用好一批志愿者、抓好一批项目的常态化做法，不仅有效推动了全区社区教育迅速发展，而且对其他地区的社区教育工作产生了广泛影响。同时，全国社区教育实验区株洲市芦淞区打造的“读书月活动”“全民终身学习活动月”“青少年校外教育”“老年教育”“幸福芦淞大讲堂”等区域社区教育活动品牌，湖南省社区教育实验区湘潭市雨湖区培育的“社区大讲堂”“三结合教育”等先进典型，均在全省获得推介，发挥了很好的辐射作用，带动了湖南社区教育和学习型社区建设的整体发展。此外，评选先进，树立标兵，激发广大社会成员主动学习、终身学习的热情。截至2018年，全省共评选出省级百姓学习之星70名、终身学习品牌29个、终身学习团队20个，全国百姓学习之星18名、全国终身学习品牌15个，大大提升了人民群众对终身教育、终身学习的参与率与获得感。

三、湖南社区教育的优秀案例

在湖南社区教育发展的过程中，各地立足实际，开拓创新，勇于实践，涌现出一大批颇具地域特色、时代特征鲜明的优秀案例，具有较强的引领性、示范性和启迪性。下述的5个优秀案例，即节选自湖南省终身教育指导服务中心2020年选编的《湖南社区教育优秀案例集》。

案例一：

家校社三方共育　思读写一以贯之
——“新国学堂”家校社“三位一体”社区教育模式探索与实践

湖南广播电视大学法学院

2017年9月，湖南广播电视大学法学院副教授刘新国在研习传统文化的基础上成立“新国学堂”，聚焦青少年培养，以家庭（家）、学校（校）和社会机构（社）为联合主体，以《论语》课程为载体，以价值观念（思）、经典阅读（读）、创意写作（写）一以贯之为核心教学理念，尝试探索“家校社三方共育、思读写一以贯之”的家校社“三位一体”的社区教育模式。截至2020年5月，共举办论语班7届，学员和家长共计102人，授课612课时，讲座56场；有合作学校3所，合作机构4个，合作社区2个，合作小区5个。

一、主要做法

（一）组建小班，定期举办亲子课堂

在家里或社区开设小型论语班，每班8～10人，每周一次论语解读。论语课堂采用亲子学习班形式，每次讲授都要求家长随堂跟读。

（二）依托亲子课堂，实现家校社联合共育

1. 家校合作，论语课堂进学校

根据学校实际，在合作小学开设论语讲座，由论语学堂老师主讲。凡是假期参加论语课堂（乐旦教育）学习的学生，即被认定为参与了社会实践活动课程，已获得当地教育行政部门的认可。

论语课程注重价值观和思维方法的引导。与学校合作的论语课程，内容侧重传统文化的自信心教育、励志教育、道德教育、学习方法教育等方面，有效弥补了学校教育的不足。

2. 家校社合作，亲子课堂进社区

论语课堂与学校、社会培训机构和社区合作开展活动。学校组织学生、社区组织居民和家庭成员参与，社会机构提供场地和服务设施，论语学堂教师主讲，把亲子课堂开进社区和社会教育机构。

3. 分工合作，紧跟学习进展

主讲教师刘新国负责论语课程整体设计和课程讲授。家长陪同孩子上课，组成志愿者服务队伍，负责孩子们的教学组织工作。学校负责校本课程设计，将传统文化融入教学内容，定期聘请老师开展专题讲座。

4. 三方合约，充分保障学习条件

（1）培养师资队伍。选拔优秀家长和学校老师作为团队成员，开展课程培训，组建教学团队。集体备课，听课评课，不断提高教学水平。

（2）组建志愿者服务队伍。热心家长志愿组成教学服务队伍，负责孩子们的接送，负责组织游学活动，组织读书会和阅读计划活动。

（3）定期开展专题讲座。学校负责组织讲座，邀请专家讲座，让传统文化走进学校。

（4）联合社会机构，争取场所设施等方面的保障，如乐旦教育、湖南省终身教育指导服务中心、湖南广播电视大学、湖湘学习广场等为新国学堂提供场地设施、业务和技术方面的支持。

通过各种方式，将家庭教育、学校教育和社会教育有机结合，实现了家庭内外、学校内外和社会交往的有机结合。

（三）整体设计，系统解读国学经典

以《论语》作为基本教材，结合《大学》《中庸》《孟子》《传习录》等经典，对传统文化进行系统解读。思想脉络集中于一以贯之的心学、圣学和实学的文化传统，授课内容为传统经典、古文阅读、写作方法等，解读方法包括：语境分析、字词释义、先贤精义和现实意义等。

（四）一以贯之，着力培养人文素质

一是把价值引领、经典阅读和创意写作相结合。二是结合学校课程开展有针对性的辅导。三是把家庭伦理、学校纪律和社交礼仪相结合，知行合一，立德树人。

（五）因材施教，灵活选择教学形式

根据社区、学校和家庭的实际情况，采取灵活的教学形式，做到“社区有讲堂，专题进课堂。学问思辨行，经典伴成长”。具体包括社区论语讲堂、专题讲座、线上课堂、读书小组、阅读计划、移动讲堂、文化游学等。

户外游学。组织家长带着孩子们一起去文化旅游景点开展游学活动，结合传统文化学习，感受历史，思考现实，畅想未来。

线上课堂。在湖南终身教育公共服务平台“湖湘学习广场”开设“少年国学——一起学论语”课程。

读书小组。组建了“三人行”读书会，适时举办读书活动，每期读书会都有主讲人和评议人，开展评议研讨。

阅读计划。利用假期，开展读书活动，分享读书心得，撰写读后感，开展评比奖励活动。

专题讲座。组织专家去学校、社区和社会机构开展传统文化、社会主义核心价值观和普法知识专题讲座。

移动讲堂。家长教师进驻“交流群”“移动讲堂”随时学习。所有论语班级建立了微信群、QQ群，并建立了统一的“论语三人行”微信群，定期发送“家教美文”，记录“家校共育日记”，开展“家长读书会”等学习活动。

二、成效贡献

新国学堂致力于建立立体式、全方位、多层次的家校社三位一体的社区教育模式，初步实现了家庭教育的全员覆盖和特殊关注相统一、家庭教育的实践探索和科研深化相统一、家庭教育的专业指导和家长相互影响相统一；体现了各类教育融合的开放思维和全纳视角，开创了个人私塾式学堂嵌入家庭教育、学校教育和社区教育的新思路，为现代社区教育制度建设提供了丰富生动的实践案例。

（一）搭建有效的交流平台

新国学堂以《论语》课堂为主线，连接了传统文化和现代生活；以亲子课堂为形式，沟通了亲子关系和家庭关系；以三方共育为机制，连接了家庭、学校和社会，从而搭建了一个师生、亲子、家校社交流的平台。

（二）培养良好的学习习惯

通过阅读原典、坚持晨读、读写结合、亲子阅读等方式，帮助孩子养成静心、朗读、知行合一等良好的学习习惯，也培养了一个个学习型家庭。

（三）营造浓厚的学习氛围

每周一次论语亲子班的定期开办，为家长和孩子们提供了一个比较自由开放的平台，为孩子们的成长提供了明确的价值观指引，为家长们处理亲子关系提供了一定的指导。每周一次思维导图训练和写作小练笔，每个假期开展一次价值阅读活动。课堂实行学习积分制度，根据积分开展奖学金激励。

（四）培养正确的价值观念

致力于培养孩子的家国情怀、独立意识和务实精神。立志、勤学、择善，正面引导，侧面警醒，以终身学习的理念，不断匡正世界观、价值观和人生观。

（五）提升综合的读写能力

刘新国老师、梁红丽家长先后在长沙晚报发表《书房，这一角文质彬彬的疯狂》《唯有真爱，才是生命正确的打开方式》《比鼻记》等作品，在《湖南电大报》发表作品5篇。孩子们的语文成绩都有一定程度的提升。

（六）打造精良的在线课程

在湖南终身教育公共服务平台“湖湘学习广场”开设“少年国学”课程，刘新国老师主讲，免费向公众开放。

三、现实启示

（一）和孩子一起成长

家校社合作共育的一个基本理念，就是与孩子一起成长。成长不仅仅是孩子的事情，也应该是父母、教师、社会的事情。因此，家庭教育、学校教育和社区教育，都不是单向度地教育孩子，而是在与孩子的沟通交流中，实现父母、教师和社区工作人员的自我教育。这种平等互动的关系，让教育中的多方角色互相促进、共同成长。

（二）把学问一以贯之

坚定了一以贯之的教育理念：首先是厘清一以贯之的文化脉络，讲清楚中国文化的思想传承关系。其次是一以贯之地身心实践，做到知行合一、言行一致。最后是一以贯之的知识体系，把家庭教育、学校教育和社会教育的知识有机衔接起来。

（三）将合作进行到底

社区教育的难点在于资源的整合。学校、家庭和社会的“三位一体”合作模式，是整合社区教育资源的有益尝试。

案例二：

“互联网+”老年教育的探索与实践

长沙社区大学

2020年，长沙市常住人口超过800万，60岁及以上老年人口超过140万，占比超过全市常住人口总数的17%，长沙已进入老龄化社会。国务院《老年教育发展规划（2016—2020年）》指出，要“运用信息技术服务老年教育”。而“互联网+”、云计算、人工智能等技术的迅速发展，尤其是互联网和智能手机在生活中的广泛应用，为“互联网+”与老年教育的结合创造了有利条件。近年来，在长沙市教育局的直接领导下，长沙社区大学在全市不断推进互联网+老年教育工作，取得了明显的成效。

一、主要做法

（一）加强线上学习平台建设

2010年，长沙市依托长沙社区大学（长沙广播电视大学），建设了长沙终身教育学习网（www.cszsjy.com）。2017年，网站实现改版升级，开通了微信公众号“乐学长沙”。长沙社区大学以长沙终身教育学习网为抓手，大力推进“互联网+”老年教育。

1. **丰富线上课程资源。**多渠道丰富网上老年教育课程，内容涵盖养生保健、疾病预防、休闲娱乐、艺术欣赏等主题。据统计，长沙终身教育学习网已有线上课程资源8 210门，其中绝大多数课程都适合老年人学习。丰富的课程资源为开展线上老年教育、满足老年群体的学习需求提供了保障。

2. **打造创作成果展示平台。**依托网站开设了“学习成果展示—网上展厅”版块，下设书法、绘画、摄影、旧物改造、微视频、烹饪、手工等7个专栏，且设置了点赞、收藏、下载、分享4个功能，给老年学员提供了展示、表达与交流的空间。

3. **提供便捷准确的生活信息。**网站首页设置了“老年福利”“天气预报”“机票查询”等栏目，链接了“中国长沙—网上政务大厅”等网站，为老年人在网上获取与自身生活息息相关的信息、处理相关问题提供了便利，增强了网站的吸引力。

（二）依托微信公众号提供学习便利

1. **实现课程互联互通。**开设微信公众号“乐学长沙”，实现了课程资源与长沙终身教育学习网的互联互通，增加了在线学分积累、课程评价、学习笔记等功能。老年学员通过登录“乐学长沙”，即可实现碎片化、移动式和居家学习。

2. **开展老年教育宣传。**在公众号及时发布各种通知及各类资讯。如在疫情期间，及时发布《疫情防控倡议书》等通知，向老年朋友进行如何做好个人防护、佩戴口罩等常识科普，起到了良好的疫情防控宣传效果。

3. **更新老年教育知识。**在微信公众号上定期更新老年教育相关知识，涵盖养生、科普、时事、传统文化等内容，文章兼具趣味性与实用性，针对性与可读性强，便于老年人在手机上学习。

（三）推进线上线下一体化教学

1. **线上学习线下交流。**2018—2019年，依托湖南老干部（老年）开放大学平台，分摄影、书法、诗词三个专题，开办了2期长沙老年网络专题学习班，共招收学员1 497人。老年学员网上注册报名后进入对应班级，在电脑和手机移动端可随时观看视频课程，查看学习进度，学分达标后提交作品即可结业；各班以班级为单位组建微信群，通过微信公众号“乐学长沙”扫码加入班级群，老年学员在群里交流学习心得，分享作品，讨论学习过程中遇到的问题。同时，积极开展线下交流学习活动，学员来学校本部与教师及同学进行面对面交流，教师面授课程并答疑解惑；组织学员到岳麓山、烈士公园游学，进行历史文化熏陶和摄影采风。

2. **线下学习线上展示。**自2011年始，学校本部坚持开展线下学习活动，每学期都为学员常态化地开设系列课程及举办相关讲座，先后开设了声乐、葫芦丝、普通话、书画、剪纸等课程；从2015年开始，坚持每年开展“终身学习精品课程进社区”活动，为老年人推出养生保健、休闲娱乐、信息与科技、艺术欣赏等系列课程；在全市打造了天心区南城社区、开福区江湾社区、梅溪湖金茂小区3个精品社区，组织教学力量到社区开展课程教学和学习团队活动。南城社区“老年养教圈”获评全国“2017年最受百姓喜爱的终身学习品牌项目”。同时，将老年学员的学习成果在长沙终身教育学习网及乐学长沙微信公众号上进行展示，以增强学习获得感、幸福感。

3. **线上线下相融合**。不断推动老年教育线上线下教育教学相融合，倡导线下学员开展网上课程学习，线上学员进行线下交流。尤其是疫情期间，更是响应国家“停课不停学”的号召，从国家数字化学习资源中心精心引入一批疫情防控课程，组织学员在家里通过电脑、手机远程学习专题视频，并开展线上防疫知识竞赛，对老年人系统掌握疫情防护知识起到了很好的作用。此外，从2015年开始，一直在全市开展微课竞赛，经常送课到社区，要求区县（市）社区学院学员根据需求选线下课程时必须按一定比例选取微视频课程。

二、成效贡献

（一）网站影响不断扩大

截至2020年，长沙终身教育学习网实名注册人数617 027人，网站访问浏览次数26 001 009次，老年群体已成为网上学习的主力军。长沙终身教育学习网已成为长沙终身学习的重要网站。

（二）老年朋友有了更多的获得感

学校本部至2020年已开办线下班83个、线上班34个，培训逾6万人次；坚持送教到社区，送课2 100场次，覆盖人数逾8万，其中主要是老年人群。尤其是一直坚持线上线下一体化教学，从宏观层面扩大了老年教育的覆盖面，丰富了老年教育形式；从微观层面，提升了生活质量，增强了他们走进互联网时代的信心和能力。

（三）长沙及长沙社区大学老年教育工作获得肯定

长沙老年教育做法多次在全国及省相关会议或培训上得到推介。2017年，教育部职成司在浙江大学举办全国社区教育与老年教育工作专题培训班，长沙电大党委书记、社区大学副校长林涛分享了长沙老年教育的做法；2018年，长沙社区大学“互联网+老年教育”项目获评首届NERC杯全国社区教育“互联网+”优秀项目；2019年，长沙社区大学成为湖南省老年教育学习体验示范基地。

三、现实启示

（一）“互联网+”将成为重要的学习方式

现代信息技术的快速发展，深刻地影响着学习方式的变革，在线学习使学习不再受时空的限制。今后，随着5G通信技术和人工智能的投入使用，尤其是VR和AR技术的结合运用，老年教育领域“互联网+”的学习方式将变得更为主流。

（二）“互联网+”扩大了老年教育的覆盖面

老年人只要掌握了基本的上网技能，就能通过长沙终身学习平台、微信公众号等平台来实现随时随地的在线学习，能自主选择适合自己的学习时间和强度，能通过重复播放来反复学习尚未理解的内容，或者随时在线与同班学员一起分享探讨，相对于传统易受时间、空间限制的线下授课，“互联网+”视野下的老年教育作为一种可靠的学习方式，有效扩大了老年教育的覆盖面。

（三）“互联网+”使老年人老有所学、老有所乐、老有所为得到了更有力的支撑

通过教育引导和老年人的学习，老年人从心理上适应、融入互联网

时代，建立了互联网思维，学会了互联网技术，能更幸福地去生活、更快乐地面对他人、更积极地回报社会，从而更好地度过晚年的时光。

案例三：

整合社区资源，传承戏曲文化
——常德市“戏韵鼎城”项目实施工作回顾

常德市鼎城社区学院

常德鼎城文化底蕴深厚，群众文化繁荣，自古以来就有“戏窝子”之称。“常德丝弦”“常德花鼓戏”两项国家级“非遗”项目一直是鼎城区的文化名片。2013年3月，为了进一步推广鼎城戏曲文化，传承和传播非物质文化遗产，鼎城区文旅广体局和鼎城社区学院联合实施“戏韵鼎城”社区教育实验项目，确定了“推广戏曲文化、弘扬正能量、培养传承人”的目标，制定了品牌活动推广传承、精选培养创作人才、常态演出强内功等一系列措施。经过7年的实践，产生了广泛的社会影响，鼎城区成立了216个民间职业剧团，相关从业者3 000多人，受益群众达10万人。

一、主要做法

（一）创作表演，帅才领阵露头角

鼎城社区学院和鼎城文化艺术研究所携手研讨，确立了以编剧黄士元、作曲罗良哲、导演杨建娥为中心的“铁三角”组合。黄士元的创作过硬，独具乡土气息的戏剧作品搭配花鼓戏、常德丝弦，深受群众喜爱；杨建娥的导演技法高超，既保留了丝弦的传统艺术，又能紧

跟时代不断创新；罗良哲的曲子韵味十足，旋律优美，常能根据演员的嗓音条件写出音域适度的戏曲。“铁三角”充分发扬艺术民主，既发挥各自所长，又不断磨合完善，佳作不断，屡获大奖。黄士元被评为国家一级编剧，享受国务院政府特殊津贴，杨建娥被评为国家级非物质文化遗产常德花鼓戏的传承人。

（二）精挑细选，创作培训育人才

从2013年开始，鼎城社区学院和鼎城区文化艺术研究所每年联合开设“戏曲创作培训班”，从全区挑选、组织一批对创作戏曲感兴趣的文学爱好者，聘请专家系统讲授戏曲的有关专业基础知识，每次参加集中培训的人员多达100人。他们中有农民、打工者、政府公务员、退休干部、退休教师、自由职业者等，涵盖了各行各业，为鼎城戏曲的蓬勃绽放奠定了扎实的基础。同时，黄士元戏剧曲艺创作工作室采取多种形式和手段，着力提高创作人员的创作水平与技巧。如组织研读会、侃谈会、剧本讨论、成员笔会、授课改稿会、外出学习培训、专题采风、现场观摩等活动。此外，还对具有创作潜力的戏剧曲艺优秀文艺人才，进行三年一周期的培训，促进骨干人才的专业成长，实现鼎城区戏剧曲艺传承的良性发展。

（三）常态演出，学习实践促人才

“好剧目也需多磨炼。”鼎城社区学院联合社会力量，让戏曲演出常态化。例如：每周五常德丝弦艺术剧院在常德大小河街的演出，周六鼎城花鼓戏剧团在老西门的演出，以及固定参加桃花源景区的大大小小的演出等。这些演出不仅磨炼了演员的表演技艺，吸引了游客观赏，推广了戏曲文化，也为旅游景点增添了文化底蕴、营造了文化氛围，将常德旅游市场推上了更高的平台。

二、成效影响

（一）弘扬了正能量

通过戏曲的演出，传统的“礼义廉耻”“忠孝节义”“谦和礼让”等伦理道德与“扫黑除恶”“反腐倡廉”“脱贫攻坚”等政策宣传，逐渐渗透到居民的日常行为规范中，增强了法律意识，提升了道德素养，净化了社会风气，融洽了干群关系，广大人民群众的精神生活更加健康丰富。

（二）培养了传承人

非遗传承人杜美霜和朱晓玲走进学校，给孩子们表演戏曲，教唱常德花鼓戏与常德丝弦。学校戏曲讲座每年多达20次，每次培训50人左右，参与培训的共近1 000人次。芷兰实验学校、淮阳中学等15所学校已成为非遗传承基地校，广泛展开“非遗”辅导活动，每月授课达50个课时，惠及学生5 000余人，其中重点培养传承人达120人。

（三）收获了荣誉

这些年，鼎城戏曲获得了众多奖项。黄士元发表和演出的有大戏8部，小戏25件，曲艺264件。获得国家级、省级大奖达49次，全国的“群星奖”“牡丹奖”“飞天奖”“曹禺戏剧文学奖”“牡丹亭奖”“田汉戏剧奖”“五个一工程奖”以及“映山红”戏剧奖等尽揽入囊。其中，《瓜中情》《待挂的金匾》等获得文化和旅游部的群星奖金奖，《枕头风》获得中国曲艺最高奖“牡丹奖”。黄士元戏剧曲艺创作工作室培养的骨干仅2018、2019年两年共创作戏剧（曲艺）作品237个（件），其中小戏《谷酒飘香》发表在国家级专业刊物《戏剧》《曲艺》。表演类获得国家级、省级大奖52次，其中有“洞庭之秋”“群星奖”“金穗奖”“牡丹奖”等。常德丝弦《枕头风》荣获第四届中国曲艺最高奖“牡丹奖”，常德渔鼓《书记抬轿》荣获第八届中国曲艺牡丹奖“提名奖”，《常德是个好地方》荣获巴黎首届中国曲艺艺术节“卢浮奖”。常德丝弦在马来西亚、老挝等国演出时，南洋最有影响力的媒体《新洲日报》以《一颗明珠耀南洋》为题进行了专题报道。

三、现实启示

（一）项目实施重在行之有矩

“戏韵鼎城”启动后不久，就着手进行制度建设，规范了工作机制和流程，保证了运行的可持续性。制订了创作人才培养计划、演艺人才培优计划，举办常态演出与旅游、政策相结合的机制，明确了各单位各部门工作任务，规范了创作培训班、演艺培优班、非遗传承人的教学内容、教学行为，以及写作人员、演艺人员的职责，保障了“戏韵鼎城”长效正常运转。

（二）项目实施重在整合资源

“戏韵鼎城”项目整合了社区资源（如文联、艺术研究所、文化馆、学校等），得到了政府在场地、人员等方面的保障，在经费、资源等方面的支持，保障了社区戏曲工作人员拥有稳定的工作阵地，能在其中各展所能、持续合作。鼎城社区学院与“戏韵鼎城”项目成员单位密切配合，通过开展活动将戏曲发展传承的各项工作统筹起来。

（三）项目实施重在凝聚合力

“戏韵鼎城”的成功，并非一家之力，而是各部门各方共同发力、协作共进的结果。首先，黄士元戏剧曲艺创作工作室、常德丝弦艺术剧院、鼎城花鼓戏剧团等戏曲团体主动作为，开展“戏曲下乡”“戏曲进社区”“戏曲进机关”“戏曲进企业”“戏曲进校园”的戏曲“五进”活动；其次，“帅才”与社区学院的密切配合、开拓创新、有效合作，积极开展戏曲创新活动，赋予传统文化新的魅力；再次，各社区积极提供经费场地和人力支持，定期开展活动，积极推广戏曲文化，在用戏曲文化丰富民众精神生活的同时，也为民众谋取了经济效益。

案例四：

创新培训方式助力村民致富

——资兴市打造“一户一产业工人”培养工程升级版

资兴市社区学院

2008年资兴市委、市政府审时度势，独辟蹊径，在全国率先实施“一户一产业工人”培养工程，整合全市所有的职教培训资源，每年安排1 000万元，免费为全市每户贫困家庭培养1名掌握1～2项就业技能和致富本领的产业工人，达到“培养一人、就业一人、致富一家”的目标。截至2019年，资兴市共举办旅游、电子商务、家政服务、厨师、电焊、电工、计算机、竹木根雕、花卉苗木、林下经济、建筑施工等各类职业技能培训和创业培训班1 108期，培训54 197人次，在助力脱贫攻坚中取得了很好的成效。资兴市被国家发改委、人社部等十部委批准为“全国结合新型城镇化开展支持农民工等人员返乡创业试点县市”，先后荣获“全国农民工工作先进单位”“全国2018年终身学习品牌项目”“湖南省创新创业带动就业示范市”等多项奖励和荣誉称号。资兴市“一户一产业工人”培养工程分别在《人民日报》《工人日报》《新华网》《湖南日报》等主流媒体多次宣传推介，并入编《中国经济参考》《湖南要情汇报》等，多次得到中央、省市领导批示、肯定与推广。

2020年针对新业态、新技术、新工艺迅猛发展的新情况，资兴市与时俱进设置培训内容和课程，围绕农业新兴产业开展培训，找准“一户一产业工人”培养工程服务乡村振兴的切入点，寻找一种新的科学有效的培训方式，创新培养模式，让农民实现“传统农夫—农民工—农商”精彩蝶变，让产业实现“粗放农业—精致农业—品牌农业”转型升级，让群众学到更“实用、管用”的技术，打造“一户一产业工人”培养工程升级版，促进农民致富增收，使之成为农业高质量发展的催化剂、助推器。

一、主要做法

2020年4月由市“一户一产业工人”培养工程领导小组办公室牵头，社区学院、农业、库区移民、果树研究所等单位，在东江库区果树研究所联合举办了4期柑橘精细管理和品质提升技术“小师傅”培训班、时鲜小水果标准化管理技术“小师傅”培训班，分别邀请省农业科学院、怀化职业技术学院的专家教授作为“大师傅”，为乡镇农技员、移民专干、果树专干等“小师傅”开展培训。再由“小师傅”为周边乡村柑橘和小水果种植“果农”进行生产管理技术培训，并提供“保姆”式技术服务。这种“大师傅+小师傅+农户”的“保姆式”培训，主要做法是“七定”：

（一）定产业

以乡镇或村组为单位，把正在培育开发并有一定规模的新兴产业作为“保姆式”培训服务的产业。如，黄草镇金水村红桃种植面积355亩，汤溪镇坪子村黄桃种植面积466.9亩，州门司镇辣椒订单面积232.2亩。

（二）定对象

以参与农村新兴产业开发且具有一定面积生产基地的村民为具体的培训对象。确定金水村培训对象123户、坪子村培训对象102户、州门司镇培训对象64户作为订单合同签订户。

（三）定专家

对每个产业确定或聘请1～2名固定的专家（含土专家），以一年为一周期进行全程指导服务。黄草镇金水村红桃产业培训专家为东江库区管理局高级农艺师郑豪和朱小金，汤溪镇坪子村黄桃产业聘请的专家是炎陵县具有20多年黄桃种植经验的土专家兰健勇，州门司镇辣椒产业由订单农业采购方与郴州市农业科学院签订技术培训合作协议。

（四）定责任

按产业生产过程分期或分阶段明确专家指导服务内容及职责、目标要求。一般情况分冬季护树、春季保果、春夏防病三个时期（时段），明确专家培训时间、课程内容等服务要求，由乡镇或村与特聘专家签订培训服务协议。

（五）定方式

按产业开发分布情况确定具体区域作为培训点，由专家到各培训点现场“手把手”分别进行实操为主的培训。同时。将每次培训的课案资料发放给培训对象，做到人手一册。

（六）定督查

“一户一产业工人”培养工程领导小组办公室牵头有关部门或乡镇，定期不定期对培训情况进行检查验收，确保培训对象100%受训，培训效果让群众满意。

（七）定补贴

坚持实事求是原则，按照农村实用技术培训补贴政策对培训统筹安排培训补贴。同时，实行培训督查情况与培训补贴挂钩。

二、成效贡献

（一）创建了“大师傅＋小师傅＋农户”的“保姆式”培训模式

通过培训建立了柑橘、时鲜小水果“大师傅＋小师傅＋农户”技术服务微信群，“线上”交流十分活跃，农户线上学习更加便捷，收到了很好的互动效果。如，白廊镇秀流村一组村民李坤明将自家用药不当造成的柑橘落叶严重或新梢大部分叶背面布满青苔的橘叶拍摄下来，通过微信将图片发给省农科院肖伏莲教授，肖伏莲教授认真观察图片后，在微信中及时解答了他的问题并提出了科学防治的方法。怀化职业技术学院高级农艺师向望求到兴宁镇光田村东江梨基地现场实操教学，为让梨农更好地领会所学技术，回去后对该村基地概括出“三点问题原因、四点解决措施”利用微信群发给所有梨农，便于大家学习掌握。

（二）发挥了“小投入、大覆盖”培训效应

由于每期线下培训班限定在50人左右，远远不能满足群众需求。因此，同时举办线上培训班，参与线上培训的对象是线下班的数倍，实现了大覆盖、大受益。据统计，开展的8个专题培训，实时线上培训人数达528人次，一周内回放的线上培训视频达到5.2万次点击量，平均每个专题培训点击数达到4 000次左右。

（三）线上学习成为农户培训新渠道

专家授课过程全部录制并整理留存在网上，成了果农的音像教科书，随时想看就“回放”，达到了“温故而知新”效果。

三、现实启示

（一）技术培训需要紧贴群众需求和产业实际

果树产业实用技术培训，由于定位较准，专家课前认真收集了果农的意见和建议，精心准备PPT课件等，从内容到形式切合大家口味，培训实效非常明显。

（二）产业发展需要培育一批“小师傅”队伍

农村实用技术人才是产业发展的重要支撑和保障，资兴产业兴旺需要一支扎根资兴的技术人才“小师傅”队伍。建立的“大师傅+小师傅+农户”的“保姆式”培训模式，能让“小师傅”起到“承接大师傅、服务种养户”的作用，这种新的培训模式的探索实践将更加有力助推农业产业的发展。

（三）“线上”培训建设有待加强

“线上”培训是“线下”培训的有益补充，存在终端不能满足群众需求的问题。如远程收视站点缺失、果农手机功能不能满足等问题，有待各乡镇（街道）和相关部门共同研究解决。要加强直播点的硬件建设和直播平台的软件完善，打通“线上”培训“最后一公里”。

案例五：

扎根五溪大地 唱响时代新声

——“怀化社区大学合唱团”的品牌建设与发展

怀化社区大学

随着怀化社会经济的不断发展，居民的生活水平得到了快速的提升，物质需求很大程度上得到了满足，同时也让精神层次的文化需求显得更加突出。为弥补和满足这方面的需求，怀化社区大学合唱团应运而生。2016年7月，怀化社区大学合唱团正式成立。建团之初，就形成了“专业训练增技能，竞技演出创荣誉”的队伍理念。四年来，在市委宣传部、市音协、市文广新局、怀化电大的支持下，合唱团积极参与怀化市社区文化及各类教育活动，把歌声送到群众中去，为怀化社区教育贡献了力量，诠释了合唱团建团的初衷，赢得了各级领导和广大群众的高度评价。

一、主要做法

（一）科学选拔，提高素质，建立一支成熟优秀的合唱团队

建设好一支队伍，一方面要找到合适的管理者，建立起科学的管理机制。合唱团的管理团队由具有专业背景的人士组成：团长由怀化学院音乐舞蹈学院副教授蒋蓓担任，长期从事音乐艺术工作，热爱合唱事业，能起到凝聚人心、达成共识的作用；音乐总监兼指挥杨彬修，怀化学院音乐舞蹈学院教授、中国音乐家协会会员、怀化市合唱艺术协会会长；常务指挥刘洁，怀化学院音乐舞蹈学院副院长、副教授；钢琴伴奏胡琰，为中国人民大学音乐学院硕士研究生。另一方面，合唱团队员的选拔，不仅要考虑队员的声音条件，更要考虑他们的兴趣爱好与积极性。每个要加入合唱团的爱好者都要进行面试考核，只有这样才能保证合唱团的整体水平。通过4年的实践，合唱团队伍趋于成熟，有纪律、有担当，焕发出勃勃的生机，打造了本土民间音乐合唱的社区教育品牌。

（二）扎根基层，服务群众，广泛开展丰富多彩的文艺活动

四年来，合唱团先后组织抽调1 000余人次，深入乡村、厂矿、企业、社区，进行了30多场次演出，参与群众5 000余人。合唱团根据不

同的地方，不同的观众以及活动的主题，采取灵活多样的演出方式，力求最好的社会效果。演出形式包括合唱、独唱、舞蹈、小品、讲故事、走秀等，为基层人民群众送去丰富多彩节目的同时，带给了他们充满正能量的精神食粮。合唱团先后3年成功承办了怀化市新年合唱音乐会；代表怀化市参加了中国音乐家协会、中国合唱协会内蒙古举办的音乐节合唱比赛，并荣获银奖；代表怀化市参加省文广体新局、省总工会组织的演出，出色地完成任务。

（三）练好内功、专业引领，打造怀化文化艺术品牌

四年来，合唱团本着专业引领，夯实基础，培养、提高每个学员音乐意识的出发点，从怀化学院音乐舞蹈学院聘请专业老师8名，坚持每周2天的基础音乐知识学习，每学年结业时由合唱团艺委会考核。合唱团的目标是为大众开启并打造零距离欣赏和接触高雅音乐艺术的文化平台，传播中外合唱经典，创新民族优秀文化艺术，致力成为具有代表性和影响力的怀化文化艺术名片。

二、成效贡献

（一）围绕中心，唱响主旋律，发挥了宣传作用

合唱团传承和创新怀化本土民间音乐，宣传怀化经济社会改革开放建设成就，紧扣主题，唱响主旋律，创作、生产、传播了一批体现当代中国价值观念、反映中国人审美追求的优秀作品，彰显了以人民为中心的创作导向，为中华民族伟大复兴而凝心聚力、培根铸魂。

（二）构建平台，深化普及，营造了社区文化艺术氛围

合唱团连续3年举办新年合唱音乐会，同时组织和参加一些大型活动与重要演出，营造了浓郁的社区教育艺术氛围，激发了广大群众积极

参与、支持、融入这项活动之中的热情，促进了合唱艺术活动的深化普及，提升了怀化合唱艺术整体水平与居民综合素质。

（三）上下沟通，多方培训与交流，提高合唱艺术水平

合唱团通过“请进来”“走出去”的方式，抓基层、打基础，突出重点，强化培训，不断提升合唱艺术质量和水平。同时，选派优秀成员赴怀化职业技术学院、怀化市财政局、怀化市人社局，中方县、溆浦县、麻阳县、沅陵县、通道县等地企事业单位，指导各地合唱团队排练演出，在一定程度上提高了各地合唱团队的合唱艺术水平。

三、现实启示

（一）党政重视是合唱团前进的内在动力

合唱团能够连续三年承办怀化市新年合唱音乐会，离不开市委宣传部、市文广新局对合唱团的充分信任，每年的晚会都给予了经费和物资上的大力支持和充分保障，确保了任务能够出色圆满完成。2019年6月、9月、10月合唱团代表怀化市赴株洲、长沙和内蒙古参加比赛期间，市文广新局、市总工会、怀化电大为合唱团出征拨付了专门经费，解决了团员们差旅、服装、吃住行等一系列问题，确保了团员安心参赛，充分发挥演唱水平。

（二）品牌创建是合唱团提质的关键

近年来，以怀化社区大学合唱团为代表的怀化社区教育，一直重视社区教育的品牌建设，即以追求最大化的社会效益为核心，以个性化和差异性的服务特色展示优势服务能力，从而形成良好知名度和美誉度。通过前期发展，怀化社区大学合唱团的知名度已经初显。更广泛的参与人群、更高层次的演出邀请、更具专业化的演出效果，都是合唱团不断坚持品牌建设的结果。

（三）社会参与、资源整合，实现资源共建共享

合唱团自成立以来，怀化广播电视大学向合唱团无偿提供了常年上课、排练的场地，其中上课教室8间、排练室1间、办公室1间、储存室1间。这是合唱团能有用武之地的最大保障，彻底解决了合唱团的后顾之忧，为合唱团的顺利发展打下了坚实的物质基础。

第四章 湖南终身教育发展模式

湖南终身教育伴随着湖南政治、经济和文化的发展而发展，也受政策、制度和环境等多种主客观条件的制约，始终处于开放、螺旋式上升、动态变化过程中。回溯湖南终身教育发展的历程，特别是中华人民共和国成立后，尤其是改革开放以来，湖南终身教育探索出城乡两种各具地域特色的发展模式，城镇厂矿以“九九九六”模式抓紧职工教育和岗位培训，农村以“农科教”结合推进农民成人教育，两者互为补充，相得益彰，进而推进湖南全民学习、终身学习、学习型社会建设不断向纵深发展，取得了较大成就，在全国产生了广泛而深远的影响。

第一节　颇具湖南特色的职工教育“九九九六”模式

湖南职工教育内容十分广泛，既有初等、中等文化教育，也有初级技术、中级技术、职工中专等专业技术教育，还有岗位培训、再就业培训等职业技能培训，种类繁多。在大力发展职工教育的过程中，湖南紧跟改革开放步伐，瞄准社会需求，顺应变革规律，逐步走出一条极富本土特色而被有关学者总结为“九九九六”模式的职工教育发展之路。

一、湖南职工教育的基本情况

1978年12月，中共十一届三中全会的胜利召开，作出把党和国家工作中心转移到经济建设上来、实行改革开放的历史性决策，标志着我国进入改革开放和社会主义现代化建设的新时期。站在新起点，迈出新步伐，社会主义现代化建设亟须成千上万的高素质劳动者。而由于素来基础差、底子薄，加之十年“文化大革命”的破坏，其时湖南职工队伍的整体文化技术素质较低，远远跟不上形势的要求。因此，职工教育、职工培训提上了党委和政府的重要议事日程。

鉴于湖南职工教育的具体内容在本书第三章“湖南终身教育发展历程”的第二节“中华人民共和国成立后湖南成人教育的勃兴与昌盛”中已有详细描述，在这里只简要复述一下各个时段的主要工作。改革开放以前，湖南职工教育集中在扫盲和初等、中等文化教育。改革开放以后，湖南职工教育随着形势的发展不断调整变化。1981—1985年，开展职工文化和技术补课教育（简称“双补”），全省共完成了157万青壮年职工的“双补”任务。1984—1989年底，进行干部职工中等文化补课教育（简称“中补”），完成了全省14万名“两下”干部职工（文化程度在初中及初中以下、现年在50岁以下的干部）的“中补”培训任务。1986年下半年，从抓班组长培训开始全省职工岗位培训，到1990年底，全省共完成了154万余名职工的等级技术（业务）培训；1993年起，全省职工岗位培训步入正规化轨道。1997年前后，开始下岗职工再就业培训，据统计，全省98万下岗工人有56万经过各类再就业培训走上了新的工作岗位。2000年以后，全省再就业培训纳入职业培训的日常工作范围。

二、湖南职工教育的“九九九六”模式

“九九九六”模式是在湖南职工教育发展过程中逐步实践探索总结出来的，具体指的是湖南在开展职工教育与培训时实施的九大统筹兼顾、九种基本做法、九类培训方式，以及形成“六化”的显著特点[1]。

（一）运行机制：统筹兼顾

统筹兼顾，意为从全局出发，统一筹划，照顾到各方面及其相互间的关系。湖南职工人数庞大，点多面广线长，基础不一，需求不同，要对这个群体实施有效教育与培训，必须充分考虑单位性质、工作岗位、性别年龄、学习能力等各种各样的具体情况。对此，湖南根据各地区、各单位实际情况，全面总结各厂矿企业职工教育已有经验，在开展职工教育与培训时力求做到：“劳动、人事与职工教育”“职工教育与其他教育”“职前、职中、职后培训与下岗培训”“大、中、小型企业职工教育分工与合作”“公有制为主体的企业与不同所有制企业的职工教育”“城镇与乡村职工教育”“职工教育与两个文明建设”“企业

[1] 张学军，唐国庆，谭小京等.从典型调查看湖南职工教育与经济发展的辩证关系[J].当代教育论坛，2003（7）：5-10.

工人与管理干部岗位培训”“职工教育与企业生产发展、经济效益”九个方面的统筹兼顾，实事求是地制定出台相应的政策措施，研究开发职业标准、岗位规范与考评制度，进行题库资源与基地建设，注意营造良好的职工教育培训氛围，使湖南职工教育呈现出实施通盘谋划、推进全面兼顾、质量不断提升的生动局面，大大增加了这一工作的广度、深度、力度与效度。

（二）基本做法：因材施教

20世纪中叶以来，世界逐步进入信息化与知识经济时代，新知识、新技术、新工艺、新产品、新技能、新业态层出不穷、千变万化，构成企业核心竞争力的关键是人才。职工教育的好坏直接关系到企业员工素质的高低，以及生产力诸要素的变革和发展，是人才资源开发和管理方法上的风向标。加快推进现代企业职工教育，提升企业全体职工文化技术综合素质，是湖南促进企业全面发展，提高企业核心竞争力的一项先导性工程。湖南省各级政府和教育行政部门审时度势，整合各部门优质资源，利用现有条件，因地制宜，因材施教，着力推行岗位适应性技术培训、新岗位新技术新技能培训、思想政治和法治建设等常规培训、岗位技术练兵竞赛与比武、新技术攻关和产品换代升级培训、完成学业后继续教育、成人学历教育、下岗后转岗再就业培训、线上线下自学（考试）等九种基本做法，有效服务于企业发展和职工个人自我提升。这九种做法，在不同企业、在企业发展的不同时期，针对不同的个体，其实施的方式方法均有不同、各有侧重，从而编织起一张纵横交错、疏密有致的湖南职工教育大网，有力地推动了湖南职工教育持续稳定向前发展，取得了很好的成效。

（三）培训方式：灵活多样

随着改革开放的不断深入，市场竞争日益加剧，产品设备更新、技术升级周期缩短，湖南企业改革开放由政策调整走向制度创新，由传统经营转向集约化经营，社会环境的快速变化给湖南职工教育带来了新的机遇和挑战。湖南的职工教育工作者在实践中不断探索、与时俱进、开拓创新，逐步形成了“面向市场、服务社会、改革创新、提高质量”的新思路，面向生产、面向管理、面向岗位，按照企业发展需要确定教育和培训内容，依据市场需求决定培训方式、场地和时间，创造了深受广大职工欢迎与企业认可的九类别具一格的办学形式：

一是“协同式”主动出击：企业劳动、人事、组织、生产、设备、技术等部门，工会、共青团、妇委会、党派团体等组织，打破过去奉命办学、“等米下锅”的旧框框，主动派人走出去“找米下锅”，联系办理培训业务，投身参与职工教育。如积极开办高、中、初级技术培训班，学历提高班，电大教学班，技术、技改研讨班，文化补习班，专题研修班等。

二是“螺旋式”能力提升：有些行业企业对上岗、下岗含义重新界定，如银行、保险、旅游、宾馆、邮电、食品、铁路系统等，对所有职工实行全员计划下岗，分期分批进行“星级”提高培训，职工经过培训顺利轮岗、转岗、换岗、转业、重新上岗。这样期期轮流培训，年年螺旋提升、月月推陈出新，有效提高了干部职工队伍的整体文化技术素质。

三是“应急式”专项突破：对于那些新项目、新产品、新技术、新工艺、新设备上马快的行业企业，如冶金、建筑、机械、电力、化工系统等，为使干部职工迅速转变思想，形成共识，顺利开展工作，专门组织开设形式多样的各类技术技能基础强化培训班，以便干部职工队伍尽快掌握适应上述技术技能所必备的专业知识和基本能力。

四是“超前式”人才储备：“超前培训”是工矿企业常见的必要的培训手段。如化工行业企业，一台新装置刚开始筹建，相关操作人员培训就应立即到位，甚至提前，让他们及时了解新信息、熟悉新产品、掌握新性能，做到会操作、会安装，这样到设备具体安装阶段，操作人员就可以配合进行，一起完成工作任务，更有利于后续的设备操作、运行与维护。

五是“常规式”素质加持：如长岭炼化、巴陵石化、三一重工、远大公司、湘火炬、中联重科、湖南有色、湖南铁路、湖南电力、湖南华菱、泰格林纸、华能集团、湘钢等企业单位，常年进行从业人员科技素养培训，不断增强干部职工队伍科技实力，紧跟国内外市场竞争节奏，不断适应新技术，不断开发新产品，许多新产品顺利打入国际市场。

六是“合作式”互利共赢：有企业内外合作、企企合作、校企合作、院（研究院）企合作、政（政府）企合作等多种形式。如校企合作，通过厂中校、校中厂、顶岗实习、订单培养、跟班学习、互派人员、技术支持、设备共享、岗位承包、校企共训等灵活形式，双方互相支撑、优势互补、互相渗透、资源共用、利益共享、合作共赢，共同培养技术技能人才。

七是“跟岗式”转岗挖潜：随着企业技术进步及设备更新换代等，不断淘汰旧职业旧岗位，也不断产生新职业新岗位，企业必须进行“跟岗式”转岗挖潜，抓好下岗人员培训。如：湖南华菱湘钢公司、湘维、湘纺等企业通过对富余人员进行智能设备操作、经营销售等知识和技能的集中培训、“热线培训”，重新考核，合格者推荐上岗，收到了很好的实效。

八是“挂钩式”激励竞争：湖南各厂矿企业实行岗动薪动、岗变薪变的劳动管理激励政策；岗位分层次，技能水平对应岗位层次。企业制定的职务职称级别、培训考核成绩、技术技能等级与岗位工资待遇相结合的配套制度，采用考工定级、竞争上岗、优胜劣汰、动态管理等办法，使职工感到“上岗靠竞争、增资靠技术”，“今天学习不努力，明天努力再学习”，进而激励了职工参加培训学习技术的积极性与主动性，取得了不错的效果。

九是“目标式”接续奋斗：湖南各级党政领导高度重视职工教育，将职工教育纳入政府工作目标管理，层层分解指标，逐级落实任务，强化了企业领导对职工教育的考核管理与责任意识。各厂矿企业把职工教育纳入各级领导的责任目标，并作为年终考核的重要指标，做到有领导分管、有部门主管、有责任人落实、有具体指标要求，使人员、计划、实施、考核、经费、总结、奖惩工作落实到位。据统计，1991—2001年，全省累计有860多万人次各类职工参加岗位培训，全员岗位培训率为36%，有效改变了全省职工队伍文化和技术结构不合理的状况[1]。

（四）显著特点：实现“六化”

湖南职工教育全面统筹推进，方式灵活多样，因地因岗因人而异，呈现出“六化”的显著特点：

一是培训市场社会化。湖南职工教育除本单位本系统内组织外，积极面向社会开放，实行社会化运营、市场化竞争，广泛争取社会投入，吸纳社会活力，培训基地面向社会融资建设，培训项目面向社会公开招投标，培训资源全社会共建共享，培训质量由社会第三方参与评价，从

[1] 张学军，唐国庆，谭小京等. 从典型调查看湖南职工教育与经济发展的辩证关系 [J]. 当代教育论坛，2003（7）：5–10.

而使这一工作别开生面，得到蓬勃发展。

二是培训活动规范化。湖南各企事业单位根据业务发展与岗位变化，不断调整、更新和完善岗位培训规范与要求，研究制定岗位培训制度，充实岗位培训内容，开发岗位培训考评标准，对主要和关键岗位、特种作业岗位、技术和设备升级产生的新岗位等，严格实行持证上岗制度和职业资格证书制度，倒逼职工培训活动不断走向规范化。

三是培训内容实用化。湖南各厂矿企业为了在竞争激烈的市场中抢占先机、立于不败之地，普遍采取加大培训力度、提高人力资本质量为主的降低生产成本、提高产品质量的措施，着力在职工教育内容的科学性、针对性、实用性和实效性上下大功夫，把干部职工的培训活动与企业生产经营的各个环节紧密结合起来，克服了形式主义、本本主义、经验主义，按需施教、因材施教、注重实效。

四是适应性培训经常化。为适应社会发展、科学技术进步和企业改革改制、增产增效、产品升级、技改技措等需要，为有效解决市场竞争中不断出现的新情况、新问题，抓住发展机遇，干部职工经常需要学习补充新知识、了解掌握新技能，以更好地迎接挑战。各部门、各行业企业经常组织开展多层次、多形式、多内容的适应性培训，以提高干部职工的文化技术水平与处事应对能力。据调查，全省企事业单位干部职工参加各种适应性培训人数达到应培人数的95%以上。

五是资格性培训正规化。随着政府制定的职业（执业）资格标准的逐步推行，全省各大型厂矿企业都研究制定了相应的岗位规范，县市区各中小企业和部门也大多结合实际制定了具有地方和行业特点的岗位规范。据不完全统计，早在2001年底，56%以上的省直厅局行业部门、全省国有大中型企业就制定了岗位规范10 000多个。职业（执业）资格标准、岗位相应规范的制定，为干部职工的岗位培训、职业（执业）资格培训的正规化、制度化、科学化奠定了基础。

六是再就业培训普及化。随着企事业单位改革改制的推行、产业结构调整的深入与市场竞争的加剧，行业企业职工转岗、换岗、下岗成为常态，就业与再就业的职工数量庞大，成为普遍关注的民生问题。各级政府高度重视下岗职工再就业工作，启动再就业培训工程，使再就业培训普及到各行各业，惠及每个下岗职工，产生了深远的社会影响。

三、湖南职工教育的突出成效

湖南职工教育的持续开展，取得了非常突出的成效，给职工队伍的学历层次、技术水平、综合素养，给厂矿企业的核心文化建设、凝聚力形成，给社会的精神文明、经济增长，均带来了明显的变化。

1. 学历层次大幅度提高。在基本扫除青壮年文盲的基础上，通过“六五”“七五”期间干部职工的文化技术“双补课”，“八五”期间区别对待的文化技术“双补”扫尾仗，“九五”期间开始的学历提升教育与职业技能培训，“十五”“十一五”期间的岗位技能和职业资格培训，直至“十二五”“十三五”期间新入职职工大学本科、专科占大多数，而继续教育已制度化、规范化运行，湖南企业职工的整体学历层次大幅度提高。有关资料显示，2001—2019年，湖南大中型企业已有职工接受过高中（中专）以上文化教育的比例从70%提升到100%，接受过大学以上文化教育的比例从8%提升到38%。

2. 技术水平跨越式进步。如上所述，据不完全统计，改革开放四十多年来，湖南厂矿企业职工队伍中的技师、高级技师数量增加40多倍，技术水平大幅度提高；企业专业技术人员高、中、初专业技术职务比例也由1985年的2.42%、27.69%、69.89%提升到10.57%、51.36%、38.07%，技术人才结构性矛盾得到有效缓解。

3. **精神文明之气蔚然成风**。经过长期的教育培训，随着综合素质的不断提升，文明之风形成氛围，厂矿企业很多职工一改过去那种歪风陋习，形成了积极上进的心态，过去身上的懒散作风、工贩子习气、哥儿们义气、江湖豪气、社会渣气不见了，取而代之的是关心企业发展、遵纪守法、爱岗敬业、努力工作、认真学习、钻研业务、廉洁自律、明辨是非、见义勇为、助人为乐、无私奉献、虚心待人、礼貌谦让、敬老爱幼，具有良好的职业道德、社会公德和家庭美德，整个社会道德水准、文明素养全面提升。

4. **企业凝聚力显著增强**。企业文化是一个企业的灵魂，是推动企业发展的不竭动力，其核心是企业的精神和价值观。职工通过学习培训，主人翁责任感和企业凝聚力日益增强，自觉将企业的兴衰同自己的切身利益紧密联系起来，主动关心企业的发展、企业的整体利益和企业前途与走向，为企业的生产经营状况、产品质量与销路销量、技术提升和市场竞争力出谋划策，“厂兴我荣，厂衰我穷”已成为广大厂矿企业职工的共识。

5. **继续教育发展持续稳固**。通过开展职工教育与培训，大多企业都建立健全了继续教育规章制度，把其纳入专业技术人员年度考核、职称评聘、职务晋升、岗位竞争的重点内容，有力促进了继续教育走向常态化、规范化。同时，全省各级职工教育部门整合各方面教育资源和技术资源，鼓励社会力量参与开展多渠道、全方位、多层次、多形式的继续教育，为企业职工与技术人员参加继续教育创造有利条件和提供学习机会。到2019年，全省大中型企业专业技术人员100%接受了不同形式的继续教育。

6. 经济增长贡献率明显。现代科学技术已经成为影响经济增长的决定性因素。有关研究表明，科技进步对经济增长的贡献已明显超过资本与劳动力的作用，而掌握科学技术的职工更是企业持续发展的关键力量。据2019年工业普查统计，科技进步对经济增长的贡献率已由1985年的13%上升到59%。由此推见，湖南职工教育为湖南社会进步与经济增长作出了巨大的贡献。

第二节　基于终身教育的农村教育“农科教”结合实践

农村成人教育的发展，既受到当地政治经济、思想文化、自然环境等多种外部因素的影响，也受到其自身已有基础、设施设备、农民素质等相关条件的束缚。在长期的探索实践基础上，20世纪80年代中期以后，为进一步发展农村经济、提高农民科技文化知识水平，一种全新的“三教统筹、农科教结合”的理念在我国农村广泛推广。这种理念的提出，是为我国农业农村摆脱贫困和传统落后的农业生产模式而进行的理论思考与实践探索的结晶，具有重大的现实意义和深远的历史意义。

一、湖南农村教育的发展脉络

湖南是个农业大省，80%的人口在农村。中华人民共和国成立以来，湖南农村教育发展大体经历了三个阶段。

第一阶段是湖南和平解放后至改革开放前。伴随着土地改革、农业合作化和社会主义建设的进行，教育实行“向工农开门，为生产建设服务”的方针，“冬学运动”、扫盲教育、学文化学知识学技术热潮席卷三湘四水，湖南农村教育得以稳健发展。但由于10年“文化大革命”的影响，据调查，到1978年，湖南农村学龄儿童入学率只有65%，文盲半文盲仍占46%以上，尤其是在全省17岁以上的2 100万农民中，仅2.8%的人具有初中以上文化程度，而每万农业人口中只有农技人员3.9人，远低于全国平均水平。

第二阶段是党的十一届三中全会召开至20世纪末。随着改革开放和家庭联产承包责任制的推进，以及社会主义市场经济体制的建立，“实行科教兴国，扫除青壮年文盲，加速农村脱贫致富的步伐”，落实“科教兴农”发展战略，把发展农业真正转移到依靠科技进步与提高劳动者素质的轨道上来，农村教育在湖湘大地掀起一次又一次高潮，产生了“郴县方向”、怀化“农科教结合”、邵阳“十百千万工程”等一系列影响遍及全国的先进典型。到1998年，湖南省基本扫除青壮年文盲工作顺利通过国家评估验收，标志着湖南农村教育进入一个新的阶段。

第三阶段是新旧世纪之交到全面建成小康社会。在全面建成小康社会和实现中华民族伟大复兴中国梦的征程中，开展服务“三农”（农村、农业、农民），加强实现“三化”（产业化、工业化、城镇化），全面实施“精准扶贫”“乡村振兴”战略，努力提高当代农民文化技术综合素质，湖南农村教育紧跟时代步伐进一步向纵深发展，取得了巨大成就，为湖南经济社会发展、建设富饶美丽幸福新湖南和实现全面小康作出了突出贡献。2021年，在庆祝中国共产党成立100周年大会上，中国向世界庄严宣告全面建成小康社会，历史性地解决了绝对贫困问题，这是震惊世界的壮举。

二、三教统筹、农科教结合的典型案例

三教统筹、农科教结合，意指在农业发展和农村经济建设中，通过政府统筹安排，把经济发展、科技推广、人才培训紧密结合起来，使农业、科技、教育等部门的人力、物力、财力得以综合利用，农村基础教育、职业教育、成人教育等“三教”实现协调发展，形成科教兴农的强大合力，取得最佳的整体效益。

（一）郴县方向

郴县是湘南的一个小县，改革开放之初农村人均收入低于全省平均水平。1984年以来，县委、县政府高度重视加强和改革农村教育，在努力做好农村教育与农村建设两者结合上下功夫，走出了一条别具一格的农村教育综合改革发展之路——郴县方向。

郴县方向，简而言之，即：廉政兴教，兴教促富。具体来说，有三个层面：一是转变观念。郴县人认为，改革发展农村教育，根本目的是培养新一代农民，主要服务当地农村经济建设和社会发展，为此，必须改变教育单纯为升学服务的倾向，实行“三教统筹”、农科教结合，为农村发展培养技术技能人才。二是廉政兴教。县委、县政府自觉把发展教育作为全县经济的战略重点，舍得花时间、花精力、花金钱办教育。各级党政机关勒紧裤带，过“苦日子”，宁肯面子“寒酸”，也不建办公楼、不买新车、不添置新设备，节省每一分钱用于办教育，狠抓学校建设，改善办学条件，提高教师待遇，为县域教育发展打下坚实基础。三是全面改革。主要体现在：① 实行“政府统筹、部门主办、教委统管、各方面配合”体制，切实改革中等教育结构，像办重点中学一样办职业学校，县域内普通高中与中专、职高招生比例基本持平。② 大力建设“六专”“五好”农校，对没升学的回乡初中毕业生实行“两证”制度。

六专：专门建制、专拨经费、专列编制、专门教材、专门实验基地和专项培训任务；五好：教职工热心办学好，常年办班好，行政、教学、生产三大管理好，教学、经济、社会三大效益好，学员兴农致富好；两证：初中毕业证，实用技术“绿色结业证书”。③ 充分利用办学条件，改革教学内容与方法，充分发挥办学效益。广泛开办成人实用技术、农民实用技术与初中毕业生职教班，普通中小学适当引进职教内容，校校建有学农基地，注重生产实习。④ 制定“燎原计划”实施方案，组织实施与“星火计划”“丰收计划”相衔接的“燎原计划”。⑤ 构建职教网络，县、乡两级农校实行“上挂横联下辐射”，提高办学水平。上挂：即与大专院校、科研单位、上级科技部门挂钩；横联：即与县内外兄弟单位、学校联系，互通信息；下辐射：即以学校为基地，把科学技术向乡、村、户传播。郴县教育的全面改革和发展，使全县教育一跃而成为全省先进，提高了劳动者的整体素质，促进了县域经济的发展和人民生活水平的提升。到1989年，全县普通高中与职业高中的招生比例达到1∶1，超过了全省平均水平，在县市教育督导评估中取得103.72分的好成绩；全县经济与1980年相比，工农业总产值增长181%，财政收入增长244.7%，农民人均收入增长339.1%[1]。

郴县道路、郴县方向，引起省内外广泛关注，得到各级领导高度评价。1989年10月25—31日，国家教委在郴县召开了全国“燎原计划”与农村教育综合改革工作会议。会上，国家教委党组书记何东昌一再称赞，“郴县的教育确实办得不错”。国家教委副主任王明达说，归纳起来，郴县经验就是“高度重视教育的可贵精神，服务农村建设的办学

[1] 刘欣森，孟湘砥.湖南教育史（第三卷）[M].长沙：岳麓书社，2003（6）：371-374.

路子，埋头苦干抓教育的扎实作风”“郴县的经验把我国农村教育综合改革提高到新的水平”“使大家看到了中国农村教育发展的方向，以至于我们整个国家教育发展的方向”。1990年9月，湖南省委、省政府在郴县召开了湖南农村教育工作会议，作出了《关于学习郴县发展和改革农村教育经验的决定》，进一步指明了农村教育改革和发展的方向，标志着我省农村教育进入一个新的阶段。据不完全统计，1989年11月至1990年底，全国共有3 431个团（组），7万余人到郴县参观考察，其中省级领导17人，地、市、县级领导2 715人，郴县教育在全国产生广泛而深远的影响[1]。

（二）怀化“农科教结合”

怀化位于湖南西南部，是典型的山区、林区，素有“八山一水一分田”之说，自然资源丰富，但信息交通闭塞，文化观念落后，经济基础较差，产业结构单一，活力不足。党的十一届三中全会后，特别是“七五”期间（1986—1990年），全国“燎原计划”的实施，怀化人开始觉醒，立足山地优势，围绕山区经济开发，大胆探索，积极进行农村教育改革发展。1988年8月，湖南省委、省政府正式批准怀化为“山区开放开发试验区”。1990年11月，国务院确定怀化为全国农村改革试验区。在国家和省委、省政府扶植下，怀化重点探索山区综合开发与农村教育改革的步伐明显加快，逐步走出了一条实行“农科教”结合、发展农村生产力的新路子。

怀化市“农科教结合”体制初步形成于1987年。其基本内涵是：在各级党委、政府统一领导下，以发展农村生产力为中心，以建设“三

[1] 刘欣森，孟湘砥.湖南教育史（第三卷）[M].长沙：岳麓书社，2003（6）：375–376.

大体系”（人才培训体系、科技推广体系和社会化服务体系）为重点，统筹农业、科技、教育等各部门工作，集中各家优势，形成合力，共同抓好人才培训、农业技术推广和综合服务工作，推动农村经济全面发展。主要做法有：一是打破教委一家独办农业职业教育的局面，实行“政府统筹、农委主办、教委主管、科技财经等部门支持”联合办学的农业职业教育新体制。二是打破原来部门分割、条块分割的旧格局，按照“政府统筹、多方协作、为农服务”的组织原则，建立乡镇农科教中心，实行“六个统筹”（统筹规划、统筹项目、统筹培训、统筹推广、统筹经费、统筹服务），完善“四个系统”（科技管理系统、科教培训系统、科技推广系统、配套服务系统），做到“十有”（组织有机构、工作有规划、管理有制度，培训有目标，教学有设施，师资有队伍，推广有项目，示范有基地，经费有来源，服务有效果），实行“三制”（岗位制、考核制和奖惩制）[1]。三是在普通中学实行“双证制”，执行“3+1”教学模式。双证：即红证，普通中学毕业证书；绿证，职业技术培训合格证书。3+1，即3年普通教育加1年职业技术培训。四是大力开展与项目密切结合的农民职业技术培训，收到了“推广一批成果，培训一批人才，开发一批产业，致富一片地方”的良好效果。据统计，1987—1990年，全区农业职业中学和乡镇农科教中心共办实用技术培训班近万期，培训农民60多万人次，使农业科技传播到村、到户。1990年，全区杂交水稻种植面积达270.2万亩，总产11.16亿千克，比1989年增加38.44万亩，增产9 907万千克；柑橘种植面积扩大到44万亩，总产

[1] 中共湖南怀化地委政策研究室，湖南省怀化地区农科教统筹协调办公室调查组.实行农科教结合把科教兴农的战略措施落实在乡镇——怀化地区乡镇农科教结合体制的调查与思考[J].软科学，1991（3）：61-65.

1.06亿千克，比1989年增加11万亩，增产2 760万千克；中药材1.85万亩，创产值1 342万元，比1989年增加0.85万亩，增加产值635万元[1]。

怀化根据农村经济社会发展和变革的实际，在全国率先系统、规范推行的“农科教结合”，不仅是一种办学体制的变革创新，也是一项全面振兴农村经济的战略措施，是我国农村教育改革中出现的一种崭新的教育模式，是教育史上的新突破，真正做到了“先一步、高一层、出经验、出成果、出效益”，解决了农民科技教育的内容、途径和形式等问题，有力地加速了当地农村经济的发展，产生了广泛而深远的影响。1990年，湖南省委、省政府《关于实行农科教结合加速农业振兴的决定》指出，实行农科教结合是农村经济、科技、教育体制改革的继续和深化，是加快农村经济社会发展的必由之路，要求各级党委和政府把农科教结合作为振兴农业的一项战略措施来抓，切实把我省农业的发展转到依靠科技进步和提高劳动者素质的轨道上来，以推动农业跃上新的台阶。1991年，全省乡镇农科教中心试点工作经验交流会召开，对怀化的做法给予了充分肯定。1992年，省教委、省科委和省农委联合在怀化召开会议，推广怀化经验。同年，国务院研究室和国务院办公厅在北京召开“农科教三结合工作座谈会”。会上，湖南省副省长全面介绍了怀化实施农科教的经验。1992年《中国经济体制改革年鉴》收录《农科教统筹结合在湖南》专题文章，使怀化农科教结合经验传遍全国。李岚清副总理曾批示，要坚定不移地推进农科教结合，并把它作为解决农业、农村和农民问题的一项战略性决策抓紧抓好[2]。

[1] 刘欣森，孟湘砥. 湖南教育史（第三卷）[M]. 长沙：岳麓书社，2003（6）：474–475.
[2] 刘欣森，孟湘砥. 湖南教育史（第三卷）[M]. 长沙：岳麓书社，2003（6）：476.

（三）邵阳“十百千万工程”[1,2]

邵阳是湖南典型的农业大市，人口多，面积大，底子薄，相较而言，经济落后，财政困难。20世纪80年代以来，在“为当地经济建设服务”的思想引导下，邵阳市农村职业教育获得了长足发展，为当地经济建设培养了一大批技术技能型劳动者。进入90年代中期，受“重商轻农”大环境影响，农村职业教育一度萎缩，出现滑坡迹象。1995年，党中央提出“科教兴国”战略后，面对经济发展基础薄弱、资金匮乏，自然资源、人力资源优势均在农村的现状，农村经济如何发展，农村教育如何改革，如何实现二者的有机结合，邵阳市党政领导对职业教育重新认识、重新定位，达成了“发展邵阳经济的基础和农民脱贫致富的根本出路在农村；实现传统农业向现代农业的转变，关键在于依靠科技进步和提高劳动者素质；农村教育必须切实担负起培养大批农村实用技术人才的重任”的共识，确立了“抓职教就是抓经济，抓经济必须抓职教”的战略思想，把职业教育真正作为全市经济发展“民营突破、开放带动、科教领先”的主要抓手，进而构建并实施伟大的工程——“十百千万工程”。

邵阳市委、市政府从1995年底开始在全市实施“十百千万工程”。这是一条教育为当地经济建设服务，促进农村教育与农村经济紧密结合的成功之路，是发展邵阳经济、实现邵阳农业现代化的治本之策。其基本内涵是：根据经济发展需要，与农业的产业化、现代化相适应，全市首先集中力量建好10所县级示范性职业中学，其次办好100所示范性

[1] 湖南省教育委员会.认真实施“十百千万工程”走职教兴农富民之路——邵阳市实施“十百千万工程”的主要做法和经验[J].中国职业技术教育，1999（6）：8–9.

[2] 冯象钦，蒋作斌，段志坚等.探索发展农村职业教育的成功之路——对邵阳农村职教实施“十百千万工程”的认识与思考[J].中国职业技术教育，1998（4）：13–15.

乡（镇）农校，重点扶植100个村、1 000名毕业生成为专业村和科技示范户，然后辐射带动10 000家农户科技致富，使每户年纯收入超过1万元。这个工程以示范性职业学校为龙头，以乡镇农校和职业学校毕业生为主体和纽带，把科学技术辐射到千家万户，其核心是教育与经济科技结合，促进人才培养、科技推广，提高农村劳动力素质，带动整个农村经济快速发展，促使农民致富奔小康。为实施好“十百千万工程”，邵阳市加强党政统筹，采取了行政上实施目标管理、经济上签订经济技术合同等有效手段，形成强有力的运行机制。同时，实行产教结合，建立“学校、公司+农户”的新型办学体制，形成“校内搞示范、校外搞辐射、产教结合、校企合一”的局面，实现了办学模式的新突破；按生产实际组织教学，采取“边学习、边生产、边经营”的“三边”教学模式，按照生产实际需要，改革教学内容与课程结构，打破按学科结构循序渐进的教学程序，按照生产环节组织教学，突出实践技能培养，提高了育人质量；拓展职业教育领域，实行“两定三包”制，即：定期、定点进行技术服务，校包村，班包组，师生包农户，带动服务对象走产业化的路子，促进了农村经济增长。如，邵东县职业中专扶植的园艺村，1996年人均收入已达3 380元，被市里定为“科技兴农”先进村；武冈职业中专定点扶植的江口村，人均收入由1996年以前的800元跃升为4 100多元，1996年户均达1.32万元，提前进入小康[1]。

邵阳“十百千万工程”走出了农村教育综合改革的新路子，成为90年代中期湖南农村教育综合改革的一面旗帜，是我国农村教育综合改革取得巨大成绩的典型代表。它既是一项教育改革工程，更是一项经

[1] 刘欣森，孟湘砥.湖南教育史（第三卷）[M].长沙：岳麓书社，2003（6）：479.

济发展工程，促进了农村职成教育的蓬勃发展，推动了当地农业的产业化和现代化进程，带动了农村经济的快速增长，是一种方向性的突破，不仅对农村教育，而且对整个农村经济的改革和发展都具有重要的启示意义，引起了人们高度关注。1998年12月1—3日，湖南省政府在邵阳召开全省职业教育为农村经济建设服务现场会议，要求全省各地认真学习推广邵阳经验。教育部对邵阳经验非常重视，教育部副部长张天保、职业教育与成人教育司司长黄尧、副司长刘占山等同志先后几次来邵阳深入调查研究后，决定在全国推广。1999年6月26—29日，教育部在邵阳召开全国农村教育综合改革工作经验交流会议，重点推广邵阳“十百千万工程”的经验，邵阳经验开始走向全国。

此外，长沙市依托乡镇农科教中心，积极推行“四个一”工程，即“培训一批人才，推广一批技术，开发一批产业，致富一方群众”。这一模式中，乡镇农科教中心通过联网服务，成为当地农业产业化的科技教育、推广、应用的“龙头”，形成以市场牵动“龙头”、“龙头”带活基地、基地联动农产，集种、养、植、加、产、供、销、贸、科、教于一体的经营和管理新格局。“学校+公司+农户”的办学运行形式，学校既育人，又创收，实质上成为一种科教型的企业；“边教学、边生产、边创收”的教育教学模式，打破了学校学科体系的局限，充分体现了以产品市场为导向，以培养学生能力为本位，根据生产经营的实际组织教学，着力培养学生的市场意识、创业意识、创新意识、责任意识；“一校三教”的综合办学模式，将“普教、职教、成教”组成一体，实施“滚动式农村致富工程”，让学生经过在校的“边学习、边劳动、边致富”，以期实现“帮一家致富，带十户脱贫，促全校发展”，为农村培养具有一定科技文化素质劳动者的办学目标。还有职校—乡镇农科教中心—农户、职校—科技辐射村—农户、职校—毕业生科技示范户—农户等科技成果的推广与教学服务的网络辐射模式，均很好地促进了“三教”的有机和谐发展与广大农户的发家致富[1]。

三、三教统筹、农科教结合的发展瓶颈

纵观湖南“三教统筹、农科教结合”的发展历程，其为湖南经济社会进步，特别是广大农村教育综合改革与经济科技发展作出了巨大贡献。但由于诸多主客观条件的制约，在推进的过程中也遭遇到不少羁绊与束缚，致使进入新世纪以后，其发展势头大不如从前，未能再继续一路高歌走向纵深。

一是认识站位不高。由于一些干部群众尤其是部分领导干部思想观念陈旧，政治站位不够，缺乏发展眼光，急于求成，认识不到发展经济与发展教育二者之间的深层关系，人为地将其对立，觉得农科教结合只见投入，难见产出，是纯消费，把农科教结合看成是“包袱”“额外负担”，即便有用，也周期太长，“远水解不了近渴”。

二是管理体制不顺。主要表现在“空、散、弱、短”四个方面：“空”即很多地方的管理机构农科教协调小组大都是空的，有牌子，没有位子，县乡两级这一现象尤为严重；“散”即部门条块分割、自我封闭、利益不同、各自为政、协调困难，农、科、教三家难以真正凝心聚力，形成拳头，一心一意谋发展；“弱”即在政府职能部门中，农、科、教结合的管理部门、科研部门、服务部门十分薄弱，随意性、依附性很大，自主性不强；“短”即指短期行为突出，没有长期发展规划，对理

[1] 古夫.湖南成人教育发展分析[M].北京：人民教育出版社，2009（12）：98–102.

论建设、法规建设、基地建设、队伍建设、教材建设、制度建设等基础性工作缺乏统一的顶层设计。

三是经费投入不足。主要是经费来源渠道不畅，没有固定的常年专项经费，常常要“找米下锅”。特别是乡镇农校，由于大部分乡镇财政入不敷出，无钱可给，加之税费改革后，农校经费更加困难，日常运转举步维艰，根本没钱改善办学条件，进而开展培训、实验示范、推广服务等也就成了无米之炊、画饼充饥、纸上谈兵。

四是师资队伍不稳。主要是农科教不姓“教”，编制没有保障，工资难以足额发放，住房、养老、医疗、保险、职称、晋级等后顾之忧多。有关调查显示，农村教师为了工资、住房、医疗、职称、晋级等，上访的人数中有70%以上是农科教中心的教师；跳槽、下海经商、调走的有80%以上也是农科教中心的教师[1]。

第三节　享誉全国的终身教育发展“湖南经验”

在发展终身教育的过程中，敢为天下先的湖南人坚持从实际出发，努力拼搏，积极探索，创造提炼了许多享誉全国的先进经验和典型，汇成了湖南终身教育改革发展的大合唱，奏出了前进路上的最强音，为湖南乃至全国推进全民学习、建设学习型社会提供了引领与示范。

[1] 张作功.三教统筹、农科教结合与全面建设小康社会——湖南农科教结合的调查报告[J].当代教育论坛，2003（10）：5–10.

一、桃江经验

（一）时代背景

1978年，全国科学大会、全国教育工作会特别是党的十一届三中全会的召开，实现了全党工作重心的转移，开启了改革开放和社会主义现代化建设新时期，尤其是实现“四个现代化”总任务的提出，社会各界要求加快教育发展、提高教育质量的呼声越来越高。湖南是农业大省，实现农业现代化，迫切需要在加快农村教育发展、提高农村教育质量上实现突破。历史的关键节点，“桃江经验”应运而生。

（二）主要内容

从20世纪70年代初开始，经过了近10年的探索、总结和推广对桃江县教育工作的主要经验，1979年11月6日《中共中央批转湖南省桃江县委〈关于发展农村教育事业的情况报告〉》中有明确表述，摘录如下：一是历届县委书记都非常重视教育，第一把手亲自抓教育，充分发挥教育部门的职能作用，并组织各有关部门密切配合，做到了全党抓农业，同时全党抓教育，使生产的发展推动了教育事业的发展，而教育事业的发展又促进了生产的更大发展。二是坚持“两条腿走路”的方针，充分依靠群众，发挥国家办学和群众集体办学的积极性。对办学的一些必备条件，包括师资、校舍和教学设备等，作了适当解决，多快好省地发展了教育事业。三是以普及小学五年教育为重点，实行普通教育、业余教育、学前教育一起抓，三者相互衔接，互相促进，是全面发展农村教育的有效办法。到1978年，全县适龄儿童的入学率和巩固率都稳定在98%以上，大大高于全省小学入学率和巩固率的平均水平；全县90%以上的大队，都办起了学前班；全县改建新校达700余所，约30万平方米，90%以上的农村学校都是好房子、新房子。

在扫盲方面，其经验主要是：全面规划，加强领导，把扫盲教育当作发展工农业生产的一项重要任务来抓；教育部门当好常委的参谋，各部门密切配合；调动一切积极因素，组织大规模的扫盲队伍，开展扫盲群众运动；实行“一堵（堵住新文盲的产生）、二扫（扫除现有文盲）、三提高（做好脱盲后的巩固提高工作，防止回生复盲）”，提高扫盲巩固率。扫盲教育成绩突出，1978年被湖南省授予“青壮年无文盲县”的光荣称号。

（三）国内外影响

桃江经验是中华人民共和国成立30年后，党中央第一次“以正式文件批转一个县的教育工作报告，向全国推介一个县的教育工作经验”的非常之举，意义重大。桃江经验的发现和总结，中央文件的批转与推介，以及教育部和湖南省委联合“桃江会议”（1979年11月20—28日“教育工作桃江现场经验交流会”）的召开，对湖南乃至全国农村教育的发展，具有重要的指导意义，起了重大的推动作用。会后，重教兴教“学桃江，赶桃江”“全民抓经济，全民办教育”的热潮遍及三湘四水，把湖南农村教育推向一个崭新的发展阶段。同时，在《红旗》《人民日报》《光明日报》《湖南日报》《中国教育报》《人民教育》等主流媒体的宣传推动下，桃江会议产生了轰动效应，全国各地纷纷把学习推广桃江经验作为推动本地教育发展的动力。据1980—1990年统计，桃江先后接待全国各地共517个教育参观团的现场访问取经。桃江经验名扬海外，1981年起国际成人教育考察团、印度非正规教育考察团、联合国教科文组织、日本《读卖新闻》记者等先后来到桃江参观考察。桃江教育成为湖南教育战线上一面鲜艳的旗帜。

二、东安经验

（一）时代背景

1979年桃江会议后，随着“桃江经验”的推广，湖南迅速掀起全党、全民重教的热潮。一方面，各级党委带头，大兴重教之风，人民对教育的认识大大提高，纷纷仿效桃江，实行“两条腿走路”，积极参与集资办学，新修改建校舍，改善办学条件，全省农村教育焕发出勃勃生机，教育质量不断提高。另一方面，全省教育事业的快速发展，引发了更深层次的思考，各地对在新的形势下，如何继续保持农村教育的发展，怎样加强师资队伍建设，进一步突出教育地位、调整教育结构重点应抓什么？等等。不少人感到迷茫。1982年9月，党的十二大召开，确定了全面开创社会主义现代化建设新局面的纲领。1983年5月，中共中央、国务院印发《关于加强和改革农村教育若干问题的通知》，指明了农村教育改革发展的方向。在此情况下，湖南省教育厅及时发现并总结了东安县委、县政府学习推广桃江经验，创造性发展农村教育的经验，是为“东安经验”。

（二）主要内容

东安经验的主要内容，在《湖南教育史》（第三卷）做了较为全面的概括，集中体现在以下四个方面：一是依靠国家、地方、集体和群众的力量，迅速改善办学条件。1982年，共筹资金1 100万元改扩建农村小学校舍，全县小学生人均校舍面积由原来的2.9平方米上升到4.8平方米，校舍中危房面积由13.8%下降到2.3%。二是集中力量，大规模进行中心小学建设。1982年下半年，短短的半年时间内，共改扩建成高标准的中心小学35所，做到了社社有合格的中心小学。三是全县上下尊师重教，努力为教师办实事，提高教师待遇。妥善解决民办教师的报酬问题，实行公社统筹统付，口粮由大队集体解决；按照政府规定，先后将87名骨干教师和外地教师的204名农村农户转为城镇户口；严肃处理22起殴打侮辱教师、侵占学校财产的事件。四是充分认识教育的战略地位，各级领导像抓农业生产一样抓教育。东安县委认为，要抓好教育，必须有“四门功夫”：对教育战略地位的充分认识；消除领导者害怕抓教育出不了政绩的私心杂念；多接触和了解学校的情况；带头深入基层真抓实干。

（三）省内外影响

在东安经验的推动下，1983年9月20—25日，湖南省委、省政府在东安召开了全省普通教育工作会议，史称“东安会议”。东安会议是继桃江会议之后湖南的又一次教育工作盛会，这是中华人民共和国成立以来湖南省第一次省、地、县三级党政主要领导人和教育部门负责人聚在一起共商教育大计，规格之高，规模之大，影响之深，史无前例。“东安会议”揭开了湖南教育全面建设和改革的序幕，标志着全省普通教育进入了一个新阶段。会后，伴随着东安经验的推广，“东安效应”应时而起，湖南教育出现了改革和发展的又一次热潮。各地办教育的“总开关”打开了，教育排上了重要位置，“东安效应”突出表现在以下四个方面：一是“重视教育贵在行动”。1983年冬—1984年春，全省集资1.5亿元，用于改造中小学危房和兴建一批高标准的乡镇中心小学。二是千方百计加快普及小学教育。湘阴县委、县政府为了使所有适龄儿童都能按时上学，读完规定年限，决定从1984年起在全县实行“强制性教育”。宜章县瑶岗仙镇决定全镇从1984年起，特殊困难户学生和所有女生免费入学，经费由村委会负担。三是大力提高教师的社会地位。零陵、郴州、常德、株洲等地市都就此作出专门决定，各地都对教师夫妻两地分居、家属“农转非”、子女就业、改善居住条件等方面积极协调，千方百计办了许多实事。四是极大地促进了农村各项教育事业的发展与提高。到1984年底，全省有汨罗、桃江、沅江等47个县（市区）通过了普及初等教育的验收；中等教育结构单一的状况初步改变，全省城乡办起职业中学200余所；成人教育、幼儿教育的发展均出现了喜人局面[1]。

三、汨罗“素质教育”

（一）时代背景

1977年恢复高考后，随着教育事业的发展，人们渴望读书升学、“跳出农门”的热情不断高涨，学生都把考上大学视为唯一正途，各地日益形成“千军万马挤独木桥”、片面追求升学率的现象，一步步把基础教育带入“应试教育”的泥沼。为扭转错误倾向，80年代初，教育部作出了《关于纠正片面追求升学率若干问题的规定》（即“十条规定”）。1985年，全国教育工作会议召开，明确提出“教育必须克服脱离实际和片面追求升学率的倾向”，迎来了教育事业改革的春天。在贯彻落实中央和教育部指示过程中，湖南做了大量卓有成效的工作。汨罗即是第一个“吃螃蟹”，在1976—1983年拨乱反正、正本清源，较好完成推行教育改革清基工作的基础上，解放思想，勇于开拓，大胆创新，自1984年起，开始区域性大面积推行素质教育的探索，培育了享誉全国的素质教育之花——汨罗经验，成为“全国素质教育发源地”。

[1] 刘欣森，孟湘砥.湖南教育史（第三卷）[M].长沙：岳麓书社，2003（6）：351-358.

（二）主要内容

20世纪80年代，针对当时教育脱离实际、违背基本规律、片面追求升学率的严重情况，汨罗市在全国率先大面积实施农村教育综合改革：全面贯彻党的教育方针，坚持“四个面向”（面向农村每一类教育，面向每一所学校，面向每一个学生，面向学生发展的每一个方面），以“三控制”（坚决控制中学阶段重复教育，控制学校超负荷班级学额，控制学生留级辍学）为突破口，以构建“六个和谐”（教育结构和谐、区域教育和谐、校级教育和谐、教育群体和谐、教育个体和谐以及教育与经济社会发展整体和谐）为目标，注重德智体美劳并重、知识能力并重，促进全市基础教育实现由“应试教育”向“素质教育”转变，全面提高教育质量与学生素质，形成良性循环。汨罗素质教育经验大体概括有5个方面：一是全面贯彻党的教育方针，转变教育观念，树立正确的教育观和人才观，坚决推行素质教育，“不求人人升学，务须个个成才”；二是建立和完善素质教育运行机制，实行刚性管理，严格教育系统和政府部门“双重”教育工作目标管理责任制，排除“应试”倾向，切实增强素质教育管理的力度和实效；三是根据素质教育要求，深化教学改革，坚持德育首位，严格按教学计划开课，切实执行教学常规，大力推进教学内容和教学方法改革，努力减轻学生负担，全面提高教育质量；四是积极调整中等教育结构，大力发展职业技术教育，构建教育“立交桥”，更好服务当地经济和社会发展；五是加大教育投入，努力改善办学条件，改善校舍和教学设备，不断充实现代教育手段，实现“一无两有六配套”，保证学生有充分发展的条件。以上五条，相辅相成，有机统一，构成一条变应试教育为全面素质教育的完整教育改革新路子。

（三）省内外影响

素质教育的推行，汨罗教育事业呈现出欣欣向荣的景象：各级各类教育和谐发展，办学条件显著改善，教育管理与时俱进，国民受教育程度得到质的提升。1995年，汨罗市小学入学率、巩固率、合格率分别比全省平均水平高出2.51、1.59、12.34个百分点；职高与普高在校生比已达6∶4，职高学生巩固率97%，合格率100%；全市上大学人数比例超过16人/万人，高出全省水平近一倍，在全国农村县（市）也属于凤毛麟角。1996年，汨罗经验经《湖南教育》《人民教育》等主流媒体宣传推介后，在湖南传为佳话，引起中央领导和社会各界的普遍重视与关注。全国政协主席李瑞环将汨罗教改经验批转给国家教委；国务院副总理李岚清亲临汨罗视察，发表了题为“汨罗经验要逐步在全国推广”的讲话，指示“汨罗经验是很可信的，特别宝贵。不仅是湖南，全国都应该学习汨罗经验”，充分肯定了汨罗的素质教育。随后，湖南省政府办公厅批转省教委《关于推广汨罗经验的报告》，国家教育督导团和中国教育学会先后以岳阳和汨罗为现场召开素质教育研讨会，汨罗经验迅速成为热门话题，全国随之掀起学习汨罗经验的热潮。当年全国29个省、自治区、直辖市的1 386个团组、31 006人先后到汨罗考察。1999年，第三次全国教育工作会议召开，明确提出“全面推行素质教育”，对汨罗经验给予进一步肯定。2006年，国务委员陈至立视察汨罗教育，指示“要继续总结推广汨罗经验”；同年，全国“汨罗素质教育论坛”在长沙成功举办。据不完全统计，截至2009年，全国各级领导、专家及教育界同行共有13.8万人次先后来汨罗考察指导。同年，汨罗素质教育作为中华人民共和国教育60件大事之一入选《中华人民共和国教育纪事》，并荣获“首届全国教育改革创新优秀奖”。汨罗素质教育是一种教育观念的转变，为国家层面全面实施素质教育提供了理论支撑和实践范本，影响至深至广，不但影响了全省全国，而且深刻影响了包括高等教育在内的各类教育，影响到全国教育的格局和理念变迁，在湖南当代教育史上写下了辉煌的一页。

四、职业教育"湖南标准"

（一）时代背景

21世纪初，随着高校的扩招和中职学校的合并与重组，湖南职业教育虽已具有一定规模，但依然是全省教育事业的薄弱环节，发展不平衡，经费投入不足，基础能力薄弱，办学机制及人才培养的规模、结构、质量远不能适应经济社会发展的需要。为做大做强做好湖南职业教育，2006年，省委、省政府颁布《关于大力发展职业教育的决定》，在积极扩大职业教育规模的同时，进一步注重内涵提升。2007年，湖南启动职业教育"十一五"省级重点项目建设，旨在建设一批提高职业教育质量的示范（骨干）职业院校、精品专业、精品课程与实习实训基地。2008年，组建了湖南第一个职教集团，开始走产教融合、校企合作之路。2009年，为切实加强职业院校专业建设和教学工作，提升学生专业技能，增强学生就业创业能力，省教育厅建立职业院校专业技能抽查制度。"十二五"以后，湖南职业教育逐步从内涵提升走向特色化发展，相继推出了示范特色专业（群）、特色专业、校企合作生产性实习实训基地建设等职业教育重点项目。2014年，省委、省政府正式出台《关于加快发展现代职业教育的决定》《湖南省现代职业教育体系建设规划（2014—2020年）》等纲领性文件，加快了湖南职业教育现代化进程。2015年，在原示范性职业院校建设基础上，又推出新一轮卓越职业院校建设项目，更加强调实习实训、校企合作、产教融合在职业教育特色化建设中的地位。2017年起，湖南启动实施一流高职院校和一流专业群“双一流”建设。在贯彻执行系列政策文件、抓紧抓好项目落实的过程中，湖南致力于标准开发与应用，探索出一条独具湖湘特色的职业教育“标准化”发展之路。

（二）主要内容

进入新世纪以后，特别是“十一五”以来，湖南职业教育坚持以服务为宗旨，以质量为中心，以创新驱动、内涵发展和特色发展为导向，狠抓职业教育标准建设，不断深化人才培养模式改革。据不完全统计，到2018年，按照“产教联动、质量导向、科学规范”的原则，遵循“专业基本技能—岗位核心技能—跨岗位综合技能”的思路，全省共组织开发职业教育各类标准（指南、方案、制度、教程）24 594个。中职教育方面，共研究开发专业教学标准37个、中高职衔接专业教学标准4个、课程标准540个，覆盖了全省中职主体专业和骨干专业；开发技能考核标准241个、省级专业技能抽查标准43个、市级专业技能抽查标准183个，为开展中职专业技能抽查和规范中职专业技能教学提供了基本依据与遵循；开发专业教师培训与考核标准34个、新技术应用培训标准11个、职业院校教师实践能力培训教程10本，成为培训专业教师技能、考核教师专业技能水平和教学水平的重要依据；开发并多轮修订了省普通高校对口招生考试标准17个科目（专业类）。高等职业教育方面，研究开发国际化专业教学标准49个、课程标准201个、培训标准149个、技术标准10个；承担开发（修订）国家专业教学标准53个；组织开发省级专业教学标准15个、专业技能抽查标准59个、专业技能训练教程9本、“中国制造2025”新技术应用教程9本，编制专业大类毕业设计指南19个；各高职院校全面修订完善专业人才培养方案1 992个、课程标准和质量管理等标准18 533个，制定教学工作诊断与改进制度704个、相关专业标准1 557个、建立诊改平台115个。全省已建立起较为完善的职业教育标准体系，为创新质量评价和监控机制，深化教育教学改革，提升人才培养质量和水平，提供了基础性制度保障，有力促进了湖南职业教育不断走向规范化、标准化和制度化。

（三）**省内外影响**

湖南职业教育的标准化建设与创新特色发展，提升了全省职业教育整体效益，成就突出，影响深远。据《湖南省高等职业教育质量年度报告（2019）》统计，到2018年，全省有高职高专院校70所，在校生56.04万人，办学规模排全国第5位，学生专业技能抽查合格率、毕业设计抽查合格率分别达到96.46%、95.39%。湖南研究开发的专业教学标准被国（境）外采用49个、课程标准201个。全省立项建设的国家职业教育内涵建设项目数居全国前5位，正积极建设45所高职国家示范（骨干）校、38个国家示范专业点，国家示范校所数、示范专业点数分别排全国第5位、第2位；共有在建国家级教学资源库（不含备选）7个，全国排名第4，国家现代学徒制试点院校19所，全国排名第5。全省高职院校在建省级卓越校21所、一流特色专业群138个；立项省级精品在线开放课程200门，自主建设校级精品课程3 586门，累计建设数字化教学资源库1 350个，开发原创性信息化教学资源1 237TB；建有42个职教集团，加盟企业1 890家，校企共建“双师型”教师培养（培训）基地1 058个，“双师素质”专任教师比例达63.67%。2018年，全省高职院校在国家级教学成果奖评选、教师教学能力比赛、学生技能大赛等三大赛（奖）中，总分排名全国第4，其中国家级教学成果奖一等奖获奖数全国第4、全国职业院校教学能力比赛一等奖获奖数全国第4、全国职业院校技能大赛获奖总数全国第1，有5所学校排名在全国前50位，有6所学校排名在前100位。在全国“互联网+”大学生创业创新大赛中，获银奖1个，铜奖5个；在“挑战杯——彩虹人生”全国职业学校创新创效创业大赛中，获一等奖3项，二等奖15项，三等奖8项；在中华职业教育创新创业大赛中，获金、银、铜奖各1项，最佳人气奖1项。全省立项国家现代学徒制试点学校10所，立项数全国排名第3；以湖南工业职业技术学院为首成立了全国性的“机械行业先进装备制造职业教育集团”，湖南工艺美术职业学院牵头组建了“全国职业院校精准扶贫协作联盟”，长沙民政职业技术学院、湖南铁道职业技术学院立项为“全国深化创新创业教育改革示范高校”[1]。

同时，据《湖南省中等职业教育质量年度报告（2019）》显示，全省共有中职学校472所、技工学校60所，年招生26.98万人，在校生78.93万人，其中国家中等职业教育改革发展示范校31所、省级卓越校28所、省级示范校111所，立项建设省级示范性（特色）专业（群）109个、省级精品课程100门。在全国职业院校技能大赛中，2018年共获得一等奖6个、二等奖30个、三等奖60个，获奖总数达96个，列全国第5；在全国职业院校技能大赛教学能力比赛中，共1人获一等奖、8人获二等奖、7人获三等奖，获奖总数排名列全国第10

[1] 湖南省教育科学研究院，湖南省教育战略研究中心.湖南省高等职业教育质量年度报告（2019）[M].北京：高等教育出版社，2019：20-21，31，38.

位[1]。此外，省教育厅发布了全国首个职业教育扶贫工作报告，在全国产生了较大影响。同年11月，教育部奋进之笔走进湖南“1+1”新闻发布会在长沙召开，人民日报、新华社等100多家媒体对湖南职业教育进行了深度采访和报道。2019年1月，在全国教育工作会议上，湖南省教育厅厅长蒋昌忠以“扎根湖湘大地办好职业教育 服务区域经济社会高质量发展”为题做了交流发言，湖南职教进一步走出湖南，走向全国。

五、乡村教师队伍建设“湖南经验”

（一）时代背景

长期以来，湖南乡村教育比重大，是整个教育的短板，基础薄弱。乡村师资数量不足，结构失衡，年龄老化，流失严重，综合素质不高，专业能力不强，一直是制约乡村教育进一步发展的瓶颈，是乡村教育之痛。这种境况在老少边穷等国家连片特困地区愈发明显。为缩小城乡师资水平差距，破解乡村教师队伍“下不去、留不住、教不好”等难题，从根子上解决乡村教育“太弱”的问题，湖南各级党政领导素来高度重视教师工作，创造性实施了一系列改革举措，取得了良好成效。特别是随着中国特色社会主义迈向新时代，《国务院关于加强教师队伍建设的意见》《乡村教师支持计划（2015—2020年）》等政策文件的颁发，进一步指明了教师队伍建设的方向，湖南教育勇立潮头、敢为人先，采取超常规措施认真贯彻落实，全面加强乡村教师队伍建设，形成了领跑全国的乡村教师队伍建设“湖南经验”。

[1] 湖南省教育科学研究院，湖南省教育战略研究中心.湖南省高等职业教育质量年度报告（2019）[M].北京：高等教育出版社，2019：1，12，25，27.

（二）主要内容

乡村教师队伍建设的“湖南经验”，集中体现在四个方面：一是在全国率先启动农村教师公费定向培养计划。2006年，为解决边远乡村学校专业教师缺乏、补充困难等问题，湖南在全国率先启动实施农村小学教师公费定向培养专项计划，免费为农村定向培养小学教师。当年，按照“自愿报名、择优录取、公费培养、定向定期服务”的原则，在全省38个国家级贫困、省级贫困县首批定向招收五年制专科层次农村小学教师1 006人，省财政按每年4 000元/人的标准设立专项资金。一直到2014年，全省公费定向师范生培养类型逐步齐全，规模日益扩大，且突出“精准”培养。2015年，开始启动农村中职专业课教师培养，首批招收100人。2016年，针对小学女教师比例过高问题，实行公费定向男教师培养，首批招收200人。经过10余年发展，全省初步建立与国家免费师范生相衔接的各类型、各学段、各学科教师培养全覆盖的地方公费定向师范生培养体系，基本形成了“一二三四五”全方位、多层次、多种类的农村中小学、幼儿园及特殊教育教师培养的“湖南模式”。一个目标：促进教师资源均衡配置和农村教师队伍整体素质提升；两级培养：省、市财政分别提供培养经费，以省为主；三种学制：四年制本科（高中起点）、五年制专科（初中起点）、六年制本科（初中起点）；四类计划：县来县去（以县为单位确定招生来源计划，学生毕业后回县任教）、县来乡去（以县为单位确定招生来源计划，毕业生定向到乡镇任教）、乡来乡去（以乡镇为单位确定招生来源计划，毕业生定向到本乡镇任教）、乡来点去；五个保障：培养基地保障、经费保障、课程和教材保障、管理制度保障、就业政策保障。突出特点是“政府主导，部门协调配合；按需施策，不断完善政策体系；订单培养（按需招生、公费培养、定向就业），协议服务；分级培养，分级负担”。到2018年10月，全省招生培养学校已有26所，年招生规模达11 000人，共招收培养各类农村教师公费定向师范生6.23万人，培养规模为全国各省之最，已毕业的2.27万人全部补充到农村学校任教。二是在全国率先实施乡村教师人才津贴制度。2013年，着眼于改善贫困地区教师人才待遇，省委、省政府出台《关于对武陵山片区农村基层教育卫生人才发展提供重点支持的若干意见》，规定对43个集中连片贫困县乡村教师，在奖励性绩效工资中增设“片区农村基层教卫人才津贴”，为具有初级以上职称（含初级）的在编在岗教师，在片区农村中小学校（教学点）工作期间，按学校在自然村寨、村委会所在地、乡镇政府所在地（不含县城关镇）三类情况，每人每月发放不低于700元、500元、300元的人才津贴。自2015年起，所有乡镇及以下学校在职在岗教师一律纳入乡镇工作补贴实施范围，每人每月落实200～500元的乡镇工作补贴，且不抵扣乡村教师津贴。2016年，农村教师人才津贴覆盖到全省所有贫困县。三是在全国率先把“加强教师队伍建设”纳入“两项督导评估”。早在2004年，湖南就创造性地推出“两项督导”——县级政府教育工作督导评估、县级党政主要领导干部教育工作实绩督导考核，其中“加强教师队伍建设”即为评估考核6个主要方面的内容之一，而且对凡教育人事没有依法归口县级教育行政部门统一管理、教师工资没有由财政全额预算并按时足额发放的，坚决实行“一票否决”，督导考核结果作为党政主要领导干部政绩考核的重要内容和提拔、任用的重要依据，直接影响一级政府执政水平和其党政“一把手”的职务升迁。四是坚持并发展了“农村义务教育阶段学校教师特设岗位计划”。2009年，根据国家政策要求，湖南正式启动实施“特岗计划”，面向茶陵等

47个县设特岗教师招聘计划2 897人。2010—2018年，湖南持续实施并根据各地实际不断完善“特岗计划”，除国家和省项目计划外，“鼓励和支持有条件的市州实施农村初中、小学、幼儿园教师公费定向培养市州项目计划”，总体规模和覆盖区域逐年扩大。有关数据显示，截至2018年，全省先后为75个设岗县市区农村中小学招聘特岗教师6.58万余人。2019年，省政府出台《关于加强乡村教师队伍建设的意见》，对乡村中小学教师的师德师风建设、工资待遇保障、编制配备、培养补充、职称评定、合理流动、表彰奖励、周转房建设等明确了一揽子激励政策，湖南乡村教师队伍建设进入新的阶段。

（三）省内外影响

湖南乡村教师队伍建设，为乡村培养了大批“定制化”优秀教师，成为乡村中小学教师队伍的生力军，有效解决了乡村教师“进得来”“留得住”“用得好”的问题，彻底改变了乡村教师队伍薄弱的状况，对促进全省义务教育阶段师资均衡配置、实现城乡义务教育一体化发展，具有重大的历史意义和现实作用。乡村教师队伍建设的“湖南经验”，得到了各级领导的高度肯定和社会各界的一致好评。2011年，《教育部简报》第189期专题刊发《湖南省不断创新农村小学和幼儿园教师公费定向培养机制》的经验材料。2014年，全国推进乡村教师生活补助工作经验交流会在长沙召开，“整体推进、科学实施、阳光透明、效果明显”的“湖南模式”，成为全国各地学习的范本。同年，在全国免费师范生教育经验交流会上，湖南公费定向培养师范生的经验得到推广。2015年，在教育部落实《乡村教师支持计划（2015—2020年）》专题研究班上，湖南着力加强乡村教师队伍建设的主要经验和做法进行了大会交流。2016年，湖南农村教师公费定向培养工作，入选全国乡村教师队伍建设优秀工作案例；肖国安厅长的署名文章《从根子上求解农村教育"太弱"难题》在《中国教育报》第8版专题刊登，同期刊登了记者专访《逼出来的"战略性工程"——湖南实施农村教师公费定向培养计划调查》；在全国乡村教师队伍建设推进会上，肖国安厅长以《"三管齐下"切实加强乡村教师队伍建设》为题，做了专题介绍和发言。同年12月，湖南农村教师公费定向培养工作，荣获21世纪教育研究院组织的"第五届地方教育制度创新奖"优胜奖第一名，"湖南经验"迅速在全国推广。

第五章 湖南终身学习体系构建※[1]

党的十九大报告强调，要“办好继续教育，加快建设学习型社会”。这是党中央在中国特色社会主义新时代提出的重大战略决策。构建终身学习体系，建设学习型社会，是当今世界一种全新的教育思潮，也是新时代我国教育现代化的应有之义。终身学习是在终身教育基础上发展演化而来的。在着力写好我国教育现代化奋进之笔的新时代，深入探讨湖南终身学习体系建设的目标愿景与重点任务，明确治理策略，切实加快推进湖南教育现代化，既是满足人民群众多样化学习需求，保障人民群众平等接受教育机会，实现人的全面发展的重要举措，也是在全社会形

※ 该章主要内容改编自《湖南教育发展研究报告2019——湖南教育现代化2035专辑》（石灯明主编，湖南教育出版社2019年11月第1版）中蒋书同等撰写的“第八篇 湖南终身学习体系现代化研究”。

[1] 蒋书同.面向中国教育现代化2035的省域终身学习体系现代化相关问题研究[J].中国职业技术教育，2019（28）：52-58.

成积极向上的学习氛围，推动健康生活方式普及，满足人民精神文化生活新期待，昂首迈向富饶美丽幸福新湖南的迫切要求[1]。

第一节　湖南终身学习体系现代化的现实基础

湖南终身教育发展经历了漫长的过程，取得了长足的进步。改革开放以来，湖南开始重视终身学习体系建设。特别是2009年全省推进教育强省工作会议以来，全省各地采取多种措施，加强终身教育制度框架构建、骨干体系建设，积极开展面向不同人群的学习培训活动，推动了终身教育的发展，取得了成效，形成了成功经验，带来了现实启示，当然也面临不少的困难与不足，有待以后进一步破解与改进。立足新时代，湖南终身教育取得的成绩是全方位、多层次的，其基本做法与全国各地大致同频，但具体操作因时期因地域而各有侧重、各具特色。

一、湖南终身教育发展的成绩与做法

1. 搭建了推进终身教育的制度框架。为探索建立终身教育发展机制，2010年，省委、省政府出台《关于推进终身教育和学习型社会建设的意见》，对全省推进终身教育和学习型社会建设的指导思想、基本原则、目标任务和政策措施给予了明确。随后相继出台《湖南省建设教育强省规划纲要（2010—2020年）》《湖南省贯彻落实〈促进中部地区崛起规划〉实施方案》《关于大力发展职业教育的决定》《关于大力

[1] 中共湖南省委、湖南省人民政府关于推进终身教育和学习型社会建设的意见：湘发〔2010〕9号.

发展农村中等职业教育的意见》《关于建立对县级人民政府职业教育工作督导评估制度的通知》《湖南省农民教育培训“十二五”发展规划》《湖南省“十二五”期间老年教育事业发展规划（2011—2015年）》等一系列制度文件。省教育厅除印发《关于“十二五”时期中小学教师培训工作的意见》外，还制定了职业教育“十二五”“十三五”省级重点建设项目建设方案和《湖南省职业教育服务能力提升专项规划》，规定从2011年起，每年10月的第3周为“湖南省全民终身学习活动周”。14个市州陆续出台贯彻落实省委、省政府文件的实施意见，长沙、衡阳、常德、益阳、郴州等市将社区教育纳入县市区政府绩效考核内容。省里出台的湖南省建设教育强省“十二五”“十三五”规划等文件，都就终身教育提出明确要求[1]。2017年5月，省委办公厅印发《关于加强离退休干部经常性学习教育工作的意见》，对离退休老同志的日常学习做出具体部署。2019年2月25日，同时印发《湖南省教育厅等九部门关于进一步推进社区教育发展的实施意见》《湖南省老年教育发展规划（2019—2022年）》，对全省社区教育、老年教育做出整体规划，明确了目标任务与措施要求。在省委、省政府的高度重视和地方政府的积极配合参与下，全民学习、终身学习的制度框架基本确立。

2. 培育了实施终身教育的骨干体系。一是不断推进社区教育项目化运作。自2011年以来，湖南着力推动社区教育实验区、示范区和特色学校建设，到2020年，已建成省级示范性社区教育实验区16个，其中4个被评为全国社区教育示范区、8个被评为全国社区教育实验区，立项“全国城乡社区教育特色学校”15家。全省农村地区开展社区教

[1] 蒋书同，湖南终身学习体系现代化现状研究[J].现代职业教育，2019（25）：138-139.

育的基础平台逐步建立，已建有市（州）社区大学14所，覆盖率达100%；县市区社区学院92所，覆盖率约为75%；乡镇街道社区学校708所，覆盖率约为46%；居委会村级社区学习中心也在积极建设完善中。“十三五”期间，评选出终身学习品牌项目74个，湖南省优秀学习团队60个，学习型家庭40个。二是大力加强县级职教中心建设。在全省已有的90个县级职教中心中，77个被遴选为省级示范性县级职教中心；100 所乡镇农校成为了省级示范性乡镇农校。岳阳县、湘阴县、道县、蓝山县、苏仙区等20余个县区，其分散在各部门的各类培训经费已经基本由中心统一管理，县级职教中心已开始按照“政府统筹、部门支持、中心实施、群众受惠”的新机制运行。三是努力拓展老年教育基地。全省有各级老年大学177所，老年学校1 034所，老年教育学习体验基地20个，省级示范性老干部（老年）大学87所、全国示范性老干部（老年）大学11所。湖南老干部大学自1988年建校，经过30多年的发展，设有4个系、42个专业、185个班级，每年在校学员1.44万人次。此外，2017年湖南省高等职业学校、成人高等学校及省外高校高等教育函授站（在湘）备案保留名单88个。长沙、衡阳、岳阳、益阳、郴州5市先后加入全国学习型城市建设联盟，为湖南学习型城市建设积累经验、探索路子。

3. 培养了一支服务终身教育的基本队伍。近年来，湖南举办学历继续教育的高校，基本建立了一支校内校外、专职兼职相结合，人员稳定、结构合理、数量充足、素质较好的高层次继续教育师资队伍。据不完全统计，2017年，87所高校共有继续教育教师3.09万人，其中授课教师2.66万人、辅导教师0.25万人、管理人员0.21万人。授课教师中，具有研究生及以上学历的教师2.04万人，占76.53%；具有副高及以上职称的教师1.36万人，占51.22%；校内教师1.89万人，外聘教师0.77万人。各级党校、行政学院拥有一支较稳定的教学与管理队伍，大中型企业、各系统的教育培训机构也配备有一定数量的教学管理人员，能基本满足教育培训需要。全省有社区教育专职工作人员532人，兼职人员3 258人，志愿者9 210人。虽然终身教育师资队伍数量还不充足，业务素质也参差不齐，但总体上发挥了较好的作用[1]。

4. 开发了一批终身教育优质资源。一是加快社区教育学习资源库建设。截至2023年，第一批申报立项建设的21门省级社区教育课程资源已通过验收，第二批立项建设的资源正在稳步推进；邀请的近20位国内知名专家的讲座课程基本制作完成，半数已经上线；针对老年教育、老年大学等热点需求精心挑选的近1 000门外购优质课程也已部分到位上线。湖南老干部大学建设的561个特色视频课程资源，有69个微课荣获湖南省微课大赛一等奖等奖项。二是积极推进“湖湘学习广场”升级改造。如前所述，采用基于大数据分析的云服务模式，升级了湖南终身教育公共服务平台——“湖湘学习广场”，整合共享社区教育、干部教育、老年教育、职业培训、数字图书馆等各类资源200T，建有适合老年人学习的视频课程2 500多个，开辟了老干部（老年）开放大学、湖南青马在线等各类大型专题教育平台15个，市（州）终身教育在线平台6个，其中湖南老年在线注册学员7.7万多人、湖南青马在线20万人。全省各市州、各行业、企业、教育组织合作定制各类专题培训、考试平台15个，在线注册用户达80万人，实现了“统一用户、实名认证、统一平台”与“学习成果认证、消费、转换和移动学习”，满足了

[1] 蒋书同. 湖南终身学习体系现代化现状研究[J]. 现代职业教育，2019（25）：138–139.

学习者在线学习、活动分享、学友交流、全网智能搜索、终身学习档案存储、学分消费与互换等云服务需求。“湖湘学习广场”已成为湖南省终身教育门户，终身教育网络已覆盖全省70%以上人口。三是开展全民终身学习活动周。“十三五”期间，每年定期举办全民终身学习活动周，省级活动由各市州轮流承办，取得了积极成效，连续获全国优秀组织奖。2019年学习活动周，全省14个市州、95个县市区举办了相关活动，参与人数超过400万，评选了一批“优秀学习团队”和“百姓学习之星”。

5. 开展了广泛的继续教育与教育培训。一方面，高等学校学历与非学历继续教育协调发展。2017年，湖南有130所高校举办本、专科学历继续教育（含函授、业余、脱产、网络教育、远程开放教育等），其中普通高等学校121所，独立设置成人高校9所；共招收继续教育学生18.54万人，其中函授教育学生7.55万人、业余教育学生2.64万人、网络教育学生8.19万人、远程开放教育学生0.16万人；在学学生 44.11万人；毕业学生9.30万人。上述130所学校中，有87所高校举办了非学历继续教育，共54.35万人次接受非学历继续教育，其中普通高等本科院校18.78万人，占比34.55%；高职高专院校35.18万人，占比64.73%；独立设置成人高校0.39万人，占比0.72%。另一方面，各种教育培训广泛开展。省教育厅组织实施了“国培计划”、中西部农村骨干教师培训、幼儿教师国家级培训计划，及中小学校长、教师省级培训。全省各级农教办、农校体系平均每年开展农民科技培训139万人次；各地老年大学（学校）开展了形式多样适合老年人学习需求的教育培训，为老年人的晚年生活注入了丰富多彩的内容。长沙市岳麓区作为全国社区教育示范区，2017年共组织社区企业职工教育培训1.05

万人，占社区企业职工总数的13%；青少年校外素质教育培训4.3万人次，占青少年总数的57%；失地农民培训2.7万人次，占失地农民总数的37.5%；外来务工人员培训1.2万人次，占外来人口总数的14%；下岗失业人员培训0.28万人，占失业总人数的23%；老年教育培训1.5万人次，占老年人口总数的12.5%。长沙社区大学自2015年以来，持续开展“终身学习精品课程进社区”活动，到2020年共向全市各级社区学校、社区学习中心送去社区教育精品课程736场次，累计培训3万余人次。这些教育培训，提升了学习者的整体素质和参与社会经济活动的能力，参加失地农民培训的农民98%实现了自主创业或再就业。

6. 发挥了高等院校继续教育特色优势。一方面，各高等本科院校依托自身王牌专业、重点建设学科和特色专业不断调整优化继续教育。各高等本科院校根据办学特色优势，整合校内外优势资源，调整优化继续教育专业课程设置，改革人才培养模式，创新人才培养方式，加强继续教育科学研究，加速推动继续教育培训由“简单贯彻落实”向“科学规划发展”转变、“粗放式管理”向“精细化管理”转变、“追求规模效益”向“加快质量内涵发展”转变、教育资源“分散建设使用”向“综合应用共享”转变、“适应社会需求”向“引领社会需求”转变。中南大学充分发挥自身在安全工程、临床医学、有色金属、计算机科学与技术、轨道交通、信息管理与信息系统、新能源材料与器件、物联网工程等学科方面的特色优势办学，对继续教育的人才培养目标与方案、专业课程设置、教材教辅、授课方法、作业布置、考试命题、考试方式、综合测评、毕业论文设计等教学过程，进行了一系列调整和改革。每年继续教育立项校级教改课题20项以上，2017年立项省级教改课题4项，“突出质量内涵的高校学历继续教育综合改革”课题入选“中国高校远程与继续教育优秀案例”，被现代远程教育协作组、新华网等授予“2017中国最具社会影响力高校网络与继续教育学院”“2017年度中国最具品牌影响力网络教育学院”等荣誉。湖南大学依托通信工程、材料科学与工程、机械工程、土木工程等学校优势学科和特色专业，调整继续教育招生层次、专业和规模，停止招生专科专业8个，增设了本科专业11个，共开设理工类、经管类、文法类应用型本、专科专业35个。另一方面，各高职高专院校以产教融合、校企合作大力推进高素质技术技能型人才培养。各高职高专院校围绕“一带一路”、长江经济带、中部崛起、西部大开发等国家重大战略和湖南经济社会发展需求，深化工学结合、校企合作、产教融合，加快发展现代职业教育，认真办好继续教育培训，主动适应产业升级和行业发展需求变化，着力推进社会急需高素质技术技能人才培养培训。湖南铁路科技职业技术学院致力于构建全日制学历教育、职业培训和成人教育、应用科研和技术服务“三业齐强”发展格局。湖南生物机电职业技术学院坚持“依托行业、对接产业、办好专业、融入企业、服务农业，走产学研深度结合、人才培养与社会服务协同”发展道路，加快发展以培育新型职业农民为重点的职业培训，大力开展多种形式的职业培训和社区教育，2017年举办新型职业农民、基层农技人员、贫困县创业致富带头人等培训班40期，达到7 317人次，入选为“全国首批新型职业农民培育示范基地”，实现继续教育办学收入与全日制学历教育办学收入大体相当。长沙航空职业技术学院2017年举办飞机维修技能、航空服务、航空企业中青年干部现代管理培训班等32期，培训约25 000人次；2020年举办国培、省培等各类培训班13期、培训83 103人次，组织完成职业技能鉴定11批2 736人次、民航局66部维修执照考试2次共631人次、无人机驾驶员执照考试6次共2 507人次。湖南石油化工职业技术学院切实为石化企业安全高效生产保驾护航，成为国资委投资建设的应急救援定点培训演练基地、国家二级安全生产培训机构、中国石化定点培训和技能鉴定基地、湖南省高技能人才培训定点机构。2015—2017年，学院为企业和社会举办各类培训班268期，累计培训社会人员9.8万人天，培训在校学生7.5万人天；2020年，学院开展各类企事业单位培训达11 724人次，学生职业技能鉴定718人次，职工职业技能鉴定624人次。

二、湖南终身教育发展的困难和不足

近年来，湖南终身教育工作围绕推进社区经济文化建设、构建和谐社区，积极探索，大胆实践，有了初步成效。但在发展过程中也存在着不少困难和问题。

1. 终身学习理念的形成还有差距。终身学习是指社会成员为适应社会发展和满足个体需要，以学习者本人为中心，贯穿一生的、持续的学习过程。树立终身学习理念，自觉地把学习作为一种生活方式、一种精神境界、一种生存需要、一种人生追求、一种责任担当来认识和对待，切实做到乐于学习、善于学习、自觉学习、刻苦学习、终身学习，是构建学习型社会、实现湖南教育现代化的必然要求。当前，面对瞬息万变的现实，为丰富人生阅历创造出彩机会，大多数人已具备了终身学习的意识，有了学习的自觉，但就整个社会而言，对终身学习的理念仍然理解肤浅，有待进一步深入。一是对终身学习体系的构建缺乏系统的认识，不能以畅通每一条“终身学习”渠道来思考问题。二是对服务学习者的轻重把握缺乏整体思维，没有把“需要”与“事业”结合摆在重要位置。三是对学习内容缺乏科学规划，如“立德树人”、职业生涯规划及培训多数停留在口头上。四是参与终身教育的意识和动力不足，相当部分社会力量并没有把参与终身教育视为自身应担负的社会职责，更谈不上具有参与终身教育的强烈愿望[1]。

2. 缺乏配套的可操作性制度安排。一方面，没有强有力的法律法规支撑。国内终身教育发展较好的上海、福建、太原等地区已出台了《终身教育条例》等地方性法规，对各级政府、各部门以及社会成员个人在终身教育发展中须承担的责任、履行的义务以法律形式进行了明确，而湖南因为类似的地方性法规缺失，致使各个主体参与终身教育、终身学习的动力不足，积极性不高。另一方面，地方和行业缺乏配套性实施办法。到目前为止，湖南尚有少数市州没有出台贯彻落实省委、省政府《关于推进终身教育和学习型社会建设的意见》的实施意见，大多数市区县尚无相关的配套文件，各厅局、行业只停留在对本部门、本系统在职人员的业务培训上做出安排，没有根据部门、行业特点制定终身教育方面的规划和要求。制度设计不完善、缺乏可操作性，客观上造成湖南终身教育推进乏力。同时，参与终身教育的体制机制有待突破。社会力量参与终身教育都具有某种阶段性和随意性，大都处在“各自为政，零打碎敲”的局面，随着机构或单位领导的更换或者企业战略的转变，很可能会敷衍以对或中止合作，因此需要形成常态和稳定的参与机制将其固化下来[2]。

3. 师资队伍建设有待加强。一是人员编制缺乏文件规定支持。各级社区教育机构难以根据工作需要配备必要的专职教学、管理等服务人

[1] 李珺，杜君英.上海社会力量参与社区教育的现状及对策[J].职业技术教育，2017，38（33）：62–66.
[2] 同上.

员。二是缺乏专职人员职业成长激励措施。终身教育的专职教师在社会地位、培训进修、工作报酬、职称评定、奖惩等方面没有做到与国民教育系列教师一视同仁，普遍存在工作不专心、人员难稳定的现象。三是兼职教师难担重任。受办学经费等因素的影响，普遍存在兼职教师聘任难、数量不够、质量不高等问题。四是缺乏有效的志愿者工作机制。居民自愿参与终身教育服务的热情不高，服务能力不强。终身教育服务队伍力量严重不足，已成为制约湖南终身教育发展的重要因素。

4. 优质资源整合缺乏力度。终身教育是一项需全社会共同参与的公益事业，没必要也不可能各自单独建立一套完整的服务体系，必须广泛进行优质资源整合。但由于既无法律规范，又无政策依据，也无利益驱动，社区内拥有较丰富教育资源的企事业单位和学校等组织难以配合社区教育资源整合，而社区学院和社区居委会也缺乏有效手段整合社区内各企事业单位或学校的社区教育资源，导致大量教育资源没有得到充分利用。社会力量参与终身教育总体表现不均衡，相较重视的地区，在引领社会力量参与终身教育探索方面起步早、举措实、成效显，有的市县区则动作迟缓、收效甚微。不同社会力量参与终身教育的力度也不均衡，存在参与数量、种类、积极性、程度和效果等方面的差异[1]。在营造终身教育特色文化和社区精神、建设学习型社区方面，往往力不从心，“资源贫乏”与“资源浪费”的矛盾比较突出。

[1] 李珺，杜君英．上海社会力量参与社区教育的现状及对策[J].职业技术教育，2017，38（33）：62–66.

第二节　湖南终身学习体系现代化的总体要求

党的十九大对新时代中国特色社会主义教育工作做出了全面部署。报告指出，"建设教育强国是中华民族伟大复兴的基础工程，必须把教育事业放在优先位置，加快教育现代化，办好人民满意的教育"。"完善职业教育和培训体系"。"办好继续教育，加快建设学习型社会，大力提高国民素质"。这充分表明了党和国家始终坚持优先发展教育事业的坚定决心，向全党全社会释放了强烈而又明确的信号，也为终身学习体系现代化指明了方向。

一、指导思想

全面贯彻党的十九大精神，以习近平新时代中国特色社会主义思想为指导，牢固树立创新、协调、绿色、开放、共享的新发展理念，按照统筹规划、总体布局和协调推进的战略部署要求，以促进全民学习、终身学习、实现学习型社会为目标，以提高国民思想道德素质、科学文化素质、健康素质和职业技能为宗旨，以建立健全社区教育制度为着力点，统筹发展城乡终身教育，加强基础能力建设，整合各类教育资源，建立渠道更加畅通、方式更加灵活、资源更加丰富、学习更加便利的终身学习体系，形成全民积极向学、随时随地可学的制度环境，实现各级各类教育纵向衔接、横向沟通，形成网络化、数字化、个性化、终身化的教育体系。

二、基本理念

1. **体现终身性**。把教育看成是贯穿个人一生、连续不断的学习过程，是人们一生中所受到的各种教育培养培训的总和，实现了从学前到老年教育全过程的统一。既包括正规教育、正式教育，也包括非正规教育、非正式教育，囊括了整个教育体系的各个阶段和各种形式。将学有所教与终身受益作为衡量教育发展水平的重要标准，努力为每个人在人生不同时期提供丰富多彩的学习机会、开放优质的学习资源、灵活便捷的学习方式、绿色友好的学习环境，让学习成为一种生存需要和生活方式。

2. 体现全民性。终身教育的全民性，是指接受终身教育的人包括所有的人，无论男女老幼、贫富差别、民族种族。坚持以学习者为中心，以学习需求为导向，为不同年龄层次、不同文化程度、不同收入水平的人提供多样化、差异化的教育服务，体现教育的平等性普惠性，促进社会公平。

3. 体现广泛性。终身教育既包括家庭教育、学校教育、社会教育，也包括社区教育、老年教育、特殊教育、网络教育等。可以这么说，它包括人生的各个阶段，是一切时间、一切地点、一切场合和一切方面的教育。终身教育增加了教育对象，扩大了学习天地，拓宽了学习范围，为整个教育事业注入了新的活力。面向学习者个性化、多样化、多元化的学习和发展需求，实行因地制宜、因材施教，为每个人提供适合的、高质量、高水平、高效率的教育，促进学习者释放潜能，发挥主动性和能动性，获得自我发展、自我完善、奉献社会、造福人民的能力。

4. 体现融合性。发挥政府在制定规划、加强引导、营造环境、加大投入等方面的主体作用，统筹协调教育工作，鼓励激发社会活力，引导社会力量积极参与，实现各级各类教育纵向衔接、横向沟通，基础教育、职业教育、高等教育和继续教育协调发展，学历教育和非学历教育、职前教育和职后教育、线上学习和线下学习相互融合，学校教育与社会教育、家庭教育密切配合、良性互动的教育体系。

5. 体现实用性。坚持立德树人、以德为先，坚持各取所需、按需施教，坚持能力为重、服务为上，教育学习与生产劳动和社会实践相结合，培训与自身发展和社会发展需要相结合，继续教育与劳动力转移和职业资格需求、技术发展创新相结合，以知促行、以行促知、知行结合、学以致用，着力提高学习者就业、创业、创新和幸福生活、服务社会的能力。

三、主要原则

1. 坚持统筹规划、协调推进。发挥党委政府推动引导作用，把终身学习体系建设切实纳入区域经济社会发展总体规划。发挥政府在顶层设计、制定规划、营造环境、加大投入等方面的统筹作用，沟通协调教育工作，明确各级政府、行业部门、企事业单位和公民个人在终身教育中享有的权利与应尽的义务，从根本上保障终身教育有序推进。市县、乡镇、街道要制定出台针对性强、可操作的实施意见或细则，形成完整的终身学习法律法规政策推进体系。引导社会力量积极参与，以城带乡，同步推进，统筹城乡终身教育协调发展，着力补足农村终身教育短板。

2. 坚持以人为本、需求导向。教育和学习的目的是促进人的成长与进步。坚持以人为本，以学习者为中心，以个体发展需求为导向，为不同年龄层次、不同成长背景、不同文化程度、不同生活地域、不同收入水平的人提供多样化、多元化、差异化的教育服务，推进全民学习、终身教育发展。鼓励各地、各行业企业、各事业单位，结合当地自然、历史、人文资源和经济发展状况，结合社会发展、产业升级、技术进步、科技创新，因地制宜、因势利导开展终身教育活动。

3. 坚持改革引领、创新驱动。改革是社会发展的直接动力，创新是民族进步的灵魂。注重顶层设计与基层创新良性互动、有机结合。培育多元主体，引导各级各类学校和社会力量积极参与终身学习体系建设，服务终身教育。充分运用现代信息技术手段，提高大众信息技术应用能力，创新服务体制机制与模式，推动终身学习体系建设融入社区治理，不断丰富终身学习体系的内容。

4. 坚持保障权益、机会均等。人生而平等，保障人人受教育权利，机会均等。努力让不同种族民族、年龄层次、家庭背景、生活经历、文化程度、收入水平的人均有接受教育的机会。充分利用网络平台，整合学校教育资源和其他社会资源，加强统筹组织管理，实现资源共享和协调发展，提高终身教育的普惠性，最大限度满足各类学习者的学习需求。

5. 坚持开放便利、灵活多样。开放办学，促进各类教育机构开放、资源开发，运用大数据、互联网+等科技手段开展终身教育、终身学习，为全体学习者创造学习条件、提供学习机会、做好学习服务。畅通学习渠道，方便就近学习，办好家门口的终身教育。鼓励结合当地社会经济发展需要和历史、自然、人文资源和民俗民风等特点，推动终身教育多样化发展，促进全民学习。

6. 坚持服务发展、特色发展。坚持为“一带一路”“创新引领开放崛起”战略服务，坚持为湖南构建“一核三极四带多点”新格局服务，坚持为加快推进湖南农业现代化服务，坚持为湖南提升现代产业体系服务，坚持为湖南建设科技创新基地服务。从区域发展不平衡的实际和多样化的学习需求出发，因地制宜开展终身教育，推进终身教育特色发展。

四、战略目标

到2035年，基本形成覆盖广泛、资源丰富、运行灵活、形式多样、重点突出、特色鲜明、规范有序的终身学习体系。终身学习法律法规制度健全，分工明确、职责到位、主体多元、平等参与、管办分离的管理体制和运行机制得到完善。全面实现教育现代化、全民化、终身化，全面建成学习型社会，教育和人力资源发展达到全国先进省市水平。

1. 建成人人愿学、人人皆学、处处能学、时时可学的学习型社会[1]。以学习者为中心，以学习者需求为导向，将学有所教、学有所获与终身受益作为衡量教育发展水平的重要标准，努力为社会每个成员在人生不同阶段提供丰富多彩的学习机会、开放优质的学习资源、灵活便捷的学习方式、绿色友好的学习环境，实际实用的学习效果，让学习成为一种生存需要和生活方式。城乡教育一体化发展，基本公共服务体系全面覆盖，优质教育资源大幅扩充。建立渠道更加畅通、方式更加灵活、手段更加先进、资源更加丰富、空间（场地）更加自由、学习更加便利的终身学习体系，形成全民积极向学、人人愿学、随时随地可学的制度环境。实现各级各类教育纵向衔接、横向沟通，基础教育、职业教育、高等教育和继续教育协调发展，学历教育和非学历教育、职前教育和职后教育、线上学习和线下学习相互融合，学校教育与社会教育、家庭教育密切配合、良性互动，形成网络化、数字化、个性化、终身化的教育体系[2]，教育体系结构和人才培养结构更加合理，让人人都有人生出彩和梦想成真的机会。

2. 形成与普通教育、职业教育、继续教育、职业培训协调发展的终身教育新格局。形成与湖南区域经济社会发展紧密结合，结构完整、布局

[1] 教育部关于印发《教育信息化2.0行动计划》的通知：教技〔2018〕6号.
[2] 中共中央、国务院印发《中国教育现代化2035》.

合理、发展有序、保障有力、开放灵活、形式多样、体现终身教育理念，满足大众生活需求，与其他各类教育衔接沟通，办学水平国内一流、国际有影响，有效支撑和引领产业发展的具有湖南特色的现代职业教育体系。构建现代职业教育发展新格局，完善初等教育、中等职业教育、高职高专、应用技术本科、专业学位研究生、博士生相互衔接的职业教育层次结构。对接行业企业、区域产业发展，调整优化专业课程结构，形成定位清晰、资源充足、特色鲜明的专业体系，加强支撑与服务引领湖南现代绿色农业、先进装备制造业、现代旅游服务业、战略性新兴产业支柱产业和社会治理、乡村振兴、生态文明建设等领域的相关产业和专业群建设，实现重点专业对重点产业、专业体系对产业体系的全覆盖，加快发展现代职业教育和终身教育，确保人才培养规模和质量与产业发展需求相适应，满足产业人才新需求。发挥职业院校学历教育与技能培训并举的育人优势，改革完善职业院校和技工技师学校考试招生办法，鼓励退伍军人、下岗职工、失地农民、进城务工人员等参加学历教育、继续教育与技能培训，着力提升企业职工、农民工、失学青年、退役军人等重点人群的整体文化素质和就业创业创新能力。

3. 建成遍及城乡、布局合理、管理科学、开放灵活的社区教育新体系[1]。全省所有市（州）、县（市、区）、乡镇（街道）、村（社区）均建立社区教育机构，每个社区教育机构安排专职人员负责。积极鼓励申报建设全国、全省社区教育实验区，努力建成更多更好全国、全省社区教育示范区；加大认定省级规范化社区大学、示范性社区大学、规范化社区学院、示范性社区学院以及示范性乡镇（街道）社区学校与示范性村

[1] 湖南省教育厅等九部门关于进一步推进社区教育发展的实施意见：湘教发〔2019〕1号.

（社区）学习中心力度，支持创建国家级农村职业教育与成人教育示范县。培植有特色的社区教育品牌项目，每所职业院校开设10门以上社区教育课程。城乡社区居民继续教育参与率达到90%以上，全国、省社区教育实验区、示范区社区居民对社区教育服务的知晓度、认同度、满意度达到95%以上，其他地区达到85%以上。实现资源共享，各类教育资源对社区居民的开放率达到85%以上，其中全国、省社区教育示范区、实验区达到90%以上。开展学习型城市创建活动，推动创建有影响的学习型组织，培植有特色的社区教育品牌项目，形成一大批高水平的国家和省级学习型市（州）、县（市、区）、乡镇（街道）、村（社区）[1]。

4. 建成覆盖广泛、多元参与、灵活便捷、服务周到的现代老年教育新模式。老年教育顶层设计、规划指导、政策扶持与统筹协调机制基本完备，形成党政统领、多方参与、分工负责、因需施教、协同推进的老年教育管理体制。服务体系健全，依托社区教育网络形成“市（州）、县（市、区）、乡镇（街道）、村（社区）”四级老年教育基础服务体系。学习资源丰富，分别遴选、开发和引进了一批通用型老年教育学习资源，一批具有鲜明地方特色的老年教育学习资源，一批网络优质老年教育学习资源，基本建立起支撑区域内老年教育发展的优质资源库。学习形式灵活多样，在线学习、移动学习、团队学习、体验学习、自主学习等交互使用，老年人学习的科学性、针对性和实用性显著增强，培育出一批示范性学习活动团队和新型学习组织。老年教育协同推进体制机制健全完善，职责明确具体，内容更加丰富，供给能力、服务水平、社会活力

[1] 山东省教育厅等9部门转发教育部等九部门关于进一步推进社区教育发展的意见的通知：鲁教民发〔2017〕1号.

和内涵品质显著提升，全社会关注支持老年教育、参与举办老年教育的积极性大大提高，以各种形式经常性参与教育活动的老年人占老年人口总数比例达到85%以上[1]。

第三节　湖南终身学习体系现代化的重点任务

终身学习理念要求社会大众树立终身教育思想，学会学习、学会生存、学会生活，更重要的是要培养自己养成主动的、不断探索的、自我更新的、学以致用的和开拓创新的良好习惯。终身学习体系现代化涉及教育理念、教育思想、制度环境、基础设施、教学条件、教学资源、服务平台、服务能力、自学能力等方方面面，是一项复杂的系统工程。实现湖南终身学习体系现代化是一个长期过程，绝不是一朝一夕就能毕其功于一役的，必须从实际出发，脚踏实地，分清主次，抓住重点，一步一个脚印去落实落细。

一、加强基础能力建设

1. 建立健全终身学习服务体系。整合资源，依托已有继续教育、终身教育、社区教育、老年教育、社会培训网络，建立健全城乡一体的终身学习体系，以及省、市（州）、县（市区）、乡镇（街道）、村（社区）终身学习服务机构[2]。进一步完善湖南省终身学习指导服务中心内部工

[1] 湖南省教育厅.关于印发《湖南省老年教育发展规划（2019—2022年）》的通知：湘教发〔2019〕2号.

[2] 湖南省教育厅等九部门关于进一步推进社区教育发展的实施意见：湘教发〔2019〕1号.

作和运行体制机制，增强工作活力，加强对全省终身学习的分类指导与服务；各地设立相应指导服务机构，配备专人，统筹规划指导本区域终身学习工作的开展。

2. 明确终身学习机构职责定位。研究制定出台相关政策法规文件，进一步明确各级终身学习机构职能职责。湖南省终身学习指导服务中心负责全省终身学习规划制定、理论研究、业务统筹、课程设置、资源开发、监督检查和教师培训等工作；市（州）社区大学统筹指导市（州）终身教育工作开展，组织课程开发、师资培训和业务指导；县（市、区）社区教育学院负责资源整合、教育示范、学习指导、经验总结和项目研究等；乡镇（街道）社区学校负责组织实施社区终身学习活动，指导村（社区）学习中心的工作；村（社区）学习中心为居民提供灵活便捷的教育服务[1]。社区大学和社区学院协同相关职能部门开展终身教育、终身学习指导、监督、检查与考核等工作。

3. 加强全民终身学习示范区和实验区建设。着力推动全省终身学习、全民学习示范区建设，发挥其体系构建、资源共享、投入机制、队伍建设、信息化应用、居民学分银行建设等方面的示范引领作用。加强省级终身学习、全民学习实验区内涵建设，提升数字化建设水平，做好终身教育实验项目，创新终身教育发展模式，进一步提升全民终身学习服务能力和水平。各地建立和完善相应工作机制，提出建设目标和任务，切实抓好落实[2]。同时，继续办好“全民终身学习活动周”，全省的活动周开、闭幕式由市（州）轮流主办，搞好活动宣传发动；开展优秀社区教育机构（组织）、社区教育课程、社区教育品牌项目、学习团队等评选

[1] 湖南省教育厅等九部门关于进一步推进社区教育发展的实施意见：湘教发〔2019〕1号.
[2] 同上.

活动，开展优秀学习共同体、学习型社区遴选活动，创建活动品牌。

4. 提高终身学习服务团队专业化水平。 各高等学校、职业院校、社区学院、社区学校、相关科研院所等终身教育机构应配备从事社区教育的专职管理人员与专兼职教师。省教育厅依据教育部颁布的《社区教育工作者岗位基本要求》，研究制定实施细则和具体操作办法；省人社厅、教育厅、民政厅、财政厅等共同制定社区教育专职教师和相关工作人员职称（职务）评聘办法，确保终身学习服务人员合法权益。加大终身学习服务工作者培训力度，提高服务能力和水平；发挥社会工作专业人才在社区教育和终身学习中的作用，探索建立全民终身学习志愿服务制度；鼓励高等学校、职业院校特别是社区学院（校）开设终身教育、终身学习服务相关专业，积极引导相关专业毕业生从事全民终身学习服务工作[1]。出台政策文件，鼓励各级各类学校教师服务终身教育、终身学习、全民学习工作，学校将教师从事全民终身学习服务的工作计入教师教学工作量。

二、整合社会教育资源

1. 开放共享学校资源。 鼓励各级各类学校和培训机构充分利用已有场地设施条件、专业课程资源、师资队伍力量、实习实训设备等积极参与终身教育和全民终身学习活动，充分发挥终身学习指导服务中心、开放大学、广播电视大学、社区学院、社区学校等在社区教育和全民终身学习实践中的骨干和引领作用，支持当地高等学校、教育学院、职业院校、技工技师学校及普通中小学有序向社区居民提供适宜的全民终身学

[1] 湖南省教育厅等九部门关于进一步推进社区教育发展的实施意见：湘教发〔2019〕1号.

习服务和指导。

2. 统筹共享社区资源。注重社区教育机构与区域内文体文艺活动中心、市民学校、党员教育培训中心、爱国主义教育基地等机构的资源共享，拓展其社区教育功能和全民终身学习服务能力，推动社区教育机构与它们设施统筹、资源共用、信息共享、服务联动；充分利用社区文化、科学普及、特长培训、体育健身等各类资源，发掘教育内涵，组织开展社区教育和全民终身学习活动，实现一个场所、不同功能、多种资源共建共享共发展，推动基层公共服务资源效益最大化。

3. 充分利用社会资源。探索建立档案馆、图书馆、科技馆、文化馆、博物馆、展览馆、阅览室、资料室和电影院、广播站、体育运动健身场馆等各类公共设施面向社区居民免费开放的共享机制，鼓励相关部门行业企业和社会力量参与服务终身教育和全民终身学习，为当地全民学习提供优质免费教育资源。支持引导一批培训规模大、培训质量高、社会效益好的社会培训机构参与终身教育和全民终身学习服务。探索开放、可持续发展的资源共建共享模式，不断扩大终身学习体系资源的有效供给。

4. 加快建设学习资源。满足全民终身学习，必须有海量的课程资源等学习资源。鼓励各地开发、建设、遴选、推荐、引进优质全民终身学习资源，推动终身教育课程建设常态化、规范化、特色化发展。鼓励和引导社会团体、企业行业组织、社区教育培训机构和社会各界共同参与课程研究开发，建设一批符合湖南省情、具有湖南地域特色、高质量高水平的本土化课程[1]。课程设计与学习者需求、科学普及、文明素养养成、产业转型升级、科技经济发展、社会进步等紧密结合，与当地社区

[1] 湖南省教育厅等九部门关于进一步推进社区教育发展的实施意见：湘教发〔2019〕1号.

治理、优秀文化传承及服务实践有机融合。积极引进国内外优质终身教育、终身学习课程资源。

三、完善终身学习服务平台

1. 完善继续教育平台。大力发展继续教育，通过宏观调控、制度设计、政策引导，促进各级各类学校继续教育转型发展。强化职业院校、技工技师学校和高等学校的继续教育与社会培训服务功能，进一步扩大开放办学，推进针对全民终身发展的专业课程和学习资源建设，面向行业企业开展不同类型、不同形式的职工继续教育，面向退役军人和武警官兵、进城务工人员、转岗下岗人员、城镇化进程中的新市民、城乡待业人员、青少年、残疾人、农村实用人才、新型农民等社会群体，提供多元化教育培训服务。打造终身学习的各类载体平台及公共学习空间，扩大公共学习资源，教育、文化、广电、出版、图书、网信等部门面向农村地区推进图书馆总分馆制建设、书屋、展览室、文化墙、宣传橱窗、讲学堂、文艺大舞台等学习场所建设，促进校内外学习资源共建共享。鼓励行业企业积极发展基于工作场所、生活场所的学习，推动行业企业发展继续教育和技能培训，促进学习型组织和职工学习团队建设。

2. 完善学习型村镇建设。一方面，大力推进学习型村镇建设，建立遍布城乡、共建共享、“全天候”开放的资源联盟，健全全方位多层次立体化的资源配送体系，以实施农村实用技术培训工程、城乡劳动力转移培训工程、技术技能型人才培养培训工程、成人继续教育和农村剩余劳动力再就业培训工程等为重点，大力开展农村应用型高等专门人才培养、实用技术培训、劳动力转移培训和进城务工人员岗位技能培训，为新农村建设、农业现代化、农村人口向二、三产业和城市有序转移提供服务[1]。另一方面，努力提升村镇民生保障水平。实施帮扶计划，精准发力，遴选学有专长、术有专攻、技有专能的专家学者对有关村镇和农户，实行“一对一”农村社会保障体系建设帮扶指导，宣讲政策，提供信息，协助完善医疗保险、社会救助、优抚安置、慈善事业、特殊群体关爱等公共服务体系，保障群众基本生活，切实解决人民群众最关心的幼有所育、学有所教、劳有所得、病有所医、老有所养、住有所居、弱有所扶等利益问题，不断促进社会公平正义，以确保乡村民生应保尽保，整体保障水平明显提升[2]，从而使广大人民群众有时间、有精力、有意愿、有心情参加继续教育和全民终身学习。

3. 完善社区教育资源供给平台。积极开发、建设、引进优质社区教育课程资源，扩大社区教育资源供给，依托互联网+、大数据等现代信息技术，建立健全社区教育办学网络和学习平台。统筹整合共享社区资源，引导有关科研机构、高等学校、职业院校、技工技师学校、行业企业和其他社会力量共同参与社区教育和全民学习服务，培育多元办学主体，提供多样化教育服务。鼓励各地加强社区教育机构与城乡社区综合服务中心（站）的设施设备统筹、人力资源共享和学习服务联动，把社会主义核心价值观融入社区发展方方面面，培植树立新时代家风、乡风、社风、民风，提升社区文化品位，促进社区文化繁荣，实现居民文化自信和学习自觉。充分利用社会资源，通过财政支持、社会资助、慈善捐赠、个人自筹等多种形式，扩大社区教育优质资源和学习场所，强化社区教育的普惠性广泛性，把社区教育融入社区治理与地方公共服务

[1] 中共湖南省委、湖南省人民政府关于推进终身教育和学习型社会建设的意见：湘发〔2010〕9号.

[2] 蒋书同.乡村振兴，农村职业教育举足轻重责无旁贷[J].智库时代.2018（48）：276-277.

体系，确保社区教育和全民学习有序进行，可持续发展。

4. **完善老年教育平台**。提高政治站位，发扬尊老传统，大力发展老年教育，完善基层社区老年教育服务体系，加快发展城乡一体社区老年教育，结合多主体、多层次、多形式养老服务体系建设，完善老年人社区学习网络，推进养教结合，提倡活到老学到老。整合利用社区文化教育机构、县级职教中心以及社区文体活动中心、居民学校、农村老年活动中心、文化广场等资源广泛开展老年教育活动，拓展学习路径，创新学习方式，方便老年人随时就近学习[1]，提升学习实效。深化老年教育体制机制改革，以“便民、利民、惠民”为宗旨，鼓励和吸引更多社会团体和个人举办不同类型不同层次的老年教育机构，扩大老年教育资源，丰富教育教学内容与形式，满足老年人多元学习需求，真正做到老有所学、学有所乐、乐在其中。

5. **完善各类学习型组织建设**。整合现有优势资源，创新运行体制机制，建好湖南开放大学，提升整体综合办学实力，依托其办学系统构建湖南全民终身学习公共服务体系。建设智慧型终身学习学校网络，培养智慧型管理团队和师资队伍，推动互联网+、人工智能、大数据在社区教育、老年教育和全民终身学习中的广泛应用，搭建覆盖城乡、深入家庭的数字化学习平台。大力开发整合社会各方面教育资源，建设智能、快速、便捷、综合的终身学习在线网络平台，提供精准推送、高质量、多元化、个性化、定制化的智能学习和交互式学习服务。建设跨地域、跨领域的网络学习社群、湖南学习在线网站和终身学习资源网上超市，促进学习者在线交流与合作。深入开展学习型城市建设，广泛开展学习

[1] 湖南省教育厅.关于印发《湖南省老年教育发展规划（2019—2022年）》的通知：湘教发〔2019〕2号.

型乡镇（街道）、学习型企业、学习型社区、居村办学点、学习型家庭等各类学习型组织创建活动，以学习型机关为引领，以学习型社区为基础、以学习型企事业单位为骨干、以学习型家庭为载体，以点带面不断构建与现代城乡发展相适应的区域终身学习体系[1]，多种方式调动全民学习的积极性，提高学习型社会建设水平。

四、建立全民终身学习制度环境

构建更加开放畅通的人才成长通道，畅通转换渠道，提供有生命力的教育，推进学历教育和非学历教育协调发展，职业教育和普通教育相互沟通，职前教育和职后教育有效衔接，继续教育全面普及，教育发展成果全民共享，使学习者都有机会通过直接升学、先就业再升学、边就业边学习等多种方式成长成才[2]。完善注册学习制度和学习服务机制，方便学习者随时注册入学，自主灵活安排学习时间。鼓励普通高中开设选修课程、职业课程，加强与高等教育、职业教育的衔接，大力推进中高职衔接，普职融通。逐步扩大高等学校招收有实践经历人员的比例，建立制度化、规范化的转学转专业机制，允许学生在具备相应条件的前提下灵活转换专业。支持学生跨机构、跨学科、跨专业选修课程并承认学分，丰富学习路径、方式和方法的选择，推动各类高等学校之间以课程为基础的专业互认、课程共享与学分互认。探索高中后教育全面实行学分制、弹性学制和学习者自主选课，制定科学统一的学分标准。鼓励高等学校积极开展学历继续教育，允许学习者通过课堂学习、在线

[1] 江苏省教育厅.全国学习型城市建设工作推进会交流发言材料之一《加强顶层设计系统有序推进全面建设学习型江苏》.

[2] 国务院关于印发国家教育事业发展“十三五”规划的通知：国发〔2017〕4号.

学习、自学等方式获得学分。创新高等教育自学考试学分认定和转换方式，探索将高等教育自学考试学分转化为高等学校课程学分的通存通兑机制[1]，构建学历与学历、学历与非学历、正规与非正规之间的学分互认和转换通道，承认非学历、非正式、非正规教育的学习价值。

根据国家资历框架，完善学习成果认证制度，推进区域学分银行建设，制定各类学习成果认定标准、学分标准、学分积累方法，为学习者提供能够记录、存储学习经历和成果的个人终身学习账户，整合学习者学前教育、学校教育、继续教育的学籍管理，以及各类教育培训的档案记录。完善专业技术人员、管理干部继续教育学分制度，完善职业资格制度。成立跨部门终身学习协调机构，出台终身学习激励政策，健全宽进严出的学习制度，推动各类非学历教育学习成果认定和转换。围绕满足个人多样化学习与发展需要，鼓励学校和社会力量不断创新服务形式，充分运用现代信息技术为所有学习者提升学历水平提供更加便利的教育服务[2]，探索开展以大数据为基础的全民学习需求与能力监测。

五、提高服务重点人群的能力

1. 持续实施专业技术人员继续教育。继续教育是面向学校教育之后所有社会成员特别是专业技术人员的教育活动，是终身学习体系的重要组成部分。对国家机关、企业事业单位以及社会团体等组织的专业技术人员持续实施继续教育，是专业技术人员进行知识和技能更新、补充、拓展和提高，进一步完善知识结构，提高创造创新能力和专业

[1] 中共中央、国务院印发《中国教育现代化2035》.
[2] 同上.

技术技能水平的重要手段。继续教育应当以经济社会发展和科学技术进步为导向，以素质能力提升为核心，突出针对性、实用性和前瞻性，坚持理论联系实际、按需施教、讲求实效、培养与使用相结合的原则。继续教育内容包括公需科目和专业科目，公需科目包括专业技术人员应当普遍掌握的法律法规、理论政策、职业道德、技术信息等基本知识，专业科目包括专业技术人员从事专业工作应当掌握的专业基本理论、基础知识、核心知识和核心技能以及新理论、新知识、新技术、新方法等[1]。

2. 广泛开展各类教育培训。社区各级各类学校和教育培训机构应主动适应居民实际需求，有针对性地开展新理论、新技术、新工艺、新方法、新知识、新经验和法治社会、和谐社区、科学生活、安全健康、创新创业、职业技能提升等教育培训活动；积极面向学生家长开展教育理念、教育方法、教育手段以及治家理财、性别教育、婚姻教育、伦理教育等方面的家庭教育指导；重点面向城镇化进程中的失地农民、农民工和下岗工人、待业青年，主动开展文化知识、职业技能、社会公德、职业道德、民主法治、文明礼仪、创业再就业、生活方式等方面的教育培训，加快其融入城镇社区生活的进程。由社区组织弱势人群提高生存生活技能的培训，积极为社区各类残疾人提供学习服务，提高残疾人群参与社会生活和就业创业的竞争能力，增强社区归属感和认同感[2]。

3. 高度重视农村居民教育培训。各级各类公共文化机构和学校教育资源向周边农村居民开放，发挥社区教育培训机构、县级职教中心、广播电视学校、乡镇农校、科技推广组织等的骨干作用。结合乡村振兴和

[1] 中华人民共和国人力资源和社会保障部令第25号《专业技术人员继续教育规定》.
[2] 湖南省教育厅等九部门关于进一步推进社区教育发展的实施意见：湘教发〔2019〕1号.

新农村建设，有效推进基层公共文化服务中心、图书馆、文化馆、博物馆、农家书屋、农村中学科技馆等资源共享，提升农村社区教育服务供给水平。广泛开展农村实用技术培训和现代生活教育培训，大力开展新型职业农民培养培训。加强农村居民家庭教育指导，为农村留守妇女提供社会生活、权益保护、就业创业等方面的教育培训，重视开展农村留守儿童、老人和各类残疾人的培训服务[1]。通过培养培训、宣传宣讲、文艺下乡、专题讲座、道德讲堂等举措，增强规矩意识、法纪观念，破除因循守旧、故步自封、迷信陈腐思想，弘扬现代文明和优良传统，加强乡村文化和精神文明建设，使传统乡村文明展现出时代风采。

4. 着力发展老年教育。老年教育是终身教育的最后环节，其目的是使老年人增长文化知识、开阔视野、丰富生活、增强体质，使老年人晚年生活过得更加充实和更富有意义。老年教育是社区教育的重点任务之一，主要通过举办各种讲座、学习班和老年学校、老年学院和老年大学，对老年人进行营养与保健、安全与养生、文学与艺术、音乐与舞蹈、手工与园艺、文化知识以及对退休生活的适应等教育。改善基层社区老年人学习环境，建设一批在本区域发挥示范作用的乡镇（街道）老年人学习场所和老年大学，办好湖南老干部（老年）开放大学，构建覆盖城乡、对接家庭的湖南老年开放大学服务体系。鼓励社会养老机构参与老年教育活动，探索养教结合的老年教育新模式，努力提高老年教育的参与率和满意度[2]。

[1] 湖南省教育厅等九部门关于进一步推进社区教育发展的实施意见：湘教发〔2019〕1号.
[2] 同上.

第四节 湖南终身学习体系现代化的治理策略

党的十九大报告指出，我国社会主要矛盾已经转化为人民日益增长的美好生活需要和不平衡不充分的发展之间的矛盾。报告强调要打造共建共治共享的社会治理格局，完善党委领导、政府负责、社会协同、公众参与、法治保障的社会治理体制，发挥社会组织作用，实现政府治理和社会调节、居民自治的良性互动[1]。这为新时代湖南终身学习体系现代化的治理格局指明了方向。

一、建立政府管理、社会参与、多方协作的现代治理模式

1. **切实做好顶层设计。**按照党委领导、政府主导的原则，健全完善终身学习体系建设工作领导小组工作机制，加强对终身教育工作的组织、指导、协调和督查。领导小组办公室设省教育厅，教育、发改、财政、人社、民政（老龄）、体育文化等部门共同参与，加强对全省终身教育的宏观指导、政策扶持和统筹协调，形成“一方牵头、各方参与、分工负责、协同推进”的终身学习管理体制。尽快出台《湖南省终身教育促进条例》，市州、县市区、乡镇、街道制定针对性强可操作的实施意见或细则，明确各级政府、行业部门和公民个人在终身教育中的权利与义务，形成完整的终身教育法律法规体系。研究制定有利于社会组织参与终身教育的政策制度，积极鼓励并正确引导社会组织参与全民终身学习。充分发挥湖南省终身学习指导服务中心作用，加强对全省终身学习的指导服务；各地可根据实际情况设立相应的指导机构，统筹指导本

[1] 习近平.决胜全面建成小康社会 夺取新时代中国特色社会主义伟大胜利——在中国共产党第十九次全国代表大会上的报告[R].

区域终身教育和全民终身学习工作的开展。

2. **优化明确职责分工**。各部门、各单位要认真履行好各自职责，将终身教育纳入重要议事日程，积极参与和支持终身教育。政府应摆正自身定位，当好设计者、服务者和监管者的角色，将工作重心放到顶层设计、标准制定、过程与质量监管等工作上。教育等行政部门负责终身学习组织和协调服务，组织开展终身学习系统建设、终身学习资源与信息化建设、制定相关建设标准和统计终身学习信息等工作。湖南省终身学习指导服务中心负责全省终身学习的业务指导、平台建设、资源开发、课题研究、咨询服务等工作。其他举办终身教育的社会组织要充分挖掘办学潜力，向社会提供终身教育优质公共服务资源。研究制定一套较为系统、完备的政策法规体系，明确社会组织在终身教育中的地位及其权利与职责范围，对社会组织的参与方式、资金来源、服务标准、绩效评价、监督管理等重要事项加以规范，从而为社会组织参与全民终身学习提供法律依据。

3. **健全完善运行机制**。整合各部门终身学习资源，建立“省、市（州）、县（市、区）、乡镇（街道）、村（社区）”五级终身学习服务体系。政府从省级层面出台向社会购买终身教育公共服务的政策文件，把政府购买终身教育公共服务的内容、项目、方式、范围、标准、途径用法律形式固定下来，发布“指导目录”和“具体购买目录”，告知参与路径和享有权益等，正确引导社会力量顺畅进入。加强社会组织自身服务能力建设，提升机构的专业性、公信力，提高从业人员参与终身教育的专业能力、活动能力、组织和管理能力，以优质服务赢得服务对象尊重。发挥省、市、县老干部（老年）大学、社区大学（学院）和老干部（老年）开放大学的示范引领作用，增强指导服务功能，提高资源汇聚与服务能力，丰富乡镇（街道）、村（社区）老年学校（活动中心）和社区学校（学习中心）的教育服务形式与内容。从终身教育与经济社会发展的内在联系出发，建立有利于各行业部门、单位、居民之间沟通衔接和资源共享的终身教育运行机制，充分发挥终身教育在促进经济社会建设中的基础作用，推动经济社会建设与终身教育共同发展。

二、健全政府投入、学习者分担、多渠道筹措的经费投入体制

建立健全政府投入、社会捐赠、学习者合理分担的终身教育投入机制，加大对终身教育的支持力度，不断拓宽终身教育经费来源渠道。

一是保证终身教育基本经费。根据城乡统筹、分区指导原则，各级财政要将终身教育经费纳入财政预算，目前按照辖区常住人口每年不少于2元/人的标准安排，以后随着经济社会的发展逐年增长，保障终身教育基本的人员经费和公用经费。

二是落实终身教育专项经费。《国务院关于大力推进职业教育改革与发展的决定》（国发〔2002〕16号）和《关于企业职工教育经费提取与使用管理的意见》（财建〔2006〕317号）等文件明确规定，一般企业按照职工工资总额的1.5%足额提取教育培训经费，从业人员技术素质要求高、培训任务重、经济效益较好的企业，可按2.5%提取，列入成本开支。国家人社部《专业技术人员继续教育规定》明确“国家机关的专业技术人员参加继续教育所需经费应当按照国家有关规定予以保障。企业、事业单位等应当依照法律、行政法规和国家有关规定提取和使用职工教育经费，不断加大对专业技术人员继续教育经费的投入。”

三是鼓励社会捐赠终身教育经费。探索通过政府购买、项目外包、委托管理等形式，吸引行业性、专业性社会组织、社区社会组织和民办社会工作服务机构参与终身教育。鼓励社会资本通过兴办实体、资助项

目、赞助活动、提供设施、设立终身教育基金和老年教育发展基金等方式支持终身教育发展。鼓励和支持有条件的企事业单位、慈善机构、高收入群体捐资支持终身教育事业。鼓励自然人、法人或其他组织捐助终身教育或举办社区教育机构[1]。

四是提倡学习者个人分担终身教育经费。特别是完善老年教育收费制度，制定老年教育“差异化”收费标准，减免贫困老年人进入老年大学（学校）学习的费用。

三、建设专兼结合、志愿者为主、素质优良的教学服务团队

加快培养结构合理、数量充足、素质优良，以专职人员为骨干、兼职人员和志愿者为主体的终身教育教学和管理服务队伍。一方面，培育专业团队。加强终身教育专业工作者队伍建设，改进和完善终身教育从业人员职务职称评聘制度，打通专业队伍上升渠道，构建有利于终身教育人才成长的良好环境，吸引更多的专业人才服务全民终身学习。鼓励普通高校、职业院校相关专业毕业生及相关行业优秀人才到终身教育机构工作，鼓励专业社工等参与从事终身教育工作。建议县区一级教育行政部门设立专门的终身教育管理职能机构，并为每个社区学院配备3名以上专职教师，每个社区学校配备2名以上专职教师，明确社区教育中心兼职人员。专职人员在薪酬福利、业务进修、职务（职称）评聘、绩效考核等方面享有同类学校工作人员的同等权利和待遇。另一方面，招募志愿者队伍。兼职教师和志愿者队伍是推动终身教育的主力军，是营造终身学习文化的重要力量，各行业系统、终身教育机构都要配备好与

[1] 湖南省教育厅等九部门关于进一步推进社区教育发展的实施意见：湘教发〔2019〕1号.

承担的终身教育任务相匹配的足够数量的兼职教学人员，同时发挥好志愿者的作用。各级各类学校要鼓励教师参与终身教育相关工作，支持教师到校外终身教育机构兼职任教或从事志愿服务，并纳入本校工作考核。通过完善注册制度、下岗再就业政策，建设“终身学习推进员”志愿队伍，推动居民积极参与全民学习，形成较为完整的居民终身学习服务指导队伍。建立完善终身教育教师岗位培训制度，支持终身教育机构教师、技术和管理人员的专业发展，提高“两支队伍”的专业能力和服务水平[1]。

四、构建时间保证、学分累计、督导考核的评价监管机制

1. 保证学习时间和待遇。根据国家有关规定，落实学习者学习时间和待遇。2007年，人事部、教育部、科技部、财政部4部门《关于加强专业技术人员继续教育工作的意见》，将继续教育的时间提高到每年不少于12天或72学时。中共中央印发的《2013—2017年全国干部教育培训规划》要求，专业技术人员人均年脱产培训学时数应不低于90学时。2015年国家人社部《专业技术人员继续教育规定》与中央文件保持一致，将机关、企业、事业单位和其他社会组织的专业技术人员每年接受继续教育的学时增加到90学时。同时，考虑到工学矛盾、行业差异等因素，对继续教育的方式和学时认定采取了较灵活的方式，明确“参加培训班、研修班或者进修班学习”“参加相关的继续教育实践活动”“参加远程教育”“参加学术会议、学术讲座、学术访问等活动”等均可计算学时。为保障专业技术人员权益，规定“专业技术人员经用人

[1] 国务院办公厅关于印发老年教育发展规划（2016—2020年）的通知：国办发〔2016〕74号.

单位同意，脱产或者半脱产参加继续教育活动的，用人单位应当按照国家有关规定或者与劳动者的约定，支付工资、福利等待遇。用人单位安排专业技术人员在工作时间之外参加继续教育活动的，双方应当约定费用分担方式和相关待遇”[1]。

2. 推进学分积累与转换。探索建立各类人员个人终身学习账户和学分累计制度，开发、研制具有学时记载等功能的社区学习卡，记录学习者注册报名、点到考勤、线上线下学习学时等具体信息，形成居民终身学习电子档案[2]，建设全省统一的终身教育“学分银行”，整合学习者学前教育、学校教育、继续教育的学籍管理，以及各类教育培训的档案记录，以一个账户记录、反映学习者一生所有的学习成果，畅通终身学习通道。探索高中后教育全面实行学分制，探索推进不同学校、不同途径学习成果学分的统一认定、转换、积累与兑换，承认非学历、非正式、非正规教育的学习价值，建立认定标准、方法、程序，并探索统一的记录、积累与激励制度；探索建立各类学分的通存通兑机制，构建学历与学历、学历与非学历、正规与非正规之间的学分互认和转换通道，有序推进终身学习体系内各类人员个人终身学习的学分互认和转换，健全宽进严出的学习制度以及终身教育学习成果认证、积累和转换制度及激励机制，为全民终身学习创造条件、奠定基础。

3. 实施督导评估与考核。2007年，人事部、教育部等制定《关于加强专业技术人员继续教育工作的意见》，明确规定“建立继续教育考核和激励机制，把专业技术人员参加继续教育情况作为对其考核评价和岗位聘用的重要依据。”“对其他各类专业技术人员也要把其参加继续教育

[1] 中华人民共和国人力资源和社会保障部令第25号《专业技术人员继续教育规定》.
[2] 湖南省教育厅等九部门关于进一步推进社区教育发展的实施意见：湘教发〔2019〕1号.

作为持续提高职业能力的基本途径，在聘任专业技术职务或申报评定上一级资格时，作为重要条件。”2015年，人社部出台《专业技术人员继续教育规定》，进一步明确“用人单位应当建立本单位专业技术人员继续教育与使用、晋升相衔接的激励机制，把专业技术人员参加继续教育情况作为专业技术人员考核评价、岗位聘用的重要依据。专业技术人员参加继续教育情况应当作为聘任专业技术职务或者申报评定上一级资格的重要条件。有关法律法规规定专业技术人员参加继续教育作为职业资格登记或者注册的必要条件的，从其规定”[1]。这给制定其他人员参加学习的考核评价机制提供了重要法律依据。各级教育督导部门应参照国家教育督导评估模式，把开展终身教育督导作为推进教育现代化的重要内容，推动各级政府将终身教育发展工作列入对教育的考核指标，实施终身教育督导评估制度，科学制定终身教育评价标准，建立和完善终身教育统计制度，加强对终身教育发展状况基本信息的收集和分析，逐步完善终身教育实验区、示范区进入和退出的动态管理机制，建立社会第三方对终身教育发展的评价与反馈机制，定期开展社区居民对社区终身教育满意度的测评，保障有关大力发展终身教育的政策措施落实落细[2]。

五、培育凝聚共识、学习者为本、全民参与的终身学习文化

2013年《建设学习型城市北京宣言》倡导“培育终身学习文化”。终身学习文化是一种以终身学习为根，以学习者为本，注重能力的发展与创新，强调有组织地学习，注重多种学习形态与方式并存、各种文化相互交融，网络学习成为重要学习方式的学习文化，其最终价值取向及

[1] 中华人民共和国人力资源和社会保障部令第25号《专业技术人员继续教育规定》.
[2] 湖南省教育厅等九部门关于进一步推进社区教育发展的实施意见：湘教发〔2019〕1号.

终极目标在于促进学习者的终身全面发展[1]。终身学习文化是社会主义先进文化的重要组成部分，是推进终身教育、建设学习型社会的基本特征之一，对终身教育发展和学习型社会建设具有不可替代的作用，既具有导向、引领、约束、凝聚、激励的功能，又具有辐射、扩散、同化的功能。因此，推进湖南终身学习现代化，必须在终身学习理念指引下，采取多种措施，培育学习文化，营造学习氛围，以激发民众学习动机，提升民众学习意识，挖掘民众学习潜能，使学习日益成为每位公民的生活方式。

1. 加大宣传力度，凝聚社会共识。各地区各部门要充分利用报刊、广播、电视、多媒体、网络等一切传媒工具，广泛宣传党和国家关于发展终身教育的法律法规、政策文件，深入宣传全民学习、终身学习的思想理念、重要意义、发展成绩和现实作用，总结推广终身教育实验区、示范区以及各地的典型经验、成功案例和先进做法，不断提高终身教育、全民学习的认知度和认可度，凝聚社会共识[2]，帮助人们树立起"学习光荣、学习高尚""学则进、不学则退""学无止境、终身学习"的思想观念，努力使全社会关心、支持和参与终身教育的氛围更加浓厚，进而形成自觉学习、主动学习、善于学习的良好社会风尚，吸引全体社会成员自觉投入到全民学习、终身学习的活动中来。广泛开放社会资源，重视加强终身教育理论研究和学科建设，积极为广大民众提供门类齐全的学习培训课程和安全方便、设施先进的学习场所，努力提高服务质量，让广大民众在优质教育服务中获得自身所需的知识和技能，享受到学习的益处，体验学习的快乐和幸福，提高学习的满意度与获得

[1] 刘慧．终身学习文化的含义及建设策略[J]．内蒙古电大学刊，2014（4）：71–73.

[2] 教育部等九部门印发关于进一步推进社区教育发展的意见：教职成〔2016〕4号.

感，使人们意识到终身学习是高质量生活不可或缺的一部分，进而爱上终身学习。着力营造“处处是课堂，时时受教育”的大环境，精心办好“全民终身学习活动周”“文艺汇演”“免费讲座”“巡回演讲”等群众喜闻乐见的大型活动，培植宣传推介学习典型，引领示范，以典型勤学乐学的实际行动，带动身边的人，影响周围的人，感染更多的人，充分调动民众参与学习的积极性和主动性，使学习风尚融入每个人的生活，使终身学习成为增进每个人福祉的重要内容，让人人都有人生出彩的机会。

2. 提升智能化水平，突出以人为本。建设智慧型的终身学习网络，推动人工智能在全民终身学习中的广泛应用，提高智能化水平。依托互联网、云计算、物联网、大数据等新兴技术手段，加快各级各类终身教育机构和全民学习平台智慧化建设，开发智慧学习功能，在教学、管理、评估、考核等方面实现智能化。提升终身学习资源建设和使用的智能化运行水平，大力开发智能化、个性化、多样化终身学习资源，积极构建线上线下、全方位、多层次、立体化的学习资源配送体系，根据个人学习需要建立终身学习资源配送清单，及时进行有针对性的资源配送，提高资源的匹配度和使用效率。持续推动居民学习方式创新，积极探索网上学习新形式和组织架构，促进学习方式与信息技术发展紧密结合，建设跨地区、跨行业、跨领域、跨学科、跨人群和开放、交互、可扩张的网络学习社群，促进学习者在线互动交流与合作，分享学习收获与学习经验，协同解决遇到的困难与问题，实现学习方式的信息化、科学化、移动化、网络化、智能化，提升居民学习的精准性与便利性。建立以大数据、云计算为基础的终身学习分析系统，注重学习者学习需求、学习过程、学习行为和学习结果等监测数据的收集整理与综合分析，结合线下学习情况，实时掌握居民多样化、多层次、多方面、易变的学习需求，动态地调整终身教育服务内容，及时推送居民需要的学习资源，实现个性化服务，以提升学习成效。

3. 完善激励机制，引导全民参与。终身学习激励机制是指通过特定的方法与管理体系调动学习主体终身学习积极性、实现学习效益最大化的过程，是增强个体或组织终身学习动力的一种有效途径。正确、科学、公平、合理、高效的激励制度，有利于形成终身学习的原动力，培养人们自主学习的意识和习惯，使终身学习过程成为自主地、自觉地学习，真正不受时间、空间的限制，解决终身学习动力和长期坚持的问题，促进终身学习的可持续性；有助于塑造良好的终身学习风气，培养人们浓厚的终身学习兴趣，激发个体终身学习热情，充分调动个体的积极性、主动性与创造性，挖掘个体潜能，实现个体全面发展和社会进步。构建完善终身学习激励制度，一方面，建立健全多层次、多种类的社会评价及认证制度，充分肯定非正规和非正式学习等多种学习渠道的法律地位和作用，认可社会成员的终身学习成果。另一方面，建立健全促进人们终身学习的奖励机制，采取物质激励与精神激励相结合，外部激励和内部激励相结合等方法，发挥终身学习个人和组织的典型示范效应，突出终身学习在招聘、用工、入伍、提干、晋升等工作中的评价作用，形成激励人们不断学习、通过能力参与竞争的体制环境与社会氛围[1]，激发更多的民众参与终身学习，实现“要你学”变为“我要学”。

终身学习是一个动态的过程，终身学习体系现代化是一项复杂的社会系统工程，涉及政府、社会、部门、行业企业和民众个人等方面，必

[1] 宋孝忠.终身学习激励制度的构建[J].成人教育，2010，30（10）：32-34.

须从战略高度做好顶层设计，建设长效机制，协同全社会力量，人人参与，人人助力，才能真正创立一个健康的、积极向上的“无人不学、无时不学、无地不学，全民学习、终身学习”的学习型社会，最终实现人和社会的同步发展、和谐发展。

第六章 当前终身教育『三教』改革

《国家职业教育改革实施方案》提出了“三教”（教师、教材、教法）改革的任务，其中教师是根本，教材是基础，教法是途径，分别对应解决教学系统中“谁来教”“教什么”“如何教”的核心问题，三者有机统一、不可分割，是一项闭环的系统工程。“三教”改革，是推进职业教育高质量发展的重要抓手，是打造高素质技术技能人才培养高地的必由之路，也是当前职业院校提升办学质量和人才培养质量的重要切入点，目的是提升学生的综合职业能力。在推进终身教育过程中，也存在“三教”改革的问题，只是其内涵和外延更加广泛，囊括所有的教育，而不仅仅限于职业教育，其指向是满足大众自身完善与社会和谐发展。

第一节 终身教育师资队伍建设

终身教育虽然在很大程度上强调自我学习、自觉学习，但教师依然是学习成败、效果好坏的关键因素。由于终身教育伴随人的整个生命周期，是涉及社会全体成员各方面各层次的连续性教育，它的基本任务是学会认知、学会做事、学会共同生活、学会生存，其师资队伍的组成、来源、特点、作用等既有传统教育师资的一般属性，更有其多样性和灵活性的鲜明特色。准确把握终身教育教师的角色定位，深入了解终身教育教师队伍面临的主要问题，探究提出切实可行的应对策略，是当前湖南省推进学习型社会建设的当务之急。

一、终身教育教师角色定位

传统意义上的教师，“传道授业解惑”是其最核心的作用，也是其赖以存在的社会基础。终身教育作为一个由多类型、多序列、多层次的教育网络组成的学习系统，其对象来自社会大众与各行各业，每个学习者的职业、性格、兴趣、爱好、特长、学历、家庭环境、社会地位等千差万别，教学过程亦非常复杂，终身教育教师自然也不再囿于传统的“传道授业解惑”，往往要超越自身的专业范围和领域，不受教学主体、主导的双边制约，不管其愿意不愿意、自觉不自觉，他们的观念需要不断更新，角色也呈现出多元化特征。

1. **教师也是学习者。**这是由终身教育的性质决定的。终身教育空间巨大，时间绵长，对象广泛，需求不一，不确定因素繁多，加之在终身学习社会里，信息技术的进步，使得知识更新与增长的速度大大加快，教师原有的知识和技能“保鲜期”越来越短，“迭代率”越来越高，一朝学习、享用一生的观念早已过时。据研究，一个人一年不学习，所拥有的全部知识会折旧80%，只有每年以6%～10%的速度更新知识，更新思路，才能适应社会的发展。作为教师，如果不经常学习新知识，更新旧知识，不断地提高自己知识和技能水平，充实自己，那肯定要落伍，在社会上生存将“举步维艰”。从这个意义上说，在终身教育的教与学过程中，教师要有危机意识，时常加强学习，也完全可以与学生相互学习，取长补短，“弟子不必不如师，师不必贤于弟子，闻道有先后，术业有专攻”，教师也是学习者，每个人都兼具生、师双重角色，既是良师，更是益友。

2. **教师是引导者。**《学会生存——教育世界的今天和明天》明确指出，“教师要成为一个顾问，一位交换意见的参与者，一位帮助发现矛盾论点而不是拿出现成真理的人”。在终身教育过程中，教师的教与学生的学是在一种平等、民主、和谐的环境中进行的，彼此视为伙伴，教师是学习活动的设计者与组织者，主导这一活动的全过程，是“过程的促进者”，学生也改变纯粹“接受者”的角色，积极主动参与教学过程。教师的主要任务是“保持对话的顺畅进行而有效率”，“对于进行中的会谈过程，总是小心翼翼地启发或直接设问，且不以专家的姿态出现”，帮助学生发掘自身的潜力，启发他们积极思考，引导他们提出问题，形成良好的学习习惯，让学生拥有自主表现的空间，从而真正做到“处处是创造之地，时时是创造之时，人人是创造之人。”

3. **教师是服务者。**教育本身就是一种服务，“服务”是教师的职业要求。作为终身教育的教师，服务的意蕴更加明显。一是有些教师身份并不“正规”，没有编制，本身就是社区志愿服务者，为学习者提供服务。二是教育方式大多没有传统教育那么“正统”，大多是在尊重、理解、信任学习者的基础上，为学习者提供咨询服务、排忧解难，内容包括学习、生活、工作和家庭诸方面。三是教师在工作中，完全从管理者转变为服务者，懂得换位思考，相互理解体谅，时时处处事事为他人着想，尽量满足学习者的各种需求，始终把服务精神牢记于心，诉诸于行。四是教学目的侧重于教会学习者“会学”，而非仅仅“学会”，“授之以渔”而非“授之以鱼”，服务在于质量，服务在于细节，服务在于坚持，以真情赢得心灵。

4. **教师是激发者**。有关研究表明，处于知识经济与信息化时代的21世纪公民，必须具备信息处理、问题解决、批判性思维、学会学习、与他人合作和协作5种能力，传统教育显然难以担此重任，必须开展终身教育，坚持终身学习。作为终身教育的教师，必须改变固有观念，进行相应的角色转换，从已有知识的传授者、搬运工转变为学习过程的促进者与激发者，其主要任务不是要教会学习者多少知识，而是要利用自身教的过程，起到促进学习者学习的作用，重点是激发、诱导学习者自身内在的学习动机，培养学习兴趣，最大限度地支持学习者获得学习兴趣与自信，充分调动学习者的学习积极性，通过提问与解决问题，引发学习者积极思考，拓展学习者的自我思考空间，引起各自认知冲突，使每个学习者思有所获、学有所成，从而投入更多的时间、精力与热情参与终身学习。

5. **教师是组织者**。在传统教学中，教师处于绝对的“知识权威”“学术权威”地位，学生被动地接受教师所灌输的全部知识，不容辩驳。这是一种不平等的师生关系，不利于学生主观能动性的发挥。在终身教育活动中，学习者是真正的主体，教师只是学习活动的组织者、倡导者，大多以共同建构学习的合作者身份出现。教师通过创设开放性的问题情境，提出建设性的思路意见，把学习者置于问题之中，启发和诱导学习者发散思维、放飞思想，引导学习者主动参与、亲身实践、独立思考、共同探究、联合攻关。学习者不再以教师为中心，教师也不再支配学习者的学习活动，而是围绕共同学习目标，运用各种形式的策划、设计、组织，协助学习者从自身实际出发，分析解决具体问题。

二、终身教育教师队伍面临的主要问题

加强终身教育师资队伍建设，不断提高终身教育学习质量，是打造终身教育体系、建设学习型社会的重要一环，不可或缺。长期以来，在人们的潜意识中，相对于普通教育而言，以成人教育为“火车头”的终身教育属于“二类”教育，没有从根本上引起社会足够的重视，与普通教育实行的也是分开管理的双轨体制，使得终身教育教师在编制确定、职称评聘、职务晋升、专业成长及培养培训等方面均处于弱势地位，进而导致终身教育师资面临诸多问题，湖南也不例外。

1. **总体数量不足**。集体缺编问题突出，没有正规培养补充渠道，教师引进困难，教学工作大多依靠普通高校、社区学院的师资力量或工作人员，或其他企事业单位、社会团体人员来完成，真正意义上能担重任的专职教师配备不足，甚至没有，不能满足终身教育的现实需求。临时聘任的兼职队伍随机性大、流动性强，哪里好哪里去，无稳定性可言，严重制约终身教育的顺利开展。

2. **结构不合理**。教师组成缺乏计划，无论是年龄结构还是学历结构、职称结构、专业结构，都与实际需求存在较大差距。要么年龄偏大，要么刚出学校，“两头粗，中间细”，中年教师偏少；职称结构呈典型的“金字塔”状态，职称越高人数越少；要么专业失调，大众化专业多，小众化专

业少。年富力强、高学历、高职称、高能力、高水平人员少之又少。

3. **专业化程度有待加强**。不少教师教学态度不端正，缺乏责任心，授课敷衍了事，方式方法单一，缺乏技巧，简单“填鸭”，理论脱离实际，难以培养实践操作与动手能力，不能调动学习者的积极性，加之教育内容枯燥，教学水平有待提高，专业对口率低，针对性、实用性不强，不能满足成人学员的多种需求，整体教学质量不高，很难得到学习者的认同。

4. **普教色彩浓厚**。部分教师对终身教育认识不到位，没有牢固树立终身教育理念与终身学习意识，教师角色转换困难，没有认真研究终身教育学习者的个性特点，简单地把普通教育的教学模式套用到终身教育教学中，大多沿用和照搬普通教育方式方法，不能很好了解学习者的知识和技能基础、学习需求，很少考虑改进教学技巧，调整教学内容，以使不同层次的学习者达成学习目的，做到学有所得。

5. **内部管理缺乏规范**。主管部门没有研究制定出台相关系列规章制度，没有对所有教师实行统一管理，终身教育教师编制调整随意性大，没有建立通用的资格准入标准，没有独立的专业标准与教师资格证书制度，职称评定、职务晋升、专业培训也缺乏相关政策支持，专业成长上升空间狭窄，使得终身教育师资队伍专业水平与综合素质参差不齐，整体实力不高。

三、终身教育师资队伍建设的应对策略

终身教育教师是事关终身教育质量好坏和学习型社会建设水平高低的关键。在终身教育体系中，教师的职责职能、承担的角色、发挥的作用，较之传统教育教师，均有根本上的区别，从某种程度上来说要求更

高、任务更重、挑战更大。构建终身教育体系，建设学习型社会，必须从实际出发，立足已有的基础，借鉴先进的经验，拓宽思路，与时俱进，着力加强终身教育师资队伍建设。

1. 转变思想认识，树立终身教育理念

终身教育是“大教育”，覆盖全社会，纵贯人一生。终身教育体系下的教师，必须转变思想认识，树立终身教育理念与“大教师观”，理应深入研究了解终身教育的概念内涵、发展脉络、主要特征与目的意义，从广度和深度上不断充实自己，以适应社会发展的需要。一方面，提高对终身教育的认识。终身教育是对传统学校教育的突破，是当今世界教育发展的潮流与趋势，也是各国教育发展的终极目标。随着经济的发展、科技的进步和信息时代的到来，知识更新换代越来越快，传统的一次性的学校教育远远不能满足社会发展与个体完善的需求，终身教育会逐步从社会意识的边缘日益走向舞台的中央，地位会越来越重要，人们也会越来越重视。另一方面，积极转换自身的职业角色。前面说过，“传道、授业、解惑”是对传统教师角色的最好概括。终身教育的发展，全民学习的推进，带来整个学习方式方法的转变，倡导学习者平等参与、乐于探究，不再过分强调学科本位与书本知识，注重培养学习者处理信息、分析和解决现实问题的能力，对教师提出更高、更新的要求，终身教育教师必须从传统知识传授者的角色转变为学习的指导者、引导者、组织者、设计者、服务者、管理者、学习同伴、研究者和反思者等角色，以期实现师生相互学习、共同进步。

2. 完善政策制度，加强教师规范管理

政府力量的积极干预是终身教育事业持续推进的重要保障，而法律法规、政策规章制度是政府干预的有力手段。首先，政府应从宏观层面着眼，做好顶层设计，研究颁布确保终身教育法律地位、促进终身教育发展的长远规划与法律法规文件，为实施终身教育提供法律政策依据。我国虽然早在1995年就把“建立和完善终身教育体系”写入国家教育基本法《中华人民共和国教育法》，从法律上正式认可了终身教育；党的十六大、十七大、十八大、十九大报告也都强调提出要“完善终身教育体系”“建设学习型社会”，推进终身教育业已成为国家重大战略决策，但到目前为止，仍没有出台终身教育的专门法律。湖南也制定了《关于推进终身教育和学习型社会建设的意见》《关于进一步推进社区教育发展的实施意见》，出台了《湖南省老年教育发展规划（2019—2022年）》《湖南省家庭教育促进条例》等系列法规文件，但尚没有终身教育促进条例，亟须建立和完善。其次，教育行政部门应从微观着手，因地制宜，制定出台地方加强终身教育师资队伍建设的政策规章制度，为壮大终身教育师资队伍提供有效抓手。如设立终身教育专职部门，单列终身教育教师编制与职称序列，建立规范的终身教育教师专业标准，明确终身教育教师专业成长途径与方式，实施终身教育教师资格证书制度等，对终身教育教师进行统一规范管理。最后，强化主管部门责任，突出责任主体，提高执行力，纳入“两项”督导评估，实行责任追究制，确保相关政策文件制度措施落实落细落地，执行到位，从落脚点上倒逼终身教育师资队伍建设取得实效。

3. 建立准入制度，拓宽教师来源渠道

我国自2010年开始建立“国标省考县聘”的教师资格准入制度和管理机制，但针对的主要是基础教育，终身教育没有纳入其中。随着社会的发展，终身教育的作用越来越凸显，亟须推行终身教育教师准入制度，确定终身教育教师的准入门槛，对加入终身教育教师队伍的条件进行基本规定。这个条件可以因省情、市情、县情不同而做出适当调整，做到因地制宜、灵活运用，从而既保证终身教育教师的专业化水平，又不至于使许多有志者望而却步、游离事外。同时，拓宽终身教育教师来源渠道。鉴于终身教育的社会性、全员性，终身教育教师需求量巨大，仅通过如培养普通教育教师一样的正规渠道来提供远远不够，必须解放思想、实事求是，想方设法吸纳广大社会成员参加。《学会生存》一书认为，终身教育是真正群众性的社会行为，理应号召社会各个领域的人员参与教育工作，提供形式多样的教育服务，包括工人、农民、医生、咨询师、专业工作者、技术人员、行政人员、专家学者、能工巧匠、社会志愿者、退休人员、家长等，甚至“教育当局还应取得中小学生和大学生的合作，在某些方式下，使他们去教导别人，同时教育自己”[1]。这些都是亟待开发的宝贵的教育资源，完全可以按照终身教育教师准入标准，把他们纳入终身教育教师队伍建设的总体规划，作为专、兼职教师的不二人选。此外，可以尝试建立终身教育教师资源库，把符合条件、自愿参与的各级各类人才通过登记组织起来，作为潜在的后备师资。只有广泛调动社会成员业余从教、兼职从教、能者为师的积极性，才能保证终身教育教师来源，也才能保证终身教育顺利开展，取得实效。

4. 加强学习培训，提高教师整体素质

长期以来，终身教育尚没有形成一支专门的师资队伍，其主体依然是从事成人教育、继续教育、老年教育的各类教师，基本由专职教师和外聘兼职教师组成，其中专职教师少、兼职教师多，高学历高职称教师少、刚入职与退休后人员多，社会成分复杂，知识背景多元，教学水平

[1] 陈乃林，孙孔懿. 试论终身教育的“大教师观”[J]. 江苏教育学院学报（社会科学版），2000（3）：1-4，8.

参差不齐。当前，终身教育教师整体专业化水平较低，是制约终身教育体系构建、实现全民学习的主要障碍，加快终身教育师资队伍建设已经刻不容缓，而加强学习培训是打破这一“瓶颈”的突破口。首先，对于所有终身教育教师，除严格把好入口关外，要统一构建职前教育、入职培训和职后专业发展继续教育的体系，由国家和教育行政部门分期分批开展常年培训或轮训，确保教师职业能力水平与时俱进。其次，根据教师专业化水平，推行终身教育教师等级证书制度，类似于普通教育教师职称晋升评聘，从助教、初级、中级到高级，层层推进，不同证书级别享受不同的福利待遇，也可以从期限上加以规定，分为临时、短期、长期、终身教师资格证书，以此激发教师自我加压、努力学习、不断进步，及时更新知识储备，充实新知识、新理论和新技术，努力提升自己的专业能力与水平。最后，加大投入力度，实施奖惩措施，引入退出机制，对终身教育教师的聘任、考核、评价、晋级、待遇和奖惩做出明确规定，严格执行标准，通过加强平时工作过程与教学质量绩效打分，考察教师专业化水平、职业道德和专业品质，做到奖勤罚懒、奖优罚劣，促进创先争优，表彰先进，辞退落后人员，迫使教师强化责任意识、履职尽责，进而保障终身教育师资队伍的专业水平和整体实力，推动终身教育又好又快发展。

第二节　终身教育课程资源开发

当前，开展终身学习、建设学习型社会，已是世界的广泛共识。而要做到持久深入地全民学习、终身学习，必须有足够的、海量的、源源不断的课程资源。课程资源也叫教学资源，是服务教育教学活动的一切条件与因素的总和，包括物质的、精神的，自然的、社会的，媒体的、数字的等各类形态存在的所有资源。课程资源在终身教育发展中具有不可替代的地位与作用，它是开展终身教育、促进全民终身学习的重要基础。终身教育课程资源开发，既有教材课程开发，更有各种优质开放的资源建设，是建设学习型社会的一项系统工程，越来越受到社会各界的普遍关注。

一、课程资源开发的基本原则

终身教育课程资源既有普通教育课程资源的一般共性，更有其作为全民共享资源的特殊个性，在其研究和开发过程中，既要秉持一般教育规律，更要切合其本质特征，坚持需求导向、普适实用、因地制宜、共建共享、突出信息数字化等基本原则。只有这样，才能满足全民学习者多样化、个性化的学习需求，推动终身教育持续稳定发展，最终实现学习型社会。

1. **坚持需求导向原则**。需求导向，又称需要导向，原是一种营销策略，是指企业业务范围确定为满足顾客的某一需求，并运用互不相关的多种技术生产出不同大类的产品去满足这一需求。在终身教育课程资源开发过程中，要坚持以人为本，以需求为导向，充分考虑终身教育的终身化、全民性。一方面要注重终身化，就是开发的课程资源要囊括人的一生，体现年龄层次，突出时代特点，既要有符合幼儿、儿童青少年成长需求的内容，也要有符合青壮年持续发展的内容，更要有满足中老年追求美好、享受生活需求的内容，要做到不管哪个年龄阶段，都有自己的中意点；另一方面要关注全民性，就是要照顾全社会男女老少的文化程度、职业类别、个性特点、生活习惯、兴趣爱好等方方面面的个体差异，从他们的现实需求入手做文章，分人群、有重点地开发满足社会大众不同需要的各类课程资源，包括知识型、技能型、拓展型、娱乐型等，帮助学习者获得其所需的一切知识。

2. **坚持普适实用原则**。普适，即普遍适用，是指某一事物比较普遍地适用于同类对象或事物的性质。实用，就是务实不务虚，注重解决实际问题。开发终身教育课程资源，必须做到普适与实用相结合。普适是从服务对象上来说的，其资源切实体现和把握了人们对知识理解和掌握的客观认知规律，有强大的生命力，可以供一切有学习意愿的学习者使用；实用讲的是应起的作用，主要体现为教学内容与教学方法的实用性，可操作性强，使用价值大，能产生积极的效果。换句话说，就是开发出来的终身教育课程资源具有一般性，即其内容是面向所有学习者的，从服务对象的层面上讲，要能适应某一类型、某一层次、某一方面人群的现实需要，而不是只服务于某一个体、某一主题、某一具体事项；从使用效果来说，开发的课程资源要经过精心的设计，做精、做细核心功能，具有良好的实用价值，可以直接或间接地满足人们某种物质或精神需要的期许，更容易被广大民众所接受，最大限度地发挥其应有的社会效益。

3. **坚持因地制宜原则**。因地制宜，是指根据不同客观环境的实际情况，制定相应可行的妥善办法。终身教育课程资源也不是“放之四海而皆准”的，应符合国情，体现地域特色，突出地方特点。进行终身教育课程资源建设时，必须充分考虑不同地区的自然条件、历史传统、居民组成、整体教育程度、人文社会环境、经济发展水平、商业产业结构、民风、生活习俗等地域特点，从居民的主客观需求和地区发展特点着手，开发具有时代性、地域差异明显、紧贴居民生活、针对性较强的模块化课程资源，不仅保证资源内容的教育性、多样性，也保证资源应用的针对性、便捷性，能让学习者快速、准确地找到自己所需要的各类资源。这里的针对性，主要表现在课程资源内容的设计上，既注重学习者的需求和特点，也注重学习的条件和环境，还注重体现课程的性质和培养要求、学习的重点和难点，做到对症下药、因材施教，满足个性化学习。

4. **坚持共建共享原则**。共建共享，原是建设社会治理共同体的基本原则。共建，即共同建设，体现各方共同参与，发挥各自优势和潜能，形成“1+1>2”的合作优势。共享，就是共同分享，意即将一件物品或者信息的使用权或知情权与其他所有人共同拥有。在这里，“共建”是“共享”的前提和基础，“共享”是“共建”的目的与要求。在终身教育课程资源建设中，坚持共建共享原则，目的是节约成本，以最小的成本实现资源利用最大化，以弥补优质教育资源的不足。在这一原则指导下，一般由政府教育行政部门牵头，多部门多机构相互沟通协作，通过制定相关专项政策，加大资金、人力、物力、财力等方面的组织协调，聚集政府、机构、企业多领域的专业人才组成课程资源建设的骨干团队，形成较大区域的课程资源建设联盟，政府出钱出政策，机构和企业出人出技术，多方联合共建共管共享一个能满足共同需要的终身教育课程资源库，从而避免课程资源多头重复建设，减少浪费，实现优势互补，大幅度提升资源的共享度，以促进终身教育课程资源服务的可持续发展。

5. **坚持信息数字化原则**。早在2012年，教育部副部长鲁昕就在全国教育工作会议上指出：“推进继续教育资源平台建设，研究制定数字化资源的建设规范和认证标准，建设国家数字化资源中心和公益性的资源库，构建覆盖全国的教育资源服务体系。”随着信息化时代的到来，互联网+、云计算、物联网、人工智能、大数据等新技术的发展，为终身教育课程资源建设提供了新思路、新模式，即突出课程资源建设的信息化、数字化。如，运用后台大数据分析技术，能够准确了解不同学习者的学习需求、学习习惯，可以提高资源建设与投放使用的针对性，做到缺什么建什么，需要什么投放什么，同时减少建设过程中的“信息孤岛”现象，从而提升资源的建设质量与利用效率。运用数字化技术，可以建设和储存海量的课程资源，多层次、多种类的教学资源应有尽有，教学信息来源丰富多彩，知识量巨大，能有效解决我国人口众多、地区差异较大、教育发展不均衡等现实问题。运用“互联网+教育”技术，实现现代信息技术与教育的深度融合，容易做到因材施教，实现个性化教学，为学习者提供个性化的学习服务，真正做到人人愿学、时时可学、处处能学。

二、课程资源开发的主要思路

终身教育也是一个有目的、有计划地对学习者施加影响的过程，课程资源是实现终身教育培养目标的重要手段。开发终身教育课程资源，必须瞄准终身教育培养目标，在培养目标的引导下，研究培养目标如何演变为课程资源，以满足学习者的需要，促成学习取得实效。

1. 将培养目标转化为课程资源

培养目标一般包括三个方面的内容，即培养方向、人才类型和人才规格，这三方面内容综合起来，就是人才培养目标的目标体系。其中，培养方向是指从事的职业或职业类别，如科学家、工程师、教师、医生等；人才类型是指同一职业中不同的人才种类，如一般专业有理论型人才和应用型人才，工科类还有工程技术型人才和管理工程型人才等；人才规格是指培养的人才在德、智、体等方面应具备的基本素质。

在终身教育课程资源开发过程中，首先要根据人才培养目标体系设计课程资源目标。课程资源目标可以从以下四个方面具体化：一是培养对象，指属于什么职业和类型的人才。由于职业和类型不同，即使开设同样的课程，在课程资源的深度、广度以及侧重点上都应有所不同。二是学习内容，指为了实现培养目标，需要学习的知识、技能等。比如，掌握“计算机的基本原理及操作技能”，熟悉“涉外经济法规”，具备“英语阅读和写作能力”，能运用“公关技巧”等，都表明需要学习的内容，应根据这些内容选择课程资源。三是行为目标，指学习的结果总要体现在一定的行为上（包括内在的思维、情感等）。比如，“掌握什么”“能使用什么”“具备什么样的能力”等。四是程度要求，指学习上述内容所表现出的行为应该达到的标准或水平。比如，“能熟练运用什么”“初步掌握什么”“了解什么”“懂得什么”等。

其次，再根据课程资源目标选择和编排课程资源。在学历教育中，按课程资源目标选择、组织学科课程资源体系，其中包括公共基础课、专业基础课和专业课、专业拓展课等四部分课程资源，一般按先上公共基础课、专业基础课，后上专业课、专业拓展课的顺序编排课程。对于非学历的短期培训课程资源，一般包括三个基本部分，即思想政治方面的内容，比如职业道德、有关政策法规；行业系统的一般知识；专业或职业岗位的知识与技能。这三部分的比重，依不同的对象和不同的培训目的而有所区别。短期培训的课程资源内容，具有综合性、针对性和适用性，不强调学科的系统性，一般是先安排理论讲授，接着进行实践训练，最后组织研究和总结。

2. 学历教育课程资源开发思路

终身教育中有学历教育和非学历教育两大部分。学历教育课程资源开发的目的是，提高学习者的学历层次与文化素质水平。成人的学历教育虽然与提高企业和事业单位的效能有关，但与学习者个人利益的联系更为紧密。首先，课程资源开发的依据是国家统一的学历教育制度，与国家的用人政策有着密切的关系，有的直接与国家的用人政策挂钩，人才学历层次规格是各级各类学历教育课程资源开发的出发点和归宿，要根据将要培养的人才的规格，确定开设的课程、时数、教学方法、考核标准等。其次，根据学历层次和专业的要求，确定课程资源和教育活动体系，即先将培养目标转化为教学计划，而后根据教学计划编制各科的教学大纲，教科书则是教学大纲的具体化。每一个学历层次专业的课程资源体系，是实现该学历或专业标准的实施方案，是教育质量的保证。最后，选择适当的教育形式，主要有学校面授、线上学习、广播电视教育、函授教育、自学高考等，学历教育以传授知识为主。鉴于学历教育具有全国公认的性质，且与使用、待遇相关，我国的学历教育由教育部统一领导和管理，其课程资源开发主要由政府教育行政部门牵头组织与实施。

3. 非学历教育课程资源开发思路

终身教育中的非学历教育是终身教育的重点，主要包括扫盲、岗位培训、技术技能培训、职业培训、继续教育、社会文化生活教育等。非学历教育内容极为广泛，层次差异大，水平高低悬殊，课程资源开发繁简程序不一。非学历教育的目的大多是为了满足社会组织提高工作效能的需要，学习的内容也大多与职业相关，学习者通过学习获取新的知识与技能，提高自己的职业能力，以适应社会组织的需要。非学历教育是终身教育社会化的重要途径，也是社会大众的兴趣爱好、个人文化品格的滋养剂。首先，课程资源设计的依据多样化，非学历教育选择哪些内容，取决于学习者所要获取的知识与技能的标准。如，岗位培训就要以岗位规范作为课程资源开发的依据，要以岗位规范中可培训的要求为出发点，将这些要求转化成岗位培训的课程资源；专业技术人员继续教育的课程资源具有更大的灵活性，应本着创新、创造的思路，根据理论与技术发展及学习者的需要，选取最新的、最有启发性的、人们最关心的内容进行教学，或指导学习者自学。其次，非学历教育一般不按学科课程资源体系组织开发，不强调学科的系统性。非学历教育常以任务或问题为中心，学习的目的是掌握某一门知识，或某一项技术，或为了满足某一种工作岗位任职的要求，或为了给予个体精神上的享受，因此，非学历教育在总体上要按需开发课程资源，要什么开发什么，以满足学习者的直接需要为目的。最后，由于非学历教育的专业、任务、内容、程度等千差万别，因而其学习形式也多种多样，有面授、函授、广播电视教育、新闻传媒；班级上课、小组研讨、现场教学、发放学习包；脱产学习、半脱产学习、业余学习；学年制、学分制；电话咨询服务、计算机教学、线上线下自学，以及各种各样的面向社会的讲座、报告等，供学习者根据自己的需要和可能进行选择。课程资源越丰富，学习的形式越多越灵活，适应面越广，越容易满足各类学习者的不同要求，实现终身教育的目标。

三、课程资源开发的实践反思

近年来，在国家大力发展终身教育相关政策的引导下，终身教育课程资源开发不断走向深入，也建成了大量的种类齐全的课程资源，在一定程度上满足了社会大众终身学习的需要，但距离预期目标仍有相当大的差距，还存在认知上的偏差和盲目性。总的来说，终身教育课程资源开发普遍存在以下几个方面的问题：

1. **统筹规划缺位，重复建设较多。**长期以来，终身教育课程资源开发处于分散状态，一般由教育机构或社区自发开发与整合，缺乏政府的统筹规划与宏观调控，也没有建立合理监督和定期评估制度，更没有形成学术研究机构参与课程资源开发指导的机制。在这种情势下，由于各地区各部门事先没有进行充分有效的沟通，更无具体内容的分工，各自为战，独立开发，导致开发出来的课程资源重复建设现象极为严重，尤其是有关休闲娱乐、医疗保健、大众文化、体育健身等方面的内容，几乎是每个地区都在建，而内容大多千篇一律，浪费大量的人力、物力和财力。

2. **整体质量不高，优质资源缺乏。**我国的终身教育是在边探索边研究边实践的基础上发展起来的。由于缺乏现成经验，加之，在终身教育课程资源建设过程中，力求门类齐全，以满足各类不同人群的各种需求，往往没有注重课程资源建设标准，忽视了课程资源建设质量，导致建成的课程资源质量良莠不齐，课程资源内容杂乱无章。特别是针对性强、操作简便、实用性价值高，满足学习者自主学习目的、内容、方式方法的碎片式优质课程资源相当缺乏，远远达不到服务全民学习、终身学习的目的。

3. **信息孤岛严重，共享共用不足。**在终身教育课程资源开发初期，一方面由于统筹不够、各地各部门各机构沟通协调不到位，另一方面由于信息技术不发达、互联网+教育尚未普及，导致“信息孤岛”问题严重。具体表现在各自开发的课程资源库普遍存在结构过于简单，数字化程度不高，设计缺乏交互性，在线学习支持功能滞后，无法实现智能搜索，资源库之间信息交流和资源整合困难，加之开发者各自的认识水平、建设能力差异性很大，根据自己对课程资源的定义和分类的认识与理解而开发出来的各类资源自成体系，特色课程、学习资源的质量和专业性价值很难得到保证，造成难以实现互联共享与共用。

4. **表现形式单一，个性特点模糊。**开发课程资源的目的应是为一切学习者、学习型社会建设服务。然而，在长期的实践中，已有的课程资源根本不能满足全民学习的需求。一是开发目标不明确。开发者对于终身教育是什么、为什么、怎么学等本质问题认识不清，导致课程资源开发的盲目性，为开发而开发，受益面有限。二是表现形式单一。适应学习需求的多样化，终身教育课程资源的表现形式应该既有文本、表格、图片、动画、音频、视频等传统资源，更有与时俱进的QQ、微信、微博、3D、虚拟现实、钉钉等新兴资源，但现有的课程资源其呈现形式大多还是传统的文本形式，配套的新兴资源数量很少，满足不了学习者个性化的学习需求。三是针对性不强。大多数课程资源普适性强而针对性不够彰显，未能体现不同区域、不同年龄层次、不同人群的学习需求，尤其长视频过多、枯燥乏味，不符合成人学习特点，不受学习者喜欢，影响资源的使用效果。

第三节　终身教育教学方法创新

教学方法，简单地说，就是教师的教法与学生的学法的有机统一。

教学方法服务于教学目的和教学任务的要求，是完成教学活动内容的有效手段，也是师生双方行为在教学活动中的具体体现。终身教育由于受众范围广，学员年龄跨度大，个体社会背景、具体需求各异，其教师教的方法与学生学的方法千差万别，各有特色，难以详尽。现仅就终身教育、全民学习的主体——成人学员的教学方法略述一二。

一、成人学习者的特点

终身教育中的成人学员，年龄差距大，文化程度和水平不一，实践经验较丰富，实践能力较强，大多有行业职业背景，具有独立思考能力，学习时间安排较分散，以业余学习者居多，联系实际、学以致用的愿望强烈。

1. 成人学习者是成人教育的主体。对于成人而言，他的自我意识发展已达到成熟或基本成熟的水平。当成人一旦形成学习动机，并积极参加某一特定的成人教育计划所提供的学习活动之时，他就自始至终是以主体的地位参与整个教育过程的。如果说儿童教育尚属于一种“依赖型”的教育，那么成人教育便完全是“自主型”教育，是“以学员为中心”的教育。在终身教育中，教育者或教师不是主体，也不可能是教育活动的中心。他们不是传统意义上的“师长”，而是作为组织者、鼓舞者、指导者、促进者、帮助者、主持者参与成人学习者的学习活动。成人所要求的教师与学习者之间的关系，完全不同于传统学校中的那种师生关系，是一种互相促进、智能互补的关系[1]。

成人往往心里想要别人把他当成人看待，当作社会独立的人看待，

[1] 严建红.建构主义学习理论在成人教学中的应用[J].陕西师范大学继续教育学报，2005（S1）：34–37.

希望能得到社会尊重。成人学习者的这一基本特征，决定了他们对自己所学习的东西持有与青少年学生不同的观点，有着不同的理解和感受。成人学习者在学习中所提出的往往是社会生活中的实际问题，而且这些问题多半是一时难以给出答案的，不像未成年人所面临的都是一些理论知识上的问题，一般都能给出正确的答案。成人学习者对于各种问题的感受或理解，往往受他们过去所受的教育、社会风俗、文化背景、公众舆论以及个人的经验等各种因素的影响，不像未成年人那样单纯，富有可塑性。成人学习者具有自己的独立见解，往往要把与教师不同，甚至完全相反的观点带进教室。

2. **成人学习者的实践经验是进行新的学习的基础**。成人学习者生活经验丰富、社会阅历深广。成人选择和参加什么样的教育计划，大多以他个人的经验为依据；采取什么样的学习方式、方法以及如何评价自己的学习成效，也往往以其个人的经验作为指导。在大多数成人中，个人经验往往占有举足轻重的地位，是他们进行新的学习的基础或依托。因此，成人的丰富经验也就成为他们的一项宝贵资源，在成人教育中必须充分加以开发和利用。这种作为“资源”的经验，是指那些有效而不断地学习的经验。成人教育的主要任务之一，就是有效帮助学习者正确对待和选择经验，且面对着变化的社会和自我重新组织经验。在成人的过去经验中，当然也包含着障碍新的知觉、妨碍学习的东西，这些东西需要仔细筛选、辨别，并加以抑制、排除。

3. **成人学习者的学习有强烈的适应社会的需要**。人们把承担责任作为社会成员的一定职责，作为达到成年的一种标志，因而“适应社会”的需要主要反映在适应作为社会成员的职责变化的需要上。每一个人在他的一生中都要经历多次的职责变化，而每一次的社会职责变化，都要求有相应能力，都需要学习。这种社会职责的变化，一方面是随着年龄增长而出现的，另一方面也是随着社会、经济地位的改变而发生的。但无论是哪一方面，人们都能通过教育使自己向高一级的适应水平发展。因此，作为成人学习者，不管参加什么样的教育训练，他总是强烈地表现出适应社会需要这一基本特征。

4. **成人学习者的学习有明确的“学以致用”的追求。**普通学生的身份就是做准备，准备成为独立的社会人和职业人。而成人学习者的身份与此不同，他们是某种职业的从业者，是一定社会组织的成员，同时具有“学员”和“实际工作者”两重身份。作为一个从业者，某一社会组织的成员，他们的学习愿望是受职业活动的需要制约的，他们的学习目标是成员的身份所规定的，从而每一个参加成人教育计划的学习者，所追求的是“学用结合”“学以致用”，希望现学现用，能解决现实问题，这便是成人学习者区别于普通学校学生的地方。因此，普通学校学生的身份特点，决定了他们的学习是力图使自己将来能够成为某一社会组织的合格成员；而成人学习者的成员身份，决定了他们的学习是力图提高自己解决当前所面临的问题的能力，改善自己履行职责的能力和绩效水平。

5. **成人学习者的学习受多重因素的影响。**成人毕竟不同于儿童，其身份和社会角色更加繁杂，自然成人学习也较儿童学习复杂得多，更易受各种主客观条件的制约与影响。概而言之，影响成人学习的关键因素集中体现在社会压力、组织态度、教育机构和成人自身四个方面。就社会压力而言，主要包括公共压力、职业压力、生活压力、工作压力、家庭压力和社会竞争。组织态度方面，具体表现在由于成人通常都处于一个社会组织内，是某一单位或部门中的一员，其学习自然受领导风格和组织文化的制约。如领导是否关心人、爱学习？组织是否是学习型组织、是否鼓励支持员工学习？等等。教育机构的影响，权威教育机构的知名度、高水平的师资队伍、有效的教学方法以及教学服务与后勤保障的完善性可以使学习者产生较强的信任和安全感。至于成人自身因素，其年龄层次、身体状况、学习动机、学习能力、学习方法、学习习惯以及既有经验对其学习效果有重大影响[1]。

二、成人学习动机的开发

动机，即激发、维持并使行为指向特定目的的一种力量，是引发人从事某种行为的力量和念头，是直接推动个体进行活动的内部动因或动力。学习动机，是直接推动学生进行学习的一种内部动力，是激励和指引学生进行学习的一种需要。在信息化时代，终身学习本身成为社会人的一种需要，尤其是进入成年时期以后，学习成为一种社会水平的高级需要，与人的交往需要、取得成就的需要、实现个人价值的需要交织在一起。成人学习者学习动机的形成、保持和强化，受个人的年龄、经验、文化修养、经济地位和所属社会群体等因素的影响，是一个很复杂的心理过程。成人学习动机的开发，可以通过外界的刺激和影响或内部的自我启发来进行。

1. **外界条件的刺激和影响**。即外部动机，是指个体由外部诱因所引起的动机。外界的刺激主要有社会制度、人文环境、家庭关系、历史文化、民俗传统等各方面的刺激，但最重要的是劳动、人事、分配制度和教育制度的激发。政策和制度是调动成人学习积极性的主要因素。当前，

[1] 吕峰. 成人学习影响因素的理论分析[J]. 中国人力资源开发，2007（3）：101–104.

应大力健全完善岗位培训制度、继续教育制度、职业资格证书制度、劳动准入制度、职称评聘制度，使教育制度与劳动、人事、分配制度相互交叉、相互融合、相互配套运行，真正有效地调动成人的学习积极性。这种学习动机的激发，不在学习任务本身，而是在学习活动之外。

2. **内部需要的激发与引导**。即内部动机，是指由个体内在的需要引起的动机。内部动机的目标是学习活动本身。如学员的求知欲，学习的兴趣快乐，学习中与人交往的享受，改善和提高自己能力的愿望，对所学课程和教学方法的认同或解惑等。内部动机源于把学习、活动的本身看成是一种乐趣、一种享受、一种实现，具有内部动机的学员渴望获得有关的知识经验，具有自主性、自发性，会促使学员积极主动有效地进行学习。因此，应针对成人学习者的特点，指导或引导制订相应的教学计划或学习方案，其中教学目标或学习目的定位应以适应需求、有利发展、服务终身为宗旨，教学或学习内容的安排应根据学员的具体情况和需要，突出针对性、实用性和实践性，坚持理论与实践相结合。同时，可通过多种教学策略开发学习者潜能，以“学”为主体落实“学用”结合，以多样化学习活动激发学员积极性，以教学方法创新促进学员能力提升。只有这样，才能最大限度地调动成人学员学习的积极性、主动性和创造性，也才能取得最佳最好的学习效果。

3. **合理整合内外两种动机**。内部学习动机和外部学习动机的划分不是绝对的。在成人教育中，固然要强调学习的内部动机，因为任何外界的要求、外在的力量都必须转化为个体内在的需要，才能成为学习的推动力。但同样必须重视学习的外部动机，要动员一切可以调动的积极因素来开发学员的学习动机（或者说是学习欲），把他们吸引到学习中来。也就是说，一方面，要尽力使外部动机转化为内部动机；另一方面，要充分利用外部动机，使学员已经形成的内部动机处于持续的激发状态。

成人学习结果如何，不仅取决于学习层次与能力等因素，也取决于学习动机及学习强度。在成人学习中，不乏有能力学习而不想学习的人，更不乏学习能力不那么强而由于努力学习、取得了一定成就的人。成人的学习，可以说是学习能力和学习动机两个变量的函数，如用公式表示，则可表述为：

成人的学习成果 = F（学习能力 × 学习动机）

在这个公式中用乘法，表明学习能力和学习动机这两个变量中，任何一个如为零，则学习结果也为零。一般情况下，成人对于与之相适应的学习，其学习能力不可能为零，因而他的学习成果就在一定程度上取决于学习动机。如果毫无学习动机，其学习的成果必然为零；反之，人即使到了老年，即使学习能力有所减退，但可以从学习动机的增强中得到补偿，仍然能取得令人满意的学习结果。

值得注意的是，成人学习的结果不仅取决于学习动机，也取决于学习态度。成人对学习所持的态度，影响着学习动机的形成和强化；反过来，学习动机的形成和强化，又可改变对学习的态度。两者的整合，构成决定和影响学习的一个十分重要的学习者自身的变量。而成人学习者的动机和态度的因素，又同他们的社会职责和发展任务紧密地联系在一起，每一个成人教育工作者对此应有充分的认识与了解。

三、国外教学方法分类举隅

这里列举的主要是西方国家教学常用的且在国内影响较广的三个教学方法分类，即巴班斯基、拉斯卡、威斯顿和格兰顿的教学方法分类，意在使人们由此一端而推知其他，举一反三，因材施法。

1. **巴班斯基的教学方法分类**。巴班斯基，苏联教育家，“教学过程最优化”教育思想的代表人物，主要著作有《教学过程最优化——一般教学论方面》《教育教学过程最优化——方法论原理》等。巴班斯基依据对人类活动的认识，认为教学系统由三个方面的要素构成，即社会方面的知识信息活动的组织、心理方面的个人活动的调整、控制方面的活动过程的随机检查，进而把教学划分为“组织和自我组织学习认识活动的方法”“激发学习和形成学习动机的方法”“检查和自我检查教学效果的方法”等三大类。这就在理论上指出了，人们在进行课堂教学设计时，不仅要考虑社会层面的教学目的、教学任务、教学内容等因素，也要考虑心理层面相关的动机、情绪、意志、思维等因素，还要考虑控制方面的教学计划、教学组织、教学调整与控制等因素，三者是一个有机的整体，相互影响，不可分割，共同促进实现“教学过程最优化”。

2. **拉斯卡的教学方法分类**。美国学者约翰·A·拉斯卡依据新行为主义的学习理论——“刺激—反应联结”理论，提出“教学方法就是发出和学生接受学习刺激的程序”，并依据在实现预期学习结果中的作用，把学习刺激分为A、B、C、D种类型，以此为标准把教学方法归类为呈现方法、实践方法、发现方法、强化方法等四大类。其中，呈现方法是指，运用A种学习刺激，即用确定的形式把将要学习的内容呈现给学员，在呈现这些刺激时只要求学生注意到呈现的刺激，学员的作用比较被动；实践方法是指，运用B种学习刺激，即把问题解决形式提供给学员，通过已知程序的运用，提供可模仿的模式，或可操作的特定学习活动来进行，要求学员起积极作用；发现方法是指，运用C种学习刺激，即提供给学员一个情境，希望学员在其中发现预期学习结果，要求学员起积极作用；强化方法是指，运用D种学习刺激，即在学员做出预期反应后，由对学员反应的强化而构成学习效果，要求学员起积极作用。在成人教育中，可依据具体情况，灵活运用这四种方法，以达到最佳的学习效果。

3. **威斯顿和格兰顿的教学方法分类**。美国学者辛吉娅·威斯顿和P·A·格兰顿在他们的《教学方法的分类及各类方法的特征》一文中，依据教师与学生交流的媒介和手段，把教学方法分为教师中心的方法、相互作用的方法、个体化的方法和实践的方法等四大类。其中，教师中心的方法，主要包括传授、提问、论证等方法，其优点是能够大幅度提高课堂教学的效果和效率；相互作用的方法，主要包括班级讨论、同伴教学、小组讨论、小组设计等方法，其优点是能够引发学生思考，集思广益解决问题；个体化的方法，主要包括独立设计、单元教学、程序教学、计算机教学等方法，其优点是学习目标明确，便于学生掌握预定的系统知识与技能；实践的方法，主要包括实验室学习、现场和临床教学、模拟和游戏、角色扮演、练习等方法，其优点是能够将知识点融入特定的情境中，使学生能够更容易理解和掌握[1]。实践证明，在成人教育、终身学习的过程中，每一种教学方法都有其长处与不足，运用时应扬其长而避其短。这正如威斯顿和格兰顿所说的，“在同一内容中，对于不同学员来说，或者在某些目标领域内，对于不同学习水平来说，一种方法的确可能比另一种方法更适宜。但教学方法的选择需要考虑多种变量，教育者不要片面地认为哪一种方法是最好的，哪一种方法是最差的”。

[1] 常鑫.威斯顿和格兰顿教学方法在计算机语言课程中应用的研究[J].教育现代化，2017，4（9）：134–135.

第七章 现代终身教育发展展望

时代在发展，社会在进步，现代终身教育发展是社会进步的反映。现代终身教育思想自20世纪初发端以来，经历了由最初的“概念”“思潮”或“理念”向教育实践的转化，后又逐步发展成为与终身学习共存，得到了世界各国政府和越来越多的相关组织的重视，在世界范围内产生了广泛的影响。21世纪是知识经济时代，当今世界正处在大发展、大跨越、大变革、大调整时期，一场新科技革命已在危机中孕育。随着社会政治、经济、科技、军事、思想、文化的快速发展，世界各种力量正在重新分化组合，在业已形成的现实基础和即将产生的新条件下，终身教育、终身学习的理论研究与实践探索必将向广泛、纵深拓展，迎来新的突变与飞跃。

第一节 现代终身教育的发展

现代终身教育产生于20世纪初，到20世纪中期开始受到国际社会普遍关注，20世纪末成为世界教育发展的主导潮流，其发展进程深受时代潮流的影响。21世纪，世界已进入信息化社会。随着现代科技的进步与发展，人类社会将产生深刻的变化，对人的素质要求也越来越高，终身教育必定随时代潮流而动，发生根本性变革，进行重大创新，呈现出新的发展趋势。

一、当前世界的深刻变化

在“地球村”的新形势下，世界政治经济、科学技术、人口年龄结构、城镇化进程、生态环境等正发生着前所未有的深刻变化，导致需重新审视人的关键素质和能力，从而激发全社会庞大的终身教育、全民学习的新需求。

1. 经济全球化不断深入。经济全球化是指，世界经济活动超越国界或地区，在全球范围内日益成为紧密联系的有机经济整体的过程，其流动要素主要包括资金、商品、服务、信息、技术、人员、管理经验等。第二次世界大战以后，随着各种国际组织的相继建立，世界经济开启了全球化进程。20世纪90年代以来，在国际分工由垂直分工为主转型到以水平分工为主的过程中，经济全球化得到迅速发展，成为当代世界经济发展的主要特征与趋势，涵盖了生产、贸易、金融和投资等各个领域，囊括了世界经济和与世界经济相联系的各个方面及全部过程，各国经济相互依存、相互渗透的程度大为增强，且一步一步走向深入。经济全球化是不可阻挡的历史浪潮，它必将对世界各国政治经济、教育科技、国防军事、社会心理、思想文化乃至思维方式等产生巨大的冲击，任何国家均无法回避，必须想方设法去适应它，在历史大潮中接受检验，而终身教育是不可多得的良方。

2. 信息技术不断普及。18世纪中叶以来，人类历史上先后发生了以“蒸汽时代”“电气时代”“信息时代”为标志的三次工业革命。特别是开始于20世纪50年代的第三次工业革命，加速了全球信息和资源交流，进一步确立了世界政治经济格局，使人类文明程度发展到空前高度。当前，第三次信息革命方兴未艾，以云计算、大数据、人工智能、物联网为代表的第四次工业革命悄然来临，日新月异，信息技术真正开始进入普及应用的新时代，必将在更大程度上影响和改变人们的生产方式、生活方式，推动科技、教育等发生深刻变化。尤其是以机器人为标志的智能技术的广泛应用，且层次不断升级，史无前例地改变了人类为了生存而工作的职业模式，人们摆脱了繁重的体力劳动，有大量的闲暇可以自由支配以丰富和完善自己。同时，信息技术在整个教育领域中的应用越来越广泛，适应终身教育的学习者根据自己的需要能够自由选择学习方式，以降低终身教育投入的成本，取得更好的教育效果。

3. 人口年龄结构不断老化。人口年龄结构老化是人口年龄结构由成年型向老年型、由较低老年型向较高老年型转变的过程。这是一个世界性的问题，开始于19世纪中后期的西方发达国家。到20世纪80年代后期，中国一些大城市开始出现人口年龄结构老化现象，且和世界大多数经济发达国家一样，老龄化的速度在不断加快。联合国经济和社会事务部发布的《世界人口展望2019》显示，世界人口结构继续老龄化，2019年全球65岁及以上的老年人占全球总人口的1/11，2050年将增加到1/6。中国的老龄化率2019年为12.0%，预计2035年为20.7%，

2050年为26.1%。随着生态保护、绿色发展的推进，健康与医疗条件的改善，卫生和教育服务水平的提高，中国人口预期寿命的延长与结构快速老龄化已是必然趋势，加之劳动力在全球流动等人口变动的倒逼，必将对整个社会的生产生活和终身教育产生深远的影响。

4. 城镇化进程不断加速。城镇化是经济发展的必然趋势，也是人们生活水平提高的标志。西方发达国家城镇化开始较早、城镇化率较高，未来世界上大多数人都会生活在大城市。中华人民共和国成立后，我国经历了世界历史上规模最大、速度最快的城镇化进程，取得了举世瞩目的成就。据国家统计局有关资料，到2017年末，我国地级以上城市户籍人口达到48 356万人，户籍人口超过500万的城市有14个，300万~500万人口的城市有16个，50万~300万人口的城市达到219个，50万人口以下的城市有49个。2018年末，我国常住人口城镇化率达到59.58%，比1949年末提高47.94个百分点，年均提高0.69个百分点；全国共有3 176个公共图书馆、4 918个博物馆、528个美术馆、3 326个文化馆和2 478个艺术表演场馆，这些场馆大部分集中在城市。大城市生活的安全性、方便性、社保医疗体系的完善性，必将吸引越来越多的人融入城市生活，从而导致文化多元性程度不断增高，人们对终身教育的渴求和满意度不断提升。

5. 生态环境不断恶化。生态环境是指与人类密切相关的，影响人类生存与发展的水资源、土地资源、生物资源以及气候资源数量与质量的总称，是关系社会和经济持续发展的复合生态系统。第二次世界大战结束以来，由于长期缺乏保护生态环境的意识，重开发轻保护，重建设轻维护，对资源采取掠夺式、粗放型开发利用方式，造成生态环境逐步恶化已经成为全球性的问题。进入21世纪以后，全球生态环境仍在继续恶化，臭氧层耗损，全球气候变暖，江河湖海污染加剧，水土流失不断，沙漠化日趋严重，生物多样性锐减，各种自然灾害频频发生，战乱频繁，生态环境问题已成为制约经济和社会发展的重大问题。在沉痛的教训面前，人类必须行动起来，反省自己过去的所作所为，认识到人与自然应该共生共荣、协调发展，采取措施扭转这一危险局面，否则人类必将陷入万劫不复的境地。有鉴于此，培养人类的绿色、环保、低碳等生态环境保护意识和行为，形成人与自然协同进化的科学的生态价值观，必将成为终身教育的核心目标之一。

二、现代终身教育的发展趋势

社会存在决定社会意识，经济基础决定上层建筑。在全球化加快、地球村出现的时代潮流推动下，作为上层建筑领域的终身教育，其理论研究与实践探索必将随着时代潮流而动，一步步走向纵深，呈现出新的趋势。

民主、平等、大众化，一直是终身教育追求的目标。教育民主化主张所有人都应该受到同样的教育，充分调动教育者与受教育者的积极性。终身教育价值取向倡导的“持续人的一生的教育”，就是旨在排除人的地域、年龄、性别、财富、地位等方面的差别，通过人一生连续不断的教育，消除教育机会的不平等，促进所有人教育权利的平等与教育机会的均等，促进社会公平正义。2012年以后，随着大规模在线开放课程（massive open online course，MOOC）时代的到来与迅速发展，它的大规模性、开放性和交互性突破了传统教育对于班级和课堂学生数量的限制，成千上万人可以同时学习同一门课程，符合终身教育全民性的要求，为实现全民终身教育提供了技术平台和契机。2015

年，联合国教科文组织在《教育2030行动框架》（The Education 2030 Framework for Action，FFA）中指出，其总体目标为“确保全纳、公平和全民终身学习，给每个人公平的机会”。

均衡化、多样化、个性化，是终身教育与生俱来的个性特征。终身教育均衡化是指通过合理配置教育资源，提高教育质量，缩小城乡、区域、个体之间教育发展水平的差距，实现受教育者收益最大化；多样化是指根据不同的教育对象或学员不同的学习需求，设计不同的教学方案，运用不同的教学方法，提供多样化的教育，以满足学员的不同需求；个性化是指针对学员的个性特征、兴趣爱好、学习动机和心理发展，提供“点对点”的教育服务，以发挥个人的积极性、主动性和灵动性，增强处理各种问题的能力，坚定对未来生活的信心。近年来，随着教育信息技术和MOOC的发展，特别是网络的普及和移动学习终端的开发应用，使“碎片化”学习成为一种趋势和需求，而同时来自世界各地特别是各国名校的优质在线教育资源，涵盖多种学科领域，涉及基础教育、高等教育、各类职业教育和技能培训等各种教育层次，内容异常丰富，在一定程度上满足了学习者个性化的学习需求。事实上，当前世界许多国家都试图采取多重措施，通过终身教育的途径来进一步推进教育的个性化发展。

体现人文关怀，重视老年人教育，是终身教育的现实关照。人文关怀的实质就是以关怀人为主体、以关怀人为对象的思想和行为。终身教育的人文关怀，强调以人为本，重视人的价值，尊重人的人格、尊严和权利，主张从学习、生活、心理、生理等方面全面关心学习者的成长，引导他们培养高尚的情操，广泛发展兴趣爱好，追求人的自由、平等和解放，真正做到生动活泼地学习，积极主动地发展自己，进而能够乐观向上、幸福愉快地生活。这不仅是一种态度，更是一种责任，在老年教育中表现得尤为突出。在后工业化社会，终身学习将成为人的一种基本生活方式，为应对人口老龄化的挑战，各国政府必将越来越重视、鼓励和支持终身学习。具体表现在：一是会不断延展老年教育的边界，除关注老年人群活动本身外，重视养老服务人才和其他与老年产业相关人群的教育与培训；二是不断升级传统老年教育课堂，重视开展适合老年人学习的智能化的远程教育，专门为老年人提供在线课程服务；三是不断建立健全老年教育服务体系，重视老年人力资源的开发与利用，为退休老人提供各类信息和咨询服务，进行职业介绍和安排。

终身教育、全民学习、终身学习，是一项复杂的系统工程，仅靠单一的教育部门是难以广泛深入地推动的，必须有强有力的政府保障和广泛的社会共识与合作，形成跨部门的合力，共同推进才能最终实现。诸如美国实施终身教育的机构就是多种多样的，既有教育系统的社区学院、成人学校和普通高校，也有企业和地方性、全国性专业组织，还有各类行业协会、民间组织、私人举办的培训机构，共同形成了一个门类齐全、互相合作、遍及全国的终身教育体系，有效满足了全民终身学习的各类需求，取得了显著的成效。《学习型城市的主要特征模型》指出，在推动市民终身学习的过程中，政府必须拥有强烈的政治意愿，发挥其有效的治理作用。欧盟“2007—2013年终身学习综合计划”的成功经验之一，就是促进组织机构和参与机构间的相关伙伴关系，形成跨部门合作推进终身教育的机制和网络，切实改进了终身教育的效益与效能，极大提高了社会资源的利用率。这也正是终身教育理念所倡导的“终身学习社会化”的具体体现。因此，打破部门壁垒，走合作共建道路，是现代终身教育发展的必由之路。

终身教育是国际化的产物，加强对外交流与合作，向国际化发展，是终身教育的应有之义。当终身教育尚是一种“理念”时，正是由于联合国教科文组织等的宣传与推动，才使之一步步成为一种全球范围内的教育思潮，被大多数国家所接受并作为制定教育政策、推进教育改革与发展的指导思想与价值取向。在全球化背景下，随着互联网技术与人工智能的迅速发展，教育的国际化早已成为一种不可阻挡的世界发展潮流，这在高等教育、终身教育领域表现得尤为明显。如联合国教科文组织、国际经济与合作组织、欧盟教育委员会等国际组织，以及亚欧终身学习研究网络和每12年举办一次的全球成人教育大会等，都在推动终身教育全球领域的合作与交流方面发挥了卓有成效的作用。终身教育领域的国际交流与合作，主要体现在共享丰富的优质网络教育资源、互派学生与教师交流学习、建设国际合作组织与网络、增强国际终身教育理念共识等诸方面。历史实践表明，在全球化时代，终身教育的国际化色彩越来越浓已是一个不争的事实，这种国际化趋势在我国也已经越来越明显。

三、现代终身教育的主要特征

在当代科学技术迅猛发展和世界政治经济急剧变化中，各国终身教育的改革、发展与实践不断呈现出新趋势，这些共同趋势也昭示了现代终身教育发展的新特点。

1. **教育层次高端化**。从世界终身教育的发展历程看，最初的终身教育多为补偿性的成人扫盲教育、技能继续培训，目的是弥补早期教育的不足，这在我国表现得尤为突出。如实施教育“向工农开门”，基本扫除青壮年文盲，开展干部职工文化、技术“双补”教育等。随着经济科技的快速发展，社会财富越聚越多，人们的物质生活水平不断提高，与之相适应的精神生活需求得到激发，人们越来越渴求高质量、多样化的终身教育，以促进个人的自身完善与全面发展，而不只是充饥式、低层次的终身教育。这种需求在高等教育实现大众化后越来越明显，也越来越强烈。高等教育的大众化甚至普及化，给人们提供的是高层次、多专业类别、多样化的教育服务，必定带来优质的高等教育资源急剧增加，这样才能满足社会各个方面的高等教育需求。在这一需求的刺激与驱动下，本着资源共享原则，终身教育的优质资源会越来越丰富，方便为人们提供多样的可供选择的终身教育，从而真正实现终身教育从低层次向高端化发展。

2. 学习需求自觉化。人们的学习需求是影响终身教育发展的直接因素之一。在终身教育逐步兴起的过程中，学习需求的形式主义与功利主义倾向非常突出。形式主义表现在人们接受终身教育是为了获得一种受过教育的标签，为教育而教育；功利主义则表现在人们从获得的即时效果去考察教育价值，关注的是接受终身教育会给自己带来怎样的功利效果等暂时的快感。在这两种思想影响下，人们愿意接受终身教育，仅仅是为了适应社会地位分工或得到某种机会的需要，并不关心其对人的精神发展、实质需要是否具有促进价值，这是一种被迫的教育，往往需要借助国家机构、社会组织等中介行为才能完成。随着经济社会的高度发展，接受终身教育不再是一种必需的谋生手段，而渐渐成为人们一种基本的生活方式，“成为自己的一种兴趣、一种习惯、一种精神需要”，其关注的重点是为了满足专业发展、特长发展、新职业需求等自我发展完善的需要，更大程度上是为了满足自我求知的兴趣与爱好，这是一种人们完全自觉的教育，学习的意愿完全由学习者决定，不关乎其他任何外力与条件。

3. 课程标准个性化。个性化、差异化的学习是终身教育发展的基本追求与目标之一。个性化的学习必定要有个性化的课程标准与课程资源来支撑，以使不同性格禀赋、不同兴趣特长、不同素质潜力的社会大众都能找到适合的学习内容与方式，接受符合自己生存和发展需要的继续教育和学习。在传统学校教育中，考虑到经济成本、学历层次要求和评价标准统一等客观因素，课程资源的配置基本是按统一化、标准化模式提供的，这是必要的、可行的，也是正确的。在终身教育初期，其课程资源配置模式也大多借鉴了传统学校教育的做法，在特定的历史时期发挥了应有的作用。在未来社会，随着经济社会发展水平的不断提高和信息网络技术的普及，为培养更多适应经济社会发展、具有个性特色的多样化人才，同时顾及学习者能力水平、自我发展与完善需求，终身教育课程标准研制、资源建设和开发必然会变得越来越多元，越来越灵活，越来越能够符合学习者自身、项目、岗位的个性特征，从而促进社会大众个性化的教育和学习。这种个性化，不仅包括适合不同学习者的具体学习内容设计，即个性化课程，还包括配备有不同的教育资源、授课者、辅导者等，从而构成不同的终身教育课程模块，以满足人们真正地发现自己、认识自己和实现自己的全面发展。

4. 组织形式弹性化。这是由终身教育的特点决定的。传统的学校教育具有明显的固定化特性，无论是受教育的对象、地点和年限，还是受教育的层次、内容与方式，抑或对教育结果的考核、评价及运用，都带有很强的强制性，都有一套严格的规范和程序，往往需要服从统一的组织与管理。终身教育在补偿性教育阶段，为了达到一定的量化标准，提高学习效率，也曾普遍采取集中推进的策略。随着终身教育向终身学习过渡，由于其学习对象的全民性、学习需求的独特性、学习时空的无限性，使之不可能再按固化的、强制性的要求来实行。为尊重学习者的主体地位，满足学习者个体对适应社会发展变化、岗位变换、职位提升以及自我人格完善的需要，未来终身教育的组织管理会更加弹性化和具有灵活性，其学习方式、学习模式、学习安排等会越来越多样化，越来越不局限于某个固定的时间和地点，而是可以延展到整个生产、生活和生命历程中。这样，每一个学习者在自己整个生涯中，只要愿意，时时处处均能做到随机学习。

5. **教育实施网络化**。教育网络化，也即网络教育，是指利用现代通信技术和计算机技术，进行跨越地理空间的教育活动，也就是远程教育。网络教育是现代信息技术发展到一定阶段的产物，其主要特征是资源共享，消除了资源孤岛，扩大了优质资源覆盖面，实现了计算资源、存储资源、数据资源、信息资源、知识资源、课程资源、教学资源、专家资源等的全面共享，缩小了城乡、区域和校际差异，有助于千千万万的民众参与继续教育。进入21世纪，以互联网、大数据、云计算、物联网、人工智能等为标志的新技术革命悄然来临，社会生活越来越智能化、自动化、信息化。尤其是全球信息网络的连通，给人才培养目标、专业设置、课程结构、教学模式、学习机制、管理模式等方面的变革带来了前所未有的机遇，信息技术在整个教育领域中的应用越来越广泛，且层次不断升级，运用终身教育数字资源库平台和计算机辅助教学（CAI）等进行自学、小组网上互助学习、混合式学习、翻转课堂等都已经得到普遍应用，为终身教育网络化实施提供了成熟的技术支撑与实践操作经验。同时，随着终身教育资源配置方式越来越走向尊重学习者客观需要及其市场化方向发展，意味着人们已经打破传统的在固定时间、固定地点进行学习的观念，出现了碎片化学习、自我系统化整理的“微”学习观念，这更进一步推进了终身教育实施的网络化。

第二节 现代终身教育的远景描述

现代终身教育是人类教育变革与社会发展的重要创举，已得到全球大多数国家和地区的普遍认同与推崇，正广泛而深刻地影响着世界教育的发展。构建终身教育体系，促进终身学习、全民学习，建设学习型社会，已成为世界各国教育综合改革的风向标，成为各国各地区重要的社会发展战略与指导思想，也是建设中国特色社会主义伟大事业的一项重要内容和目标。

一、终身教育成为国家重大发展战略

我国对现代终身教育思想的认识和推动起步虽晚，但发展快。终身教育自20世纪60年代开始成为一种影响广泛而深远的世界性教育思潮，逐步受到世界各国政府以及相关组织的重视，成为一些国家和地区发展教育的指导思想，而我国直到20世纪90年代才逐渐汇入世界终身教育发展的大潮中。然而，党和政府高度重视终身教育。特别是进入21世纪以来，党的十六大、十七大、十八大、十九大报告和制定的国家教育规划纲要及相关重要政策文件中，都对推行终身教育、促进终身学习、建设学习型社会给予了高度的重视，这足以彰显党和国家在推进终身教育与终身学习方面的坚定立场与决心，终身教育已成为中国特色社会主义现代化建设的重大战略目标。

1993年2月，终身教育概念第一次正式出现在中共中央、国务院印发的《中国教育改革和发展纲要》中，"成人教育是传统学校教育向终身教育发展的一种新型教育制度，对不断提高全民族素质，促进经济和社会发展具有重要作用。"1995年3月，第八届全国人大通过的《中华人民共和国教育法》，正式提出要建立终身教育体系，"完善现代国民教育体系，健全终身教育体系，提高教育现代化水平。""国家鼓励发展多种形式的继续教育……促进不同类型学习成果的互认和衔接，推动全民终身学习。""国家鼓励学校及其他教育机构、社会组织采取措施，为公民接受终身教育创造条件。"1999 年 1 月，国务院转发教育部《面向 21 世纪教育振兴行动计划》，强调"终身教育将是教育发展与社会进步的共同要求"，提出"到2010年，在全面实现'两基'目标的基础上……基本建立起终身学习体系"的发展目标。

2002年11月，党的十六大报告《全面建设小康社会 开创中国特色社会主义事业新局面》指出，"发展继续教育，构建终身教育体系""形成全民学习、终身学习的学习型社会，促进人的全面发展。"2004年3月，国务院批转教育部《2003—2007年教育振兴行动计划》，要求"构建中国特色社会主义现代化教育体系，为建立全民学习、终身学习的学习型社会奠定基础""鼓励人们通过多种形式和渠道参与终身学习""开展创建学习型企业、学习型组织、学习型社区和学习型城市的活动""积极推进社区教育，形成终身学习的公共资源平台。"

2007年10月，党的十七大报告《高举中国特色社会主义伟大旗帜为夺取全面建设小康社会新胜利而奋斗》明确提出"现代国民教育体系更加完善，终身教育体系基本形成"的新目标，强调要"努力使全体人民学有所教""发展远程教育和继续教育，建设全民学习、终身学习的学习型社会。”2010年7月，《国家中长期教育改革和发展规划纲要（2010—2020年）》颁布，第八章明确要求“广泛开展城乡社区教育，加快各类学习型组织建设，基本形成全民学习、终身学习的学习型社会”“构建灵活开放的终身教育体系”“搭建终身学习‘立交桥’”。

2012年11月，党的十八大报告《坚定不移沿着中国特色社会主义道路前进 为全面建成小康社会而奋斗》强调，要“积极发展继续教育，完善终身教育体系，建设学习型社会”。2015年10月，《中共中央关于制定国民经济和社会发展第十三个五年规划的建议》就“建立个人学习账号和学分累计制度，畅通继续教育、终身学习通道”做出部署。

2017年10月，党的十九大报告《决胜全面建成小康社会 夺取新时代中国特色社会主义伟大胜利》进一步吹响了“办好继续教育，加快建设学习型社会，大力提高国民素质”的号角。2019年2月，中共中央、国务院印发《中国教育现代化2035》，重点部署了“构建服务全民的终身学习体系”等面向教育现代化的十大战略任务；同年10月，党的十九届四中全会通过的《中共中央关于坚持和完善中国特色社会主义制度推进国家治理体系和治理能力现代化若干重大问题的决定》，再次强调要“构建服务全民终身学习的教育体系”“建设学习型社会”。2020年10月，党的十九届五中全会审议通过的《中共中央关于制定国民经济和社会发展第十四个五年规划和二〇三五年远景目标的建议》，继续强调“发挥在线教育优势，完善终身学习体系，建设学习型社会。”

诚然，中国特色社会主义进入新时代，“构建衔接沟通各级各类教育、认可多种学习成果的终身学习立交桥”，建设学习型社会，已成为满足人民群众日益增长的美好生活需要和推进我国社会持续健康发展的重要指导思想与改革实践动力，是21世纪以来国家教育战略一以贯之的重要内容，必将开创中国社会和中国教育的新纪元。

二、建成了全民学习、终身学习的学习型社会

20世纪60年代，美国学者哈钦斯首先提出了学习型社会的概念。学习型社会是对未来社会形态的一种理论描述，涉及方方面面的内容，其中最主要的内涵是全民学习、终身学习。学习型社会是科技高新化、信息网络化、经济全球化的产物，其基本特征是以全体社会成员为主体，以学习型组织为基本构件，以学习为核心，要求学习意识普遍化和学习行为社会化、持续性与长久性，最佳状态是“人人皆学，处处能学，时时可学”。

1. 实现了“人人皆学”。“人人”指学习的主体是每一个人，“皆”强调的是学习的普遍性。人人皆学，是社会公平和教育公平的应有之义和实现途径，亦即全体社会成员、各个组织都主动参与学习，人人是学习之人，学习成为一种基本的生活方式，是个人全面发展、社会文明进步的重要动力，不可或缺。在学习型社会中，科学技术迅猛发展，知识更新日新月异，社会对人的素质要求越来越高，人们渴求学习的愿望非常强烈，学习意识显著增强，充分认识到“学习改变生活，知识创造未来”，接受终身教育是每个社会成员追求进步与幸福人生的重要途径，参与终身学习不仅对完善自我、促进个人全面发展有重要意义，而且对国家永葆发展活力、社会持续繁荣昌盛有极大的推动作用。社会成员享有平等受教育的神圣权利和义务，个个成为学习者，都能按照自己的需求随时随地获得学习机会，在工作和生活中，把学习作为一件提高综合素质、培养实用技能、丰富人文精神的利在自己、功在社会的事情贯穿一生，具有明确的学习目标和人生方向，时刻保持与社会发展同步。这

样，所有社会成员自主、自觉地参与全民学习、终身学习，人人皆学的社会氛围浓厚，学习成为每个社会成员与组织的高度自觉，成为人生中必不可少的精神食粮，整体从先前的部分人学习、被动学习、无意识学习和短暂、盲目、功利的学习转变为全民学习、主动学习、有意识学习与持久的、有计划性的学习，在学习时紧跟时代步伐，不断检视自己的学习过程与成果，以提高解决新问题的能力，充实和完善自身素养。

2. 实现了“处处能学”。处处能学，意指学习不再局限于传统意义上的学校教育和书本学习，学习行为已渗透工作与生活的每个角落、方方面面，浩瀚宇宙内，东西南北中，处处都是学习之所，遍地均可进行学习。一方面，学习型组织无处不在、人人均身处其中。学习型组织是学习型社会的基本组成单位，通过营造组织内浓厚的学习氛围和开展各种各样的学习活动，组织成员能够熟练地创造、获取和传递知识，以适应新的知识和环境，实现持续发展，它强调的是不断学习新知识、新技能，完善自身行为，适应新变化，实现持续改进和发展。在学习型社会里，到处都是各种学习型组织，建成了学习型政府、学习型政党、学习型城市、学习型社区、学习型村镇、学习型企业、学习型单位、学习型团体、学习型家庭等，人人都是学习型公民，均置身于一个或多个学习型组织中，无论身处哪个组织，均可利用组织营造的学习氛围，提供的学习条件，搭建的学习平台，全方位、多层次地参与各种学习。另一方面，优质终身学习资源异常丰富、信手即可拈来。在国家和政府的大力支持下，各地、各单位、各部门、各行业企业、各研究机构及学会协会建设充足的终身教育资源，且打破了地域之间、部门之间、单位之间相互分割的封闭状态，整合成具有规模效应和经营优势的全民终身教育资源集团，以市场供需为基础统一进行配置，加之终身教育基础设施完善，建立起覆盖省、市、县（区）、乡（街道办事处）、村（社区、居委会）的终身教育网络，建成发达的富有当地特色与个性化的终身教育平台，社会大众随处可共享丰富的优质终身学习资源，满足自身的学习需求。

3. 实现了"时时可学"。时时可学，是指学习时间的扩展，涵盖整个生命周期，从时间上保障终身学习活动开展的经常性和长期性，这是对传统学校教育观念的颠覆。换句话说，学习活动是陪伴人一生的事情，活到老、学到老，可以边成长边学习、边工作边学习、边生活边学习、边实践边学习、边思考边学习……只要想学愿学，随时随机就能学，广泛的自助互助学习业已形成。在学习型社会中，一是随着社会政治经济的高度发展，各类竞争日益全球化、信息化、科技化，社会大众普遍树立起全新的学习观、教育观与人才观，打破了一劳永逸地获取知识和能力的观念，生产生活中更加关注和依赖学习，养成了自主学习的意识和"时时想学"的习惯，为"时时可学"创造了条件。二是"学分银行"广泛建立，开放、自主、互动、立体化的终身学习激励机制健全完善，搭建起终身教育的"立交桥"。所谓的学分银行，是一种模拟或借鉴银行功能特点的学习管理模式，主要内容为累积学分。它突破了传统的专业限制和学习时段限制，社会大众能够根据个人条件和需求自由选择学习内容、学习时间、学习地点，平时零星的学习可以计算成学分，储入国家相关部门授权的机构——"学分银行"，当学分满足一定条件或达到一定标准后，即能兑换相应的学历和非学历证书。这种制度有利于各类教育的沟通衔接，能将正规教育与非正规教育、学历教育与非学历教育、技能培训与学历教育等有机结合起来，通过各种教育成果学分的相互转换与认证，有效增加了学习者的学习兴趣与信心，为"时时可学"奠定了基础。三是科学信息技术高速发展，计算机、智能手机、电视等智能终端广泛应用，大众的学习方式方法日益多样化，特别是微信、微博、慕课等新型传播手段的普及，使学习者利用“碎片化”的时间实现“指尖上的学习”成为常态，为“时时可学”提供了有效的手段和途径。上述三方面的加持，使“时时可学”由理想走进现实，从而通过一个人一生各个阶段所接受的各种形式的教育，实现促进人的全面发展和社会进步，最终达到学习型社会建设的终极目标。

总之，构建终身教育体系，促进全民学习、终身学习，实现“人人皆学、处处能学、时时可学”学习型社会，是时代发展和社会进步的必然形态和趋势，也是国家强盛、民族振兴、社会和谐发展、公民素质提升的必由之路。在未来的学习型社会中，物质财富极大丰富，知识经济高度发达，科技的发展必然带来教育观念、知识观念和人才观念的巨大变化，教育与学习将担负深度发掘人力资源的重要使命，人们对学习的要求会更强烈、更持久、更全面，学习的需要成为贯穿人们终身的主要需求之一，不断学习成为人们日常生活的重要组成部分，全社会的人们只有不断学习、终身学习，才能应对新的机遇与挑战，才能实现自我完善与全面发展，也才能实现物质文明与精神文明互相促进，人类社会与自然共荣共生、和谐发展。

附录：
面向中国教育现代化2035的省域终身学习体系现代化相关问题研究※

蒋书同

摘要： 构建服务全民的终身学习体系是《中国教育现代化2035》重点部署的十大战略任务之一。聚焦2035，客观描绘省域终身学习体系现代化的目标愿景，分析研判重点任务，探索提出治理策略，对加快推进我国教育现代化具有十分特殊的意义。省域终身学习体系现代化的目标愿景是：建成全民向学、时时处处能学的学习型社会，建成各级各类教育衔接沟通、协调发展的终身教育新格局，建成遍及城乡、开放优质的社区教育新体系，建成覆盖广泛、服务周到的老年教育新模式。重点任务是强化全民终身学习服务体系、制度环境、专业团队等基础能力建设，整合共享学校、社区、社会等终身学习优质资源，完善继续教育、学习型村镇、学习型组织等终身学习服务平台。治理策略是建立政府管理、多方协作的现代治理模式，健全各方合理分担、多渠道筹措的经费投入机制，培育学习者为本、全民参与的终身学习文化。

关键词： 终身学习体系；教育现代化；目标愿景；重点任务；治理策略

※ 该文最初发表于全国中文核心期刊《中国职业技术教育》2019年第28期，后被中国人民大学复印报刊资料《成人教育学刊》2020年第4期全文转载。

《中国教育现代化2035》明确提出，到2035年，总体实现教育现代化，迈入教育强国行列，推动我国成为学习大国、人力资源强国和人才强国。这是党中央、国务院在中国特色社会主义新时代推进教育现代化、建设教育强国的纲领性文件。构建服务全民的终身学习体系是面向教育现代化重点部署的十大战略任务之一。终身学习是在终身教育基础上发展演化而来的，即社会每个成员为适应社会发展和实现自身发展需要，贯穿人生全程的持续的学习历程，也即我们常说的“从摇篮到坟墓”“活到老学到老”或者“学无止境”。此处的学习，包含正规、非正规及正式、非正式的一切学习活动，具有终身性、全民性、广泛性等特点。在着力写好我国教育现代化奋进之笔的新时代，聚焦2035，客观描绘省域终身学习体系现代化的目标愿景，分析研判重点任务，探索提出治理策略，加快推进我国教育现代化，既是满足人民群众多样化学习需求，实现人的全面发展的重要举措，也是在全社会形成积极向上的学习氛围，满足人民精神文化生活新期待[1]，昂首迈向富强、民主、文明、和谐、美丽的社会主义现代化强国的迫切要求。

一、省域终身学习体系现代化的目标愿景

近年来，为加快发展终身学习和建设学习型社会，全国各地均采取多种措施，积极搭建推进终身学习的制度框架，培育实施终身教育的骨干体系，着力培养服务终身学习的基本队伍，开发终身学习优质资源，取得了阶段性成效，为终身学习体系现代化奠定了现实基础。基于此，据实描绘迈向2035的省域终身学习体系现代化的目标愿景，

[1] 中共湖南省委湖南省人民政府关于推进终身教育和学习型社会建设的意见.

明确努力方向，有助于进一步健全完善全民终身学习体系，全面建成学习型社会。

1. 建成全民向学、人人皆学、处处能学、时时可学的学习型社会

以学习者为中心，以学习者需求为导向，将学有所教、学有所获与终身受益作为衡量教育发展水平的重要标准，努力为社会每个成员在人生不同阶段提供丰富多彩的学习机会、开放优质的学习资源、灵活便捷的学习方式、绿色友好的学习环境，高效实用的学习效果，让学习成为一种生存需要和生活方式[1]。城乡教育一体化发展，基本公共服务体系全面覆盖，优质教育资源大幅扩充。建立渠道更加畅通、方式更加灵活、手段更加先进、资源更加丰富、空间（场地）更加自由、学习更加便利的终身学习体系，形成全民积极向学、人人愿学、随时随地可学的制度环境。实现各级各类教育纵向衔接、横向沟通、协调发展，学历教育和非学历教育、职前教育和职后教育、线上学习和线下学习相互融合，学校教育与社会教育、家庭教育密切配合，形成全民化、网络化、数字化、智能化、现代化、个性化、终身化的教育体系[2]，人人都有梦想成真和人生出彩的机会。

2. 建成普通教育、职业教育、继续教育、职业培训协调发展的终身教育新格局

形成与区域经济社会发展紧密结合，类别完整、结构合理、发展有序、保障有力、开放便捷、蕴含终身学习理念，满足大众生活需求，与其他各类教育衔接沟通，办学水平一流，有效支撑和引领区域产业发展的现代终身教育体系。对接部门行业、区域经济发展，整合优化课程结

[1] 教育部关于印发《教育信息化2.0行动计划》的通知.
[2] 中共中央、国务院印发《中国教育现代化2035》.

构，形成功能定位明晰、学习资源充足、特色鲜明、规模适度的终身教育专业体系；打造引领服务省域战略性新兴产业支柱产业和社会治理、乡村振兴、生态文明建设等领域相关的专业群，实现专业体系对产业体系的全覆盖，确保人才培养质量和规模与产业发展需求相适应，满足产业人才新需求[1]。发挥高等院校学历教育与继续教育、技能培训并举的育人优势，改革完善职业院校和技工技师学校考试招生办法，鼓励退伍军人、下岗职工、失地农民、进城务工人员等参加学历教育、继续教育与技能培训，着力提升企业职工、农民工、失学青年、退役军人等重点人群的整体文化素质和就业创业创新能力。

3. 建成遍及城乡、布局合理、管理科学、开放优质的社区教育新体系

省域内所有市、县、乡镇、村均设有社区教育机构，每个社区教育机构都有专职人员负责。全国、省社区教育实验区、示范区数量增多、影响扩大，省级规范化社区大学、示范性社区大学、规范化社区学院、示范性社区学院以及示范性乡镇（街道）社区学校与示范性村（社区）学习中心大幅增加，国家级农村职业教育与成人教育示范县不断发展，社区教育品牌项目特色鲜明。城乡社区居民继续教育参与率，全国、省社区教育实验区、示范区居民对社区教育知晓度、认同度、满意度，各类教育资源对社区居民开放率等大幅提升[2]。学习型城市创建成效突出，影响广泛的学习型组织、独具特色的社区教育品牌不断涌现，建成一大批高水平的国家和省级学习型市、县、乡镇（街道）和村（社区）[3]。

[1] 中共湖南省委、省人民政府关于加快发展现代职业教育的决定.
[2] 湖南省教育厅等九部门关于进一步推进社区教育发展的实施意见.
[3] 山东省教育厅等9部门转发教育部等九部门关于进一步推进社区教育发展的意见的通知.

4. 建成覆盖广泛、多方参与、灵活便捷、服务周到的老年教育新模式

老年教育顶层设计、规划指导、政策扶持与统筹协调机制基本完备，形成党政统领、多方参与、分工负责、因需施教、协同推进的老年教育管理体制，省、市、县、乡镇（街道）、村（社区）5级老年教育基础服务体系健全。学习资源内容丰富，免费开放的老年教育学习优质资源库健全完善，拥有大量普适性、地方特色突出、个性鲜明的优质老年教育学习网络资源。学习形式灵活多样，在线学习、移动学习、团队学习、体验学习、自主学习等交互使用，老年人学习的科学性、计划性、针对性和实用性显著增强，培育出一批示范性学习活动团队和新型学习组织。老年教育协同推进机制健全，职责明确，内容丰富，供给能力、服务水平、社会活力和内涵品质显著提升，全社会关注关心支持老年教育、参与举办老年教育的积极性大大提高，老年人以各种形式经常性参与教育学习活动成为常态[1]。

二、省域终身学习体系现代化的重点任务

终身学习体系现代化涉及学习理念、教育思想、制度环境、基础设施、教育条件、学习资源、服务平台、服务能力、自学水平等方方面面，是全面的现代化，不是局部现代化。实现省域终身学习体系现代化，必须坚持问题导向，从实际出发，科学筹划，突出重点，抓住关键，找准突破口。

[1] 关于印发《湖南省老年教育发展规划（2019—2022年）》的通知.

（一）强化终身学习基础能力建设

1. 完善全民终身学习服务体系

整合资源，统筹兼顾，依托已有普通教育、职业教育、继续教育、终身教育、社区教育、老年教育、社会培训网络，健全完善城乡一体的终身学习体系，省、市、县、乡镇（街道）、村（社区）终身学习服务机构[1]。创新运行体制机制，建好省级开放大学，提升整体综合办学实力，利用其办学系统构建省域内全民终身学习公共服务体系。进一步完善省级终身学习指导服务中心内部工作体制和运行机制，增强工作活力，加强对全省终身学习的分类指导与服务；各地设立相应的指导服务机构，配备专人，统筹规划指导本区域终身学习工作的开展。

2. 建立全民终身学习制度环境

探索建立各类人员终身学习账户和学习成果认证制度，建设全省统一的终身教育“学分银行”，制订出台各类学习成果认定标准、学分标准、学分积累与兑换方法，整合学习者学前教育、学校教育、继续教育的学籍管理，以及各类教育培训的档案记录，打通学历与学历、学历与非学历、正规与非正规之间的学分互认和转换通道，承认非学历、非正式、非正规教育的学习价值。完善注册学习制度和学习服务机制，健全宽进严出的学习制度，加大各类学校招收有实践经历人员的比例，建立制度化、规范化、科学化的转学转专业机制。结合实际，制订科学统一的课程标准，鼓励普通高中开设选修课程、职业课程，加强与高等教育、职业教育的衔接，大力推进中高职衔接、普职融通[2]。完善专业技术人员、管理干部继续教育学分制度和职业资格认证制度，成立跨部门

[1] 湖南省教育厅等九部门关于进一步推进社区教育发展的实施意见.
[2] 中共中央、国务院印发《中国教育现代化 2035》.

终身学习协调机构，出台终身学习激励政策，推动各类非学历教育学习成果认定和转换[1]。

3. 建设全民终身学习服务专业团队

加快培养来源广泛、数量充足、专兼结合、志愿者为主、素质优良、乐于奉献的全民终身学习管理服务队伍。一方面，培育专业团队。加大终身学习专业工作者队伍培养培训，改进和完善终身教育从业人员职务职称评聘制度，打通专业队伍上升渠道，构建有利于终身教育人才成长的良好环境，吸引更多的专业人才服务全民终身学习。另一方面，招募志愿者队伍。兼职教师与志愿者队伍是推动终身学习发展的生力军。出台政策文件，鼓励各级各类学校教师及相关行业企业优秀人才积极参与终身教育工作，支持教师到校外终身教育机构兼职任教或从事志愿者服务。通过完善注册制度、下岗再就业政策，建设“终身学习推进员”志愿者队伍，推动居民积极参与全民终身学习[2]。

（二）整合终身学习优质资源

1. 开放共享学校资源

推进各级各类学校和培训机构充分利用已有场地设施条件、专业课程资源、师资队伍力量、实习实训设备等积极参与区域终身教育和全民终身学习活动，充分发挥终身学习指导服务中心、开放大学、广播电视大学、社区学院、社区学校等在社区教育和全民终身学习实践中的骨干和引领作用，支持当地高等学校、教育学院、职业院校、技工技师学校及中小学规范有序向广大民众提供适宜的全民终身学习指导与服务。

[1] 中共中央、国务院印发《中国教育现代化 2035》.
[2] 国务院办公厅关于印发老年教育发展规划（2016—2020年）的通知.

2. 统筹共享社区资源

注重社区教育机构与区域内文体文艺活动中心、市民学校、党员教育培训中心、爱国主义教育基地等机构的资源共享，拓展其社区教育功能和全民终身学习服务能力，推动社区教育机构与它们管理同步、设施统筹、资源共用、信息共享、服务联动；不断整合盘活文化教育、道德讲堂、科学普及、技能培训、文艺健身活动等各类社区资源，挖掘教育潜力，积极开展社区教育和全民终身学习活动，实现一个场所、不同功能、多种资源共建共享共发展，实现社区公共服务资源效益最大化。

3. 充分利用社会资源

探索建立档案馆、图书馆、科技馆、文化馆、博物馆、展览馆、阅览室、资料室和电影院、广播站、体育运动健身场馆等各类公共服务设施设备面向广大民众免费开放的共享机制，鼓励相关部门行业企业和社会力量参与服务终身教育和全民终身学习，为当地民众学习提供优质免费教育资源。支持引导一批培训规模大、培训质量高、声誉口碑好的社会培训机构参与终身教育和全民终身学习服务。探索开放、可持续发展的资源共建共享模式，鼓励和引导科研机构、社会团体、企事业单位、行业组织、教育培训部门和社会各界共同参与课程研究开发，建设一批符合省情社情、具有地域特色、高质量高水平的本土化课程[1]，不断扩大终身学习资源的有效供给。

（三）完善终身学习服务平台

1. 完善继续教育平台

通过宏观调控、制度设计、政策引导，促进各级各类学校继续教育

[1] 湖南省教育厅等九部门关于进一步推进社区教育发展的实施意见.

转型发展。强化职业院校、技工技师学校和高等学校的继续教育与社会培训服务功能，进一步扩大开放办学，面向国家机关、企事业单位以及社会团体开展不同类型、不同形式的职工继续教育；面向退役军人和武警官兵、进城务工人员、转岗下岗职工、城镇化进程中的新市民、城乡待业人员、青少年、残疾人、农村实用人才、新型农民等社会群体，提供多元化教育培训服务。鼓励机关单位团体、行业企业组织积极发展基于工作场所生活场所的学习，促进学习型组织和职工学习团队建设。

2. 完善学习型村镇建设

一方面，大力推进学习型村镇建设。建立遍布城乡、共建共享、“全天候”开放的资源联盟，健全全方位、多层次、立体化的资源配送体系，大力开展农村应用型技术技能人才培养、实用通用技术培训、剩余劳动力转移与进城务工人员岗位技能培训，为新农村建设，乡村振兴，农业现代化，农村人口向二、三产业和城市有序转移提供服务[1]。打造方便学习的各类载体平台及公共学习空间，扩大村镇群众公共学习设施，教育、文化、广电、出版、网信等部门面向村镇推进书屋、展览室、文化墙、宣传橱窗、讲学堂等学习场所建设，为广大民众自觉学习创造条件。另一方面，努力提升村镇民生保障水平。实施帮扶计划，精准发力，遴选学有专长、术有专攻、技有专能的专家学者对有关村镇和农户，实行“一对一”农村社会保障体系建设帮扶指导，宣讲政策，提供信息，协助完善医疗保险、社会救助、优抚安置、慈善事业、特殊群体关爱等公共服务体系，确保乡村民生应保尽保[2]，从而使广大乡民有时间、有精力、有意愿、有心情参加继续教育和全民终身学习。

[1] 中共湖南省委湖南省人民政府关于推进终身教育和学习型社会建设的意见.
[2] 蒋书同. 乡村振兴，农村职业教育举足轻重责无旁贷[J]. 智库时代，2018（48）：276–277.

3. 完善各类学习型组织建设

建设智慧型终身学习学校网络，培养智慧型管理团队和师资队伍，推动互联网+、人工智能、大数据、云计算等新技术在社区教育、老年教育和全民终身学习中的广泛应用，搭建覆盖城乡、深入家庭的智能、快速、便捷、综合的数字化终身学习平台。建设跨地域、跨领域、跨平台、跨群体的网络学习社群，着力打造全省学习在线网站和终身学习资源网上超市，促进学习者在线交流互动与合作。深入开展学习型城市建设，积极推进学习型单位、学习型学校、学习型企业、学习型社区、学习型居村办学点、学习型家庭等各类学习型组织创建活动，以学习型机关为引领，以学习型学校为榜样，以学习型社区为基础、以学习型企事业单位为骨干、以学习型家庭为载体，以点带面不断构建与现代城乡发展相适应的区域终身学习体系[1]，提高学习型社会建设水平。

三、省域终身学习体系现代化的治理策略

党的十九大报告强调，要“打造共建共治共享的社会治理格局”“完善党委领导、政府负责、社会协同、公众参与、法治保障的社会治理体制”“发挥社会组织作用，实现政府治理和社会调节、居民自治良性互动”[2]。这为打造省域终身学习体系现代化的治理格局指明了方向。

（一）建立政府管理、社会参与、多方协作的现代治理模式

1. 切实做好顶层设计

按照党委领导、政府主导的原则，建立健全省终身学习体系现代化

[1] 江苏省教育厅.全国学习型城市建设工作推进会交流发言材料之一《加强顶层设计系统有序推进全面建设学习型江苏》.

[2] 习近平.决胜全面建成小康社会 夺取新时代中国特色社会主义伟大胜利——在中国共产党第十九次全国代表大会上的报告[R].

领导小组工作机制，加强对终身教育全民学习工作的领导、组织、指导、协调和督查。领导小组办公室设在省级教育行政部门，教育、发改、财政、人社、老干、民政、体育、文化等部门共同参与，加强对全省终身教育的宏观指导、政策扶持和统筹协调，形成“一方牵头、各方参与、分工负责、协同推进”的终身学习管理体制。尽快研究出台省级终身教育促进条例，各地制定针对性强、可操作的实施意见或细则，明确各级政府、行业部门和公民个人在终身教育中的权利与义务，形成完整的终身教育法律法规体系。研究制定有利于社会组织参与终身教育的政策制度，积极鼓励并正确引导社会组织参与全民终身学习。

2. 优化明确职责分工

各部门、各单位要认真履行好各自职责，将终身教育纳入重要议事日程，积极参与和支持全民终身学习。政府要摆正自身定位，做好设计者、服务者和监管者的角色，把工作重心放到顶层设计、标准制订、过程与质量监管以及评价考核等工作上。教育等行政部门负责终身学习组织和协调服务，组织开展终身学习系统建设、资源与信息化建设、制定相关建设标准和统计终身学习信息等工作。各级终身学习指导服务中心负责终身学习的政策咨询、业务指导、平台建设、资源开发、人才培养、理论研究、技术创新、教学服务等工作。研究制定相关政策法规，明确社会组织在终身教育中的地位及职能职责，对社会组织的权利义务、参与方式、服务种类、服务标准、预算编制、绩效考核、监督管理等加以规范，从而为社会组织参与全民终身学习提供法律依据。

3. 精心实施督导评估考核

人社部出台的《专业技术人员继续教育规定》明确，用人单位应当“把专业技术人员参加继续教育情况作为专业技术人员考核评价、岗位聘用的重要依据”“有关法律法规规定专业技术人员参加继续教育作为职业资格登记或者注册的必要条件的，从其规定”[1]。这给建立社会成员参加终身学习的考核评价机制提供了重要的文献参考。各级教育督导部门可参照国家开展教育督导评估模式，把实施终身教育督导评估作为加快推进教育现代化的重要内容，推动各级政府将终身教育发展工作列入对教育的考核指标，实施终身教育督导评估制度，科学制定终身教育评价标准，建立健全终身教育统计台账制度，强化对终身学习发展状况信息的收集、整理和分析，不断完善终身教育实验区、示范区等项目动态管理机制，推行第三方对终身教育发展评价与反馈的机制，确保有关大力发展终身教育的政策措施落实落细[2]。

（二）健全政府投入、学习者分担、多渠道筹措的经费投入机制

创新发展政府财政投入、社会捐赠赞助、单位和学习者个人合理分担的终身教育投入机制，着力拓宽终身学习经费来源渠道。一是保障终身教育基本经费。除在国家预算收支科目中单列终身教育科目外，根据城乡统筹、分类指导原则，各级财政将终身教育经费纳入财政预算，目前建议按照辖区常住人口每年不少于5元/人的标准安排，以后随着经济社会的发展逐年增长，保障终身教育基本的人员经费和公用经费。二是落实终身教育专项经费。财政部等11部门《关于企业职工教育经费提取与使用管理的意见》等文件明确规定，一般企业按照职工工资总额的1.5%足额提取教育培训经费，从业人员技术素质要求高、经济效益较好的企业，可按2.5%提取。人社部《专业技术人员继续教育规定》强调，国家机关、企事业单位应按照国家有关规定保障专业技术人

[1] 中华人民共和国人力资源和社会保障部令第25号《专业技术人员继续教育规定》.
[2] 湖南省教育厅等九部门关于进一步推进社区教育发展的实施意见.

员和职工参加继续教育所需经费，加大单位继续教育经费投入。各单位要按国家规定足额提取继续教育专项经费，确保专款专用，严禁挪作他用。三是鼓励社会捐赠赞助终身教育经费。探索在政府统筹下通过购买服务、项目外包、委托管理、以奖代补等形式，吸引专业性社会组织、社区社会组织等参与终身教育。鼓励社会资本通过兴办实体、资助项目、赞助活动、捐献设备、设立终身教育基金和老年教育发展基金等方式支持终身教育发展；鼓励和支持有条件的企事业单位、慈善机构、高收入群体捐资支持终身教育事业；鼓励自然人、法人或其他组织捐助终身教育或举办社区教育机构[1]。四是提倡学习者个人分担终身教育经费。学习者个人根据教育所需和自己的经济承受能力自主承担一部分学习费用。特别是改革残疾人和老年人教育收费制度，制定“差异化”收费标准，减免残疾人、贫困老年人学习的有关费用。

（三）培育凝聚共识、学习者为本、全民参与的终身学习文化

1. 加大宣传力度，凝聚社会共识

充分利用报刊、广播、电视、多媒体、网络等传媒工具，广泛宣传党和国家关于发展终身教育、提倡终身学习的法律法规、政策文件，深入宣传全民学习、终身学习的思想理念、重要意义、发展成绩和现实作用，总结推广终身教育实验区、示范区以及各地的学习典型经验、成功案例和先进做法，不断提高终身教育、全民学习的认知度和认可度，凝聚社会共识[2]。

努力使全社会关心、支持和参与终身学习的氛围更加浓厚，进而形成自觉学习、主动学习、善于学习的良好社会风尚，吸引全体社会成员

[1] 湖南省教育厅等九部门关于进一步推进社区教育发展的实施意见.
[2] 教育部等九部门关于进一步推进社区教育发展的意见.

自觉投入到全民学习、终身学习的活动中来。着力营造“处处是课堂，时时受教育”“学习光荣、学习高尚”“学则进、不学则退”“学无止境、终身学习”的大环境，精心办好“全民终身学习活动周”“文艺汇演”“免费讲座”“巡回演讲”等群众喜闻乐见的大型活动，培植宣传推介学习典型，引领示范，以典型勤学乐学的实际行动，带动身边的人，影响周围的人，感染更多的人，充分调动民众参与学习的积极性和主动性，使终身学习新风尚融入每个人的生活。

2. 提升智能化水平，突出学习者为本

积极推动人工智能在全民终身学习中的广泛应用，提高智能化水平。依托人工智能等新技术，加快各级各类终身教育机构和全民学习平台智慧化建设，开发智慧学习功能，在教学、管理、评估、考核等方面实现智能化。提升终身学习资源建设和使用的智能化运行水平，大力开发智能化、个性化、多样化终身学习资源，积极构建线上线下、多元化、差异化、立体化的学习资源配送体系，根据个人学习需要建立终身学习资源配送清单，及时进行有针对性的资源配送。持续推动全民学习方式创新，促进学习方式与信息技术发展紧密结合，实现学习方式的信息化、科学化、移动化、网络化、智能化，提升个人学习的精准性与便利性。建立以大数据、云计算为基础的终身学习分析系统，注重学习者学习需求、学习过程、学习行为和学习结果等监测数据的收集整理与综合分析，结合线下学习情况，实时掌握居民易变突发的学习需求，动态地调整服务内容，及时推送全民需要的学习资源，实现个性化服务。

3. 完善激励机制，引导全民参与

正确、科学、公平、合理、高效的激励制度，有利于形成终身学习的原动力，培养人们自觉学习的意识和习惯，促进终身学习可持续发展。

一方面，构建全方位、多层次、多维度的学习质量认证和社会评价制度，从政府层面充分肯定继续教育和终身学习的法律地位与社会作用，认定学习者非正式的终身学习成果。另一方面，完善终身学习奖励激励机制，采用物质奖励与精神激励相结合、过程鼓励与结果奖励相衔接、个人奖励与团体奖励相匹配等方法，表彰先进学习者个人及组织，突出终身学习成果在招聘、用工、入伍、提干、晋级、升职等工作中的权重，形成激励人们不断学习、通过学以致用参与竞争的体制环境与社会氛围[1]，从而激发更多的人参与全民终身学习，实现“要你学”变为“我要学”。

终身学习是一个不断发展变化的动态过程，终身学习体系现代化是一项长期而复杂的社会系统工程，涉及政府、社会、行业企业和个人等方方面面，必须从战略高度做好顶层设计，形成长效机制，协同全社会力量，人人参与、人人助力，才能最终建成健康积极向上的“无人不学、无时不学、无地不学，全民皆学、终身学习”的学习型社会，实现人和社会的同步发展、和谐发展、全面发展。

[1] 宋孝忠. 终身学习激励制度的构建[J]. 成人教育，2010，30（10）：32-34.